基督教文化研究丛书

主编 何光沪 高师宁

十编 第 **11** 册

近代山东基督教历史资料译丛
——中国圣省山东（上）

〔英〕法思远 主编
郭大松、杜学霞 译

花木兰文化事业有限公司

国家图书馆出版品预行编目资料

近代山东基督教历史资料译丛——中国圣省山东（上）／郭
大松、杜学霞 译－－初版－－新北市：花木兰文化事业有限公
司，2024〔民113〕
序24+ 目 10+218 面；19×26 公分
（基督教文化研究丛书 十编 第 11 册）
ISBN 978-626-344-624-3（精装）
1.CST：英国浸礼会 2.CST：传教史 3.CST：山东省
240.8   112022499

ISBN-978-626-344-624-3

9 786263 446243

基督教文化研究丛书
十编　第十一册　　　　　　ISBN：978-626-344-624-3

近代山东基督教历史资料译丛
——中国圣省山东（上）

译　　者　郭大松、杜学霞
主　　编　何光沪、高师宁
执行主编　张　欣
企　　划　北京师范大学基督教文艺研究中心
总 编 辑　杜洁祥
副总编辑　杨嘉乐
编辑主任　许郁翎
编　　辑　潘玟静、蔡正宣　美术编辑　陈逸婷
出　　版　花木兰文化事业有限公司
发 行 人　高小娟
联络地址　台湾 235 新北市中和区中安街七二号十三楼
　　　　　电话：02-2923-1455 ／传真：02-2923-1452
网　　址　http://www.huamulan.tw 信箱 service@huamulans.com
印　　刷　普罗文化出版广告事业
初　　版　2024 年 3 月
定　　价　十编 15 册（精装）新台币 40,000 元
　　　　　　　　　　　　　　　　　版权所有 请勿翻印

近代山东基督教历史资料译丛
——中国圣省山东（上）

郭大松、杜学霞 译

译者简介

郭大松（1953-），山东蓬莱人，山东师范大学历史文化学院退休教授。

主要研究方向为中国近现代史、区域城市史、基督教在华传播史，著、译、编著述十余部，海内外公开发表学术论文三十余篇、译文四十余篇。

杜学霞（1978-），山东曲阜人，山东师范大学历史文化学院副教授，主要研究方向为中国近现代史、中国史学史，出版专著一部，发表论文十余篇。

提　　要

《中国圣省山东》一书由英国浸礼会牧师法思远（Robert Coventry Forsyth）主编，集对当时山东历史、省内外政治、省内经济、文化教育、各大宗教、物产、民俗变迁等各方面情况十分熟悉并特别感兴趣的宣教士、学者、中外专家的研究成果于一炉，精心编纂而成。其中对当时山东各大宗教的历史与现状的记述，特别是基督新教先驱和老战士的生平事迹和基督新教各大差会的历史及事工介绍尤为详实，是我们了解近代基督新教各大差会在山东的宣教历史和对山东社会变迁的巨大影响不可多得的重要综合性史料。此外，对当时山东社会存在的问题，也做了精准阐述，并提出了有针对性地切实可行的解决方案，对观察和解决今天的山东社会现状仍有重要参考价值。

中国圣省山东

山东英国浸礼会差会法思远　主编

郭大松　杜学霞　译

广学会，上海，1912 年

SHANTUNG
The Sacred Province of China

IN SOME OF ITS ASPECTS

BEING A

collection of articles relating to Shantung, including brief histories

with statistics, etc., of the Catholic and Protestant

Missions and life-sketches of Protestant

Martyrs, Pioneers, and Veterans

connected with the

Province

COMPILED AND EDITED BY

ROBERT COVENTRY FORSYTH

ENGLISH BAPTIST MISSION

SHANTUNG, CHINA

SHANGHAI

Christian Literature Society

1912

"基督教文化研究丛书"总序

何光沪 高师宁

　　基督教产生两千年来，对西方文化以至世界文化产生了广泛深远的影响——包括政治、社会、家庭在内的人生所有方面，包括文学、史学、哲学在内的所有人文学科，包括人类学、社会学、经济学在内的所有社会科学，包括音乐、美术、建筑在内的所有艺术门类……最宽广意义上的"文化"的一切领域，概莫能外。

　　一般公认，从基督教成为国教或从加洛林文艺复兴开始，直到启蒙运动或工业革命为止，欧洲的文化是彻头彻尾、彻里彻外地基督教化的，所以它被称为"基督教文化"，正如中东、南亚和东亚的文化被分别称为"伊斯兰文化"、"印度教文化"和"儒教文化"一样——当然，这些说法细究之下也有问题，例如这些文化的兴衰期限、外来因素和内部多元性等等，或许需要重估。但是，现代学者更应注意到的是，欧洲之外所有人类的生活方式，即文化，都与基督教的传入和影响，发生了或多或少、或深或浅、或直接或间接，或片面或全面的关系或联系，甚至因它而或急或缓、或大或小、或表面或深刻地发生了转变或转型。

　　考虑到这些，现代学术的所谓"基督教文化"研究，就不会限于对"基督教化的"或"基督教性质的"文化的研究，而还要研究全世界各时期各种文化或文化形式与基督教的关系了。这当然是一个多姿多彩的、引人入胜的、万花筒似的研究领域。而且，它也必然需要多种多样的角度和多学科的方法。

　　在中国，远自唐初景教传入，便有了文辞古奥的"大秦景教流行中国碑颂并序"，以及值得研究的"敦煌景教文献"；元朝的"也里可温"问题，催生了民国初期陈垣等人的史学杰作；明末清初的耶稣会士与儒生的交往对话，带来了中西文化交流的丰硕成果；十九世纪初开始的新教传教和文化活动，更造成了中国社会、政治、文化、教育诸方面、全方位、至今不息的千古巨变……所有这些，为中国（和外国）学者进行上述意义的"基督教文化研究"提供了极其丰富、取之不竭的主题和材料。而这种研究，又必定会对中国在各方面的发展，提供重大的参考价值。

就中国大陆而言，这种研究自 1949 年基本中断，至 1980 年代开始复苏。也许因为积压愈久，爆发愈烈，封闭越久，兴致越高，所以到 1990 年代，以其学者在学术界所占比重之小，资源之匮乏、条件之艰难而言，这一研究的成长之快、成果之多、影响之大、领域之广，堪称奇迹。

然而，作为所谓条件艰难之一例，但却是关键的一例，即发表和出版不易的结果，大量的研究成果，经作者辛苦劳作完成之后，却被束之高阁，与读者不得相见。这是令作者抱恨终天、令读者扼腕叹息的事情，当然也是汉语学界以及中国和华语世界的巨大损失！再举一个意义不小的例子来说，由于出版限制而成果难见天日，一些博士研究生由于在答辩前无法满足学校要求出版的规定而毕业受阻，一些年轻教师由于同样原因而晋升无路，最后的结果是有关学术界因为这些新生力量的改行转业，后继乏人而蒙受损失！

因此，借着花木兰出版社甘为学术奉献的牺牲精神，我们现在推出这套采用多学科方法研究此一主题的"基督教文化研究丛书"，不但是要尽力把这个世界最大宗教对人类文化的巨大影响以及二者关联的方方面面呈现给读者，把中国学者在这些方面研究成果的参考价值贡献给读者，更是要尽力把世纪之交几十年中淹没无闻的学者著作，尤其是年轻世代的学者著作对汉语学术此一领域的贡献展现出来，让世人从这些被发掘出来的矿石之中，得以欣赏它们放射的多彩光辉！

2015 年 2 月 25 日
于香港道风山

译者序言

这套译丛缘起于翻译在中国山东生活了半个多世纪的令约翰和把一生贡献给了收养山东民间女弃婴事业的瑞典女传教士白多加的两本小册子。早在2015 年，承蒙诸城市基督教三自爱国运动委员会朋友们的信任，嘱托把近代两位瑞典人在诸城乃至山东和中国的亲见亲闻亲历的忠实记录翻译成中文，让更多人了解瑞典瑞华浸信会山东差会在山东的事业，认识中西文化交流史上人们较少知道的在山东的瑞典人，熟悉一下他们为改变当时山东社会的落后面貌所做出的积极贡献；并借助于他们的记述，重温近代山东和中国的一些重大历史史实，认识我们自己的过去，看看那时中国特别是山东人的衣食住行、生活习俗和民间信仰在今日有了哪些重大变化，从中或许可以看到某些时代发展变化的规律，以及有些方面并没有发生根本性变化的根源。这实在是一件很有意义的事情。

在翻译这两本小册子的过程中，瑞典宣教士们几十年如一日，为解除当时的山东民间疾苦兢兢业业的奉献精神，深深地打动了我。于是，就根据数年间翻阅的一些有关与近代山东社会变迁的英文著述，如《中国圣省山东》、《图说烟台通志》、《三面国旗下的青岛》、《帝国主义与中国民族主义：德国在山东》以及东海关的旧海关《十年报告》与《贸易报告》等，计划全部译成中文，汇集成《近代山东社会历史文化译丛》，让人们从另一个侧面了解近代山东社会历史文化变迁的轨迹和原因，从中汲取历史的经验教训，更加努力有效地建设今天的山东。

计划是计划，现实总是有那么些令人不如意的事情发生，以致上述计划至今未能实现，只好选择完整记述来山东较晚、规模较小但又成效显著的瑞典浸信会两本小册子，汇集早期来山东宣教士传记、基督新教各差会简史和其他宗教史略的《中国圣省山东》，以及全面记述近代山东最大基督新教差会美国北长老会宣教事工各方面情况的《在山东前线：美国北长老会山东差会史（1861-1940年）》几份著述，以《近代山东基督教历史资料译丛》的名目先行面世。

基督教有规模地传入中国，确实有史可征的共有四次：第一次传入为盛唐贞观年间，西方当时基督教异端教派"聂思脱里派"传入中国，大受优待，迅速传播全国，时称"景教"。至唐武宗"灭佛"，与佛教同时遭禁；第二次传入中国在元朝，蒙元大军西征打通了东西方交流渠道，作为基督教异端的景教和旧教即天主教传入，并在蒙古贵族中流传，时称"也里可温教"、"十字教"，元朝灭亡后，该教亦随之绝迹；第三次传入中国是在明末清初，在中国许多大城市和上层知识分子中有较大影响，时称"天主教"，后由于清朝康熙末年因"礼仪之争"而演化出的禁教政策，天主教再度衰落，几近绝迹。第四次传入中国，情况比较复杂，既有基督教旧教即天主教，又有规模和气势更大的历经宗教改革后的基督新教，也就是今天人们常说的基督教，或耶稣教。基督教这一次传入中国和前三次不同，学界至今众说纷纭，但有一点似乎可以肯定，即无论是旧教天主教还是新教基督教（耶稣教），从此在中华大地落地生根了，逐渐成为中华文化大家族中的一员。

基督教前三次传入中国，可以说是在中国国力强盛条件下，以中国的吸纳、自愿接受的和平方式达成的。而第四次得以大规模传入中国，一般认为是以西方列强的坚船利炮为其开路的。第一次鸦片战争后清政府被迫与西方各国签订的以《南京条约》为代表的一系列不平等条约，规定西方传教士可以在五个通商口岸传教，从而废止了清康熙末年以来的禁教政策。第二次鸦片战争清政府再遭惨败，先后与西方各国签订了《天津条约》、《北京条约》，规定发还以前没收的天主教产，各国传教士可以到通商口岸以外的内地游历和传教。人们认为法国人擅自在中法《北京条约》的中文本中加上了"任法国传教士在各省租买田地，建造自便"[1]的条文（法文本中没有这一条文），因此在晚清时期外国传教士是否有权在内地买卖和建造房屋存有争议。但实际上，既然已经允许外国传教士在内地传教，能否买卖和租住房屋便是当事双方事实上可以据情处理的问题了，因为在内地传教的传教士不可能总是寄居中国百姓家里

1　王铁崖：《中外旧约章汇编》第一册，三联书店1959年版，第147页。

吧。至于说"在各省租买田地，建造自便"的条文是法国人在中文本里擅自加上的，那只能说是清政府以及负责谈判官员的昏聩糊涂和极度不负责任。

由上述可知，设若没有两次鸦片战争，清政府继续实行闭关政策和禁教政策，外国传教士没有可能进入中国。从这个意义上说，基督教的确可以说是"骑在炮弹上飞过来的"[2]。

然而，同样必须正视的事实是，如所周知，在自19世纪初以来的人类近代历史上，欧美各国大批基督新教传教士奔向世界各地，源于基督教内部福音复兴运动即"第二次大觉醒运动"（The Second Awakening），这一运动把原本局限于欧美一隅的宗教变成了遍布全球的普世宗教；19世纪蔚为壮观的海外宣教浪潮，既是"第二次大觉醒运动"的结果，又是使基督教变为遍布全球普世宗教的强大推动力。早在两次鸦片战争之前的1831、1832年，就有西方基督新教传教士来到胶东沿海，先后在胶州和威海登陆，散发宣传基督教小册子，只是由于"当地官方不允许"他们到内地，也不允许他们"同当地人民贸易"，这些人才"去了朝鲜"[3]。

尽管至今大觉醒运动兴起的原因仍不很明确，但显而易见的是，从根本上说，基督教19世纪的大规模海外宣教运动是与西方资本主义全球扩张紧密联系在一起的。资本主义经济特别是科学技术的发展为西方列强的全球性扩张和基督教的海外宣教运动提供了基础和条件。正如马克思和恩格斯所言，人类社会处在这一历史阶段，"过去那种地方的和民族的自给自足和封闭状态，被各民族的各方面的互相往来和各方面的互相依赖所代替"；"物质的生产是如此，精神的生产也是如此。各民族的精神产品成了公共财产。民族的片面性和局限性日益成为不可能"[4]。

在人类文明进程中，世界各地的文化，与政治、经济一样，不同时期不同地域的发展也是极端不平衡的。毋庸置疑，19世纪各国基督教的海外宣教运动，是人类文明进程中一股强势文化浪潮，虽然资本主义经济和科学技术的发展为此提供了基础和条件，但这一浪潮却与各国政府以及各国政府的政治、经济利益并没有直接关联。基督教的传教士们奔赴世界各地，不是受政府或商人

2　蒋梦麟：《西潮·新潮》，岳麓书社，2000年，第13页。

3　Robert Conventry Forsyth, Compiled and Edited, *Shantung, The Sacred Province of China in Some of Its Aspect*, Shanghai Christian Literature Society, 1912, pp.177-178.

4　马克思、恩格斯：《共产党宣言》，《马克思恩格斯选集》，人民出版社，1972年，第1卷，第255页。

派遣，承担为政府或商人服务的使命，而是出于宗教信仰，主动要求或愿意并经所在教会批准，派遣到非基督教国家的人民中传布基督福音、上帝之爱。他们是为他们心中的上帝服务，是为信仰献身。从这一意义上说，基督教在晚清道光年间开始第四次传入中国，又是人类文明发展史上文化传播"势差规律"使然的一种文化现象。

中华文化源远流长，博大精深，历史上曾长期名冠世界文明史前列。自西方资本主义兴起之后，西方资产阶级受资本扩张本性的驱使，携商品和资本的重炮，要"摧毁一切万里长城、征服野蛮人最顽强的仇外心理"，"迫使一切民族——如果他们不想灭亡的话——采用资产阶级的生产方式"；"迫使它们在自己那里推行所谓文明制度，即变成资产者"。[5]中华文化遇到了亘古未有的挑战。

然而，自清中叶以降，中华文化早已失去了汉、唐风采和博大胸襟。鸦片战争前，中国这个老大帝国虽然实际上已远远落后于西方，但统治阶级依然老大自居，对日新月异的外部世界茫昧无知，日益走向自我封闭的怪圈，不加分析地排拒任何外来新事物。对鸦片战争后卷土重来的基督教，中国的统治者当然视其为蛊惑人心的异端邪说，极端顽固保守的封建士大夫，站在维护封建专制文化的立场上，不惜制造外国传教士办医院、育婴堂是为了挖取小孩的眼球制药的谣言，极力鼓动民众反教。即使是能够睁眼看世界的开明人士，虽然认识到了释迦牟尼、穆罕默德、耶稣也是与中国的孔子、老子一样，"奉天道以立教"，"其教不同，至于清心寡欲、端身淑世，忠信好善而不杀，则一矣"[6]，认为尽管基督教的目的是要"训俗劝善"，"原无所谓非"，"其用意亦无恶于天下"，但西方人"必欲传其教于中土，则亦未免多事"[7]。这说明，早在鸦片战争时期的中国近代开明之士，虽然已经在某种意义上承认了基督教与孔老之教并无本质区别，要比我们今天有些人还把近代传教士传播基督教简单地说成是奴化中国人民要高明不少，但他们也还没有认识到此时的基督教传教士要在中国传播的不仅仅是"训俗劝善"的基督教义，更要传播适应世界发展大势的西方近代文明。

5　《马克思恩格斯选集》，第1卷，第255页。
6　姚莹：《中复堂全集·康輶纪行》，道光年间刻本，卷七，第22-23页。
7　徐继畬：《瀛寰志略》道光庚戌年红杏山房刻本；卷三，第40-41页；卷六，第39页。

用本书中收录的《收养中国女弃婴：山东诸城瑞华浸信会孤女院简史》的作者白多加（Matilda Persson）女士的话说，就是"在非基督教国家，差会的社会工作与福音工作同样重要。"

仅以山东各基督教各差会的情形看，即可充分证明这一点。

白多加所说的"社会工作"，范围十分广泛，纵观基督教各差会在山东的活动，最要者大致可归纳为以下五大类：

一、文化教育

在旧中国，"万般皆下品，惟有读书高"是国人普遍接受的观念，但有条件接受教育的人却少的可怜，民众中文盲比例极高，愚昧、迷信思想行为充斥城乡。近代传教士来华后，很快对当时中国的落后、民众的愚昧和迷信有了深切感受，并逐步意识到了这种现状是基督教传播的巨大障碍。中国第一所现代大学的创办人狄考文（Calvin Wilson Mateer）夫妇来山东之前，都曾担任过教师，年轻时就认识到教育是消灭愚昧、迷信，最终解决贫困的最佳途径。1864年4月2日，狄考文到登州还不到三个月时间，他就在日记中写道："我们已经计划开办一所学校"。作为传教士，虽然"反对把兴办教育凌驾于传布福音之上"，但同时认为"为了培养高效可靠的牧师，为了造就基督教学校的教员，并通过他们向中国引进西方先进教育；为了培育带头引进西方文明中自然科学和人文学科的人才，作为接近中国上等阶层的最好途径，使本地教会自力更生、坚定其抗御内部迷信习惯的侵蚀和外部有教养阶层怀疑宗教论者攻击的信念，应重视教育工作"。[8]正是在这种思想认识的基础上，狄考文夫妇1864年9月创办了一所小学堂，经过数十年艰苦卓绝的辛勤努力，终于建成了中国第一所现代大学登州文会馆。登州文会馆培养的学生，他们编译的教科书，在清末民初山东乃至全国教育现代化过程中，发挥了难以估量的作用。

自1860年代初，美国北长老会和南浸信会在登州（今烟台市蓬莱区）创办男、女现代学堂始，截至辛亥革命前的1911年1月，山东基督教各差会已经将西方现代教育从幼儿园到大学的整个教育体系成功地移植到了山东。拒不完全统计，其中，有成规模大学一所，在校男女学生505人；男、女中小学共计425所，在校生7129人。另外还有一些为职业和残疾人特殊教育开办的

---

8 Daniel W. fisher, *Calvin Wilson Mateer: forty-five years a missionary in Shantung, China*, Philadelphia :Westminster Press,1911，pp.128-132.

专门学校。从绝对数字统计上看，基督教各差会办的各级各类学校人数似乎并不多，但与当时山东经过废除科举、施行教育改革后兴办的新式学校比，却可说是相当可观。据统计，山东当时政府创办的大专科学校，包括高等学堂、农业专科学堂、高等师范学堂、女子师范学堂在内，共计在校学生也就 724 名。另外由于废除科举制后，在传统读书做官意识的驱使下，法政类学校规模较大，有在校生 454 名。省城济南所有大中小学堂统计在内，在校生也不过 3193 名。省内各地虽然小学数目庞大，全省总计在校生 40000 余人，但大多是刚刚开办，从师资到教学内容，一时还难说是真正意义上的现代学校。[9]至于中学和高等学堂，正如时人所指出的："中国政府已经并正在以一种十足浪费奢侈的方式为教育投入成百上千万两银子，但成效甚微。政府开办的所有中学和大学，用中国人的话说都是'有名无实'，几乎没有例外。"[10]而基督教从 1860 年代开始兴办现代学校，到这时已经半个多世纪之久了，他们先于中国政府，早经成功地在山东大地上创立了从幼儿园到大学的现代学校教育体系。需要进一步指出的是，在清政府实行教育改革或者说是义和团运动之前，传教士创办的各级各类学堂绝大多数是不收学费的，早期的寄宿学堂还大多都是管吃管住，充分体现了他们把办学作为一项重要"社会工作"来做的宣教政策。

二、医疗卫生事业

与现代教育体制一样，西方医学在山东落户并最终成为占主导地位的现代医疗卫生体系，也是由西方传教士开其端绪、奠定基础的。

登州、烟台开放之初，一些传教士迫不及待地来了，但到了之后发现很多问题是他们原来没有想到的。他们来了不久就发生了捻军第一次攻掠胶东，兵灾之后引发了霍乱流行，不仅中国百姓备受霍乱之害，最早来山东的各宗派传教士的力量，也遭受重创，传教工作一时困难重重。[11]为了解除民众病痛，也为了保证传教士本身的生存和健康，各新教差会开始派遣医药传教士前来。然而，众所周知，医生职业在西方是很赚钱的职业，而到中国来，生活条件和习

9　Robert Conventry Forsyth 前揭书，　pp.293-305.

10　同上书，　p.400.

11　John J. Heeren, *On Shantung Front: A History of the shantung Mission of the Presbyterian Church in the U. S. A. 1861-1940 in Its History, Economic, and Political Setting*, the Board of Foreign Missions of the Presbyterian Church in the United States of America, New York, 1940, PP.43-44; Robert Conventry Forsyth 前揭书 PP.172, 178-183, 209.

俗迥异，很多医生来了之后并不适应，很难坚持下来。以美国北长老会为例，1871 至 1882 年间，先后有六位医学博士加入该会，但大多只在各地半年或一两年即返回美国，或远赴日本，只有 1879 年到济南的医学博士洪士提反（Stephen A. Hunter）和妻子坚持了十余年，先后在济南、潍县、济宁为教会和民众治病。[12]因此，各差会早期来山东的传教士们，只能自己为自己治病，同时为所在地区的百姓治病。他们认为，耶稣基督是"第一位来到这个罪恶的被诅咒的尘世的基督教传教士，同时也是一位伟大的医生"，所以他的信徒也要"同心协力在圣灵引导下拯救世人的身体和灵魂"。[13]在恶劣的生存环境下，有着坚定信仰的传教士们坚持下来，不仅要保证自己健康地活着，努力传布福音，拯救百姓灵魂，而且也学着给人治病，为中国百姓解除肉体上的痛苦。例如，中国第一所现代大学的创办人狄考文夫妇、《令约翰回忆录》的作者令约翰，虽然自己不是医生，但却都在传布福音的同时，做着救死扶伤的医疗工作很多年；[14]白多加小姐不单单充当医生，还在有了专门医生之后，一直在城乡从事着一项特殊工作——充当接生员。早期的许多女传教士都在环境要求下，也都做起了原本那个时代在本国也不能做的医生的工作。[15]

最早将西方医学引入山东的是英国浸礼会传教医生卜威廉（William Brown）。1870 年，"医术娴熟"的卜威廉到了烟台，一边在中国基督徒的帮助下学习汉语、行医，一边教授四名学生西方医学，同时还开办了一所小型医院，成效显著。有人称其为"山东播下西医治病与西医教育的第一人"。[16]就目前所见史料，此言不虚。

1880 年代初以后，特别是义和团运动结束、清政府推行新政以后，政府和百姓对传教士的态度发生了很大变化，各差会都在自己的宣教地建起了数量和规模不等的大小医院和诊所。

据不完全统计，自 1880 年代初起至辛亥革命，基督教各差会先后有美国

---

12 John J. Heeren 前揭书，P.219，连警斋前揭书，卷二，第一八三-一八四、二〇三、二〇九、二三二二页。

13 Robert Conventry Forsyth 前揭书，p.321.

14 Daniel W. Fisher 前揭书，pp.86-87.

15 见本书收录令约翰：《令约翰回忆录》第六章（以下凡引用本书资料，均不再注明，因该书原文从未公开出版，为手稿）；Irwin T. Hyatt, Jr., *Our Ordered Lives Confess: Three Nineteenth-Century American Missionaries in East Shantung*, Harvard University Press, 1978，P.81-86.

16 杨懋春：《齐鲁大学校史》（二），台北《山东文献》第九卷，第三期。

北长老会的医学博士聂会东（James Boyd Neal）在登州城里和济南、英国圣道公会的斯坦霍斯（Stenhouse）医生在乐陵县朱家寨、英国浸礼会在青州和邹平、美国公理会医学博士博恒理（H. D. Porter）在武城县庞庄（Pangchuang）和临清两地、英国传教士戴德生（Hudson Taylor）组织的不分国籍的中国内地会在烟台、美国南浸信会在黄县和平度等地、美国美以美会在泰安、德国和瑞士神学家组成的同善会在青岛和高密、瑞典浸信会在高密等地、英国圣公会在平阴，先后建了医院或诊所。辛亥革命前后，规模大的差会如上述美国北长老会几乎凡开辟了布道站的地方，都设立了医院或诊所，或有传道医生驻站，所有各教派差会鲜见没有医生、不开展医疗活动的了；有些在一处布道站还不止建有一所，山东境内各主要城市都有了西医医院和诊所。[17]

传教士们在开办医院或诊所的同时，也开始培养医学人才。最初，限于条件，也是入乡随俗，西方传教医生和中国中医一样，采取师傅带徒弟的办法，在为百姓治病的同时，指导几个学生跟随学习。这种医院或诊所附设医学教育的局面，在山东的美国北长老会和英国浸礼会合作开展教育和医疗卫生事业，决定联合创办山东基督教大学（Shantung Christian University）以后，开始彻底改变，并最终走向了现代模式。山东基督教大学（即后来的齐鲁大学）以济南的北长老会医院办的医学教育为基础，下设医学院，医学教育走上了正轨。[18]医院或诊所从此成为医学生的实习基地。当时，医学院附设共合医院，作为实习医院。这所医院随着历史的变迁，今天依然是山东省内最好的医院——齐鲁医院。

随着西医医院、诊所的设立，特别是正规医学教育的开展，西医即现代医学也随之在山东大地广泛传播开来。

三、慈善与赈灾事业

救苦救难既是宗教兴起的重要原因，又是宗教徒应该履行的一项职责，基督教在这方面尤为明显。传布福音、拯救世人的灵魂，对基督信徒来说固然重要，而解救世人的具体苦难，也是他们义不容辞的责任。近代山东和全国一样，内外战乱频仍，天灾人祸不断，广大下层民众困苦流离，灾难连绵。

---

17 Robert Conventry Forsyth 前揭书，PP.229-278，321-323；John J. Heeren,前揭书，PP.220-221.
18 Daniel W. fisher 前揭书，PP.225-226.

近代山东，太平军北伐和两次捻军北上（民间均称之为长毛反）、两次日本侵华战争、山东护国运动、蒋冯阎中原大战等内外战争，均给民众造成了难以言说的灾祸。人祸之外，水、旱、虫等天灾肆虐，致无数民众长期挣扎在死亡线上，其中以"丁戊奇荒"和1889年大饥荒尤为严重，一些被灾严重地区饿殍遍地，一时间曾轰动世界。

在这些人祸天灾时期，来山东的基督教各差会的传教士们忠实地履行了他们的职责，有些人为此丢了性命，有些则因劳累过度留下了终身无法治愈的痛苦。

早在美国长老会和浸信会刚刚登陆登州之时，就赶上了捻军横扫山东胶东。历史上人们愿意把捻军说成是太平军的盟军和友军，是反封建的力量。事实上，早在1861年秋捻军第一次北上山东，即给胶东带来了巨大破坏。这些人根本没有什么政治目的，只不过是为了吃饭和财富到处掳掠抢劫，"所到处，肆行杀戮，如同蝗虫，类聚群分；如同瘟疫，传染甚速。叩其所为，自己亦茫然不知。至则焚掠屠杀，人烟为虚。骡驴牛马，饥则宰而食之，饱则驱之荒郊，任其飞奔。青年壮丁，则掳之驱赴重役，否则杀之。千军万马，乌合之众，来则如山倒，如潮涌，去则如疾风、飘云，倏忽不见"。当时登州农村，青壮年闻风躲进山林，老弱多在劫难逃，小脚女人更是凄惨备至，很多地方这些小脚女人要投水自尽而不可得，先跳者死了，后来者井已满，于是婴儿遭殃，妇女遭难。登州城里，已人满为患，饮食难继。在这种情况下，新来乍到的外国传教士立即"成立一慈善会，设立临时医院，另立救济院。空手进城者，身得重病者，为贼扎伤者，皆有所救济"。[19]这一次捻军在登州造成的灾难，以及随后接踵而至的霍乱大流行，带有西医药物并略懂医道的传教士参与救治病人，把许多人从死亡线上拉了回来，无疑缓和了当地人与传教士之间的关系，甚至消除了一些偏见，打下了最初和平共处的基础。[20]

不数年，捻军再次席卷山东，传教士们再次投入到紧张的救济难民事务中。

在捻军两次横扫胶东过程中，美国南浸信会牧师花雅各（J. L. Holmes）、美国中华圣公会牧师贝克尔（Thomas Middleton Parker）为减少杀戮，亲赴捻军军营劝说他们不要进攻烟台，结果惨遭杀害；狄考文夫人邦就烈则因救助难

---

19 连警斋前揭书，卷二，第145-146页。
20 Daniel W. Fisher 前揭书，P.72.

民过度劳累，患上了终身不治之症。[21]

日本两次侵华战争及历次内战，都给山东民众带来了巨大痛苦和灾难。基督教各差会的传教士们面对民众苦难，以他们自己的方式，在各自的宣教区履行力所能及的救助职责，尽力所能及减轻战争灾难给民众造成的苦痛。这些在令约翰回忆录和白多加的记述中都有披露，虽然显得简略，但也能说明问题，此不赘述。

在对抗自然灾害、救助无靠民众方面，传教士们更是奔走呼号、身体力行、不遗余力。以"丁戊奇荒"和1889年山东大饥荒为例，传教士先是利用现代媒体报刊披露灾情，呼吁募捐赈灾，成立现代救灾组织；继而联络各国在华通商口岸外交官向各国通报灾情，呼吁赈灾、募集捐款和救灾物资。在赈灾过程中，将现代赈灾模式引入山东，对此后山东乃至全国赈灾活动产生了具有时代意义的积极影响。

在赈灾过程中，传教士们历尽艰辛甚至冒很大风险把募集到款项和物资运送到灾区，分头负责发放到灾民手中。每到一地，联系当地有影响的人物、雇用助手，挨家调查需要救济的人口进行登记，按人头分发救济款和救济食品。充分展现了他们的责任心和使命感。原本生活"特别挑剔，绝不容忍肮脏和不整洁"的倪维思，在平时的布道生涯中努力适应异国他乡的生活习俗，曾很高兴地写信告诉他的母亲，说他"可以靠吃中国饭生活，而且很健康"，"可以一天步行10英里至40英里甚至更多的路"，"能够在一间充满吸食烟草、厨房油烟味道的屋子里，吃下每一顿粗糙的晚餐"；"能够在没有门窗十分嘈杂的棚子里、在一群中国男人不停的开门关门充满灰尘垃圾的屋子里，在20头驴子和骡子整夜不停地叫唤撕咬的情况下，睡得很香甜"。有了这样的基础，在"丁戊奇荒"赈灾时，他一个人以一个叫做高崖的地方为中心，把银两兑换成铜钱，晚上一个人躺在钱堆上，白天调查救助灾民，共救助了32539人，救灾结束后还带了12名无家可归的小孩子到了烟台。[22]有的传教士平时看到有那么多中国人生活极端困苦，即"忘我地全身心为他们着想…不能够为自己留下一分钱，事实上他把自己亟需买必需品的钱都散掉了"。在赈灾时，更是忘我操劳，为了能把救济品发给每一个等待救济的人，不顾身体虚弱疲劳，坚持到

---

21 Robert Conventry Forsyth 前揭书，PP.171-172；Robert M. Mateer, *Character-Building in China: the Life-Story of Julia Brown Mateer*, New York: Fleming H. Revell Company, 1912，pp.68-69.

22 Robert Conventry Forsyth 前揭书，pp.195-201.

最后，"许多排队等待救助的人得救了"，而他自己却"快不行了"，从此遭受因此而来的病痛折磨，直至去世。[23]

至于说平时扶危济困，时刻谨记自身职责的传教士，把一生献给了需要他们的中国人，难以尽述，这里仅略举数例。

慕拉第，出身美国南部当时的奴隶主家庭，少时家中有奴隶 800 名，生活条件相当优越。青年求学时期信奉了基督教，立志到中国传教，被美国南部浸信会派来山东，在山东登州、平度教学、布道四十年。她熟悉了山东，了解山东民众的生活和所面对的痛苦，平时尽自己最大努力救济最需要救助的人。但是，战乱的中国，无论她怎么努力，都无法完全解除人们面临的困苦，因而陷入了极度的痛苦之中。她一生未婚，晚年，深感孤独，但念念不忘的仍是她所熟悉的平度、登州的受苦民众，从上海的银行中取出了不多的积蓄捐给教会赈灾，眼见那么多人食不果腹，而自己已经没有能力再救助他们了，于是决定停止进食，不久后死于差会送她回美国的旅途中。[24]

葛爱德（Anita E. Carter）原本是一名注册护士，在美国卫生部工作，为研究全美各地学校儿童健康的 6 人小组成员。在接受了姨母梅理士夫人（Mrs. Mills）到烟台启瘖学校办女生部的邀请之后，学习和掌握了布莱尔（Braille）、贝尔（Bell）的可见语言（Visible speech）符号和汉语，于 1906 年来到山东烟台，从此服务于长老会名下的烟台启音学校，直至 1938 年日本人占领烟台没收了聋哑学校才返回美国，终身未嫁，把全部的爱都献给了中国聋哑儿童。[25]

本译丛书收录的《收养中国女弃婴：山东诸城瑞华浸信会孤女院简史》的作者白多加，1910 年来山东，1922 年创建了孤女院，收养被遗弃的女婴，历经战乱和日本兵的侵扰，不离不弃，直至 1949 年后停办回国。从现有资料看，白多加也是终身未婚，把全部的爱都给了中国女弃婴。

享有"大著作家"、"大教育家"、"大制造家"、"科学家、发明家"[26]美誉的狄考文，早在他确立了到国外传道志向时，就曾坚定地表示："我决意把我的一生献给中国，住在那里，死在那里，葬在那里"。他实践了自己的诺言，在中国生活了四十多年，最后葬在了中国。在四十多年的生活实践中，对中国

---

23 Robert Conventry Forsyth 前揭书，pp.186-187.

24 Irwin T. Hyatt, Jr.前揭书，PP.111-136.

25 郭大松译编《中西文化交流的先驱和桥梁：近代早起来话基督新教传教士及其差会工作》，人民日报出版社，2007 年，第 245-248 页。

26 王元德、刘玉峰：《文会馆志》，第 5-6 页；Irwin T. Hyatt, Jr.前揭书，P.139.

产生了深厚的感情，无论平时还是集中救灾时期，都在力所能及的范围内帮助灾民，"几乎成了乐善好施的救济人员"。晚年他在一封信中说："中国是一个伟大的国家，具有辉煌的前途。很高兴我有机会为她迈向辉煌做了我所能做的事情"。[27]

......

这些传教士或教会工作人员在中国一生辛劳，都是大信大爱的见证，他们信上帝，信耶稣基督，坚定不移地为他们心中的信仰奋斗不息；他们遵循神的诫命，"爱人如己"，甚至于爱人胜己。

四、博物馆与科普和社会教育事业

作为宗教，基督教与科学并不对立，而是宣传、利用科学，彰显造物主的伟大。近代来山东的基督教传教士，面对当时缺乏教育盲目迷信的民众，除了办学校传播基督教和现代科学知识外，他们还设法尽力实施科普教育，向传统知识分子乃至官员及其家属宣传现代科学知识，举办博物馆就是其中一项重要举措。

从现已掌握的资料看，山东最早的博物馆是美国长老会牧师郭显德（Hunter Corbett）在烟台创办的博物馆。

1866 年 1 月，郭显德"在烟台一条主要街道上设了一座小教堂，从那时起，这里每天都有人讲道。随后，这里附设了一个小型博物馆，遂成了越来越吸引人的地方。人们成群结队地到博物馆参观展品……每年到博物馆参观的人达 80000-95000 名之多"。[28]

继烟台博物馆之后，英国浸礼会在青州建立了教育博物馆（当地时称博古堂）。这里的浸礼会传教士事实上沿袭了李提摩太的宣教理路，他们发现青州府科举考试期间城里"挤满了成千上万的读书人"，每年来来往往路过并在这里停留的各级官员也很多，设想"如果能够使这些人与外国人建立友好关系，就有机会引导他们打破偏见，消除误解"，逐渐取得良好的宣教效果。他们体验和观察到参加科举考试的读书人和路过的官员们虽然不愿意听他们宣讲基督教，但却"经常愿意讨论西方科学、发明创造以及其他与外国有关的事情，并准备承认在某些事情上西方思想的优越性"。于是在 1877 年"开办了一个小

---

27 Daniel W. Fisher 前揭书，pp.287，305，319.
28 Robert Conventry Forsyth 前揭书，p.204.

规模的教育博物馆"。结果，开办第一年即有"5,000 多人前来参观，第二年达到了 20,000 多人"。

1904 年胶济铁路通车，翌年清廷宣布废除科举，流动官员不再在青州停留，再也没有那么多读书人集中到青州科举考试了。为了适应变化了的形势和取得更好的宣传效果，博物馆迁至济南并进行了扩建，改名为"广智院"。济南广智院建筑有博物馆、阅览室、图书馆、接待室等设施，建筑面积总计 23,400 平方英尺。博物馆内"展出自然历史模型，地理地图和地球仪，历史图表，自然地理学、地质学和天文学方面的电动模型和图释，展示通讯工具工作原理的模型，演示实际运用科学的仪器设备、制造业样品，标示教育、商业等方面进步的图表，教堂、救济院、学校以及其他西方直接体现基督教作用的模型和图片"。这些新鲜事物无疑极大吸引了人们的兴趣，"参观广智院的人数，平常每天不下 300，特别时期每天高达 5,000 人"。自 1905 年第一批展馆开放至 1910 年全部建成开放之前的五年间，即有"100 多万人参观过广智院"。[29]

登州府城与青州一样，晚晴科举考试期间也聚集大批读书人，狄考文一直想更好地接近他们，早就计划建造一座博物馆宣传西方现代科学知识，但因早期创办登州文会馆经费始终紧张，直到他编纂的《官话类编》(Mandarin Lesson) 有了收益之后，才"用这些钱建造了一个大博物馆，人口开在街面上。博物馆的一半是个大讲堂，大讲堂可以搞成暗室，以便放立体幻灯或电影"。"在这里，一个人用一只手转动一把小曲柄，磨谷物就像一个妇女或一头驴子费更大的力气在石磨上磨得一样快。在这间屋子里，有些箱子放着鸟的标本，四周墙上挂着各种动物的图画。更令人们惊奇的是这里有个人摇动一把大曲柄，以某种神秘的方式使一辆小铁车先在顶部发出火化，然后围着屋子在一条循环铁轨上奔跑"。"屋子头上有一台柴油引擎，无疑使人们感到惊奇……眼睛都瞪得大大的"，他们称这种观光为"开开眼"。[30]

狄考文在利用博物馆给民众"开眼"的基础上，还"利用自己的天赋转而为中国基督徒开办工业，促使穷人自立"。他请求一些商家"供应纺织中国麻毛混纺粗面料的织机，以及装包机或精纺针织机器"，"询问用于染布后干燥和熨平棉布的滚轴熨烫机的情况；派人为一名中国铁匠搜求车床"；"四处奔走要弄到一套面粉厂设备"，设法帮助中国基督徒购置"滚筒磨"创办面粉厂，认

---

29 Robert Conventry Forsyth 前揭书，pp.307-316.
30 Daniel W. Fisher 前揭书，pp.171,245-246.

为传教士帮助基督徒办企业的目的绝非是要从中"赚钱",而是要帮助中国基督徒"通过办企业谋生,并引领他们的国家进步"。[31]

很显然,传教士们创办博物馆宣传介绍西方现代科学,并非仅仅是为了传布基督教,也有普及现代科学知识、消除迷信愚昧,从而改变中国落后局面,让大多数民众过上幸福生活的目的。

五、引进改善经济和民生的新物种、新技艺

史实表明,近代来山东的传教士还根据当地自然环境和民众生活实际状况,在引导人们信仰基督的同时,也多方努力试图改善当地人们的生活条件。

晚清以降,中国特别是山东花生扬名世界。但是,这种花生既不是人们发现的中国新石器时代的上古花生,也不是明末清初传入的"番豆",而是由梅里士(Charles Rogers Mills)首先引入山东的美国花生。早在鸦片战争前后,中国原有的花生已传入山东。但是,道光年间《冠县志》、《观城县志》、重修《胶州志》、重修《平度州志》等记载的花生,都归于"果类"项下,表明那时传入的花生还被当作与当时农业经济无大关系的干果。这种被视为"干果"的花生,俗名也叫"长果"、"落花生",一颗果一般至少三个仁,多的五六个,"为体皆小,其形如豆",[32]只是普通家庭过年过节招待客人和给小孩子做礼物的一种"果品",与农业生产和民众生活无大关系。

创办中国第一所聋哑人教育学校——登州启喑学馆的美国长老会传教士梅里士,1862年来到登州后,在巡回布道过程中逐渐发现胶东一带的土质和气候极为适应他美国家乡的花生生长,于是弄来了种子,先在教徒中试种,效果极佳,随即为越来越多的农民所接受,很快发展为胶东农村重要经济作物,并成为近代山东主要出口产品之一。作为经济作物和出口产品的花生,粒大,产量高,人们习惯上称之为"大花生"。事实上,梅里士引进的美国大花生,是相对于以往的"番豆"或"长果"而言的,包括我们今天所说的"大花生"和"小花生"。无论是榨油、生食还是熟食,都是以往的"番豆"所无法比拟的,一定程度上改变了山东农作物的生产布局,提高了花生种植者的收入,改善了人们的生活。

农作物除花生以外,很多水果最初也是传教士引进山东的。人们熟知山东

---

31 Daniel W. Fisher 前揭书,pp.171,246-247.

32 连警斋前揭书,卷二,第一一四页。

特别是胶东地区富产水果，上个世纪 70 年代以前，烟台苹果闻名全国。其实，晚清时期胶东地区自古流传下来的许多水果，并不是我们今天看到的样子。那时是土生土长的水果，一般个头比较小，味道也不很好。一些后来无论外观还是品质优良的水果，是与西洋水果嫁接培养而成的。

据引进外国水果的美国北长老会传教士倪维思（John L. Nevius）的夫人记述，在倪维思把欧美一些水果品种引进烟台之前，山东当地很多水果样子和大小都很"可怜"。1871 年，倪维思夫妇经多方权衡，选中在烟台定居。他们在毓璜顶南坡建了一处被当地人称为"南楼"的住宅，住宅前围起了一个小花园，并打了一眼当地人感到奇怪的水井——人们认为山上坚硬的岩石层中不可能打出水井。早在到这里定居之前，倪维思就"从美国各地搜集树苗，决定要把山东可怜的水果都变成美国或欧洲各种最好的水果"。毓璜顶住宅建好之后，住宅外的花园"虽然不大，但却为他提供了前所未有的良好实验场所"[33]。

倪维思引进外国水果改造烟台当地水果到底取得了多大成功，目前还缺乏更详尽的文字资料证明。据 1935-1936 年间在烟台实地考察两年，翻阅了中、外商会档案并广泛走访了当地中外人士后的阿美德所著《图说烟台通志》一书记述：

> 烟台尤以富产水果著称，……下列外国水果，最初是由倪维思博士——一位在中国四十年的传教士引进烟台的，计有特拉华州、戴安娜（Diana）[34]、斯威特沃特(Sweetwater)[35]的红葡萄和玫瑰香葡萄、巴特利特梨和其他品种的梨，以及各种苹果和李子。[36]

从阿美德的记述看，倪维思引进烟台的西洋水果，种类繁多。有人曾设想在烟台设一纪念公园，其中有一尊塑像即为倪维思，"手执香蕉苹果及玫瑰香葡萄等物"[37]。

若果说倪维思引进欧美优质水果改变了胶东地区的水果种类和质量，一定程度上改善了人们的生活，花边和发网两大手工艺的引进和推广，则极大改变了山东尤其是胶东的生产生活方式，提高了民众的生活水平。作为手工艺的

---

33 Helen S. C. Nevius, *The life of John Livingston Nevius :for forty years a missionary in China*, New York : Fleming H. Revell Company, 1895, PP.292-295.

34 美国纽约刘易斯县（Lewis County）的一个小镇。

35 美国德克萨斯州的一个小镇。

36 A. G. Ahmed Compiled 前揭书，P.3.

37 连警斋前揭书，卷二，第二八八页。

花边和法网发展为重要出口产业，都是由基督教传教士完成的。

晚清的中国花边，原有新旧之分，旧式花边为中国古已有之的传统工艺品，又称"花绦"或"绦子"，系丝绒编结而成，用来装饰衣、裙、衾、枕等生活用品，主要是富贵人家消费；新式花边为舶来品，源于欧洲的抽纱工艺，主要原料为各种机制棉线、麻线、漂布、麻纱、茧绸等，成品用作台布、窗帘、杯垫、盘垫、枕套、沙发及椅子靠垫、手帕、服饰等，有成为城镇居民大众化用品的趋势。

新式花边传入中国并形成产业，是由来山东的几个基督教传教士完成的。先是美国北长老会传教士海尔济（Hayes）夫妇"教授了 3 个女孩一些简单的花边式样"，[38]随后海尔济夫人教授会英学校（俗称师范馆）女学生及一些基督徒妇女编织花边。海尔济夫人即郭显德长女，中文名字郭范霓，出生在中国，早年生母去世后返美读书，读中学时结识了一位瑞士移民，从她那里学得织花边的技术。大学毕业后与海尔济结婚，先在登州文会女校和乡村妇女中教授织花边近三年时间，1890 年转赴烟台，支持丈夫"用生计治理教会"、"教以明之、惠以养之"的主张，又从美国驻烟台领事女儿处学得各式花边织法，在教会学校学生及基督徒妇女中广泛传授。[39]继而，马茂兰（James McMullan）夫妇将花边手工业产业化并推向了国际市场。

马茂兰，英国人，原中国内地会牧师，1884 年到来中国，初至四川，1888 年在成都结婚，两年后到烟台。本来，马茂兰自幼受基督教熏染，青年时期"时闻中国民间所受的苦处"，即立志到中国"为上主完成工作"。但是，由于他天生口讷，到中国后很难适应传教士的工作；同时，他认为应该先解决人们的饥饿和穷困问题，才有利于基督教的传播，工作方式遭到了内地会的强烈反对。1893 年，内地会"切断"了与他们的关系。到中国来的传教士是靠所在差会的薪水生活的，一旦与差会组织断了关系，就意味着失去了生活来源。难能可贵的是，在异国他乡的马茂兰夫妇依靠坚定的信念，自己组织"烟台工艺会"（Chefoo Industrial Mission）,同时组建了一家以马茂兰名字命名的公司——马茂兰有限公司（James McMullan & Co. Ltd），中文名字"仁德洋行"，从零做起，闯出了一片新天地。马茂兰夫人后来说："在同中国内地会的关系被切断

---

38 A. G. Ahmed Compiled 前揭书，P.98.

39 连警斋前揭书，卷二，第二七六至二七八页；曲拯民："美国长老会和山东自立会事略"，（台北）山东文献社：《山东文献》第十一卷，第一期，第 19-37 页。

后，我们留在了中国，目的是要证明我们能够工作养活自己，同时也能做一些有效的差会工作"。就在他们的工作方式与内地会产生矛盾时，马茂兰夫人结识了熟谙花边技术并在当地教授女孩织花编的郭显德长女郭范霓，马茂兰这时也开始"寻求销售花边的市场"。1894 年郭范霓返美后，马茂兰夫人接管了她教授女孩编织花边的全部家当，"开始训练教师，并于 1896 年初开办了第一所学校"。[40]

经过数年艰苦努力，马茂兰夫妇的工艺会、花边学校以及他们公司的事业取得了引人瞩目的成就。工艺会做了大量传播基督教的事务，花边学校也发展为一所包括培训花边编织技术、教授文化课的半工半读性质的学校，开始以不缠足为条件招收外地女生寄宿学习文化知识和花边编织技术，并附设幼儿园，为本地年轻妇女解除家庭负累。截至辛亥革命前，马茂兰夫妇的花边学校培养的本地和外地花边编织人员难以计数，一些早期学员已开始自行开办培训班，或开设小作坊从事花边经营，仅烟台一地，以编织花编养家的妇女和女孩，就达数千名之多。[41]

据海关统计，中国花边业在 1918 年之前，烟台一地占全国出口额的 95%以上，[42]几乎是独家垄断的局面。以烟台为中心的胶东各县也都从事花边生产，对山东特别是胶东民生影响极大。上个世纪 70 年代，胶东一带妇女还普遍编织花边，一个年轻女子织花边的收入要比男青壮年高。作为出口产品，花边在那个特殊的年代，一度成为胶东农村的一项重要经济来源。

与花边业差不多同时兴起的发网业，也是山东辛亥革命前后的一大重要出口产业，出口额大多为全国总出口额的 50-60%以上，[43]1920 年前后，烟台即"以世界发网业中心之一著称"。[44]

中国妇女佩戴网状物作为头饰的历史悠久，据说"为了区别已婚妇女和未

40 James and L. McMullan, *The Chefoo Industrial Mission*, Robert Conventry Forsyth 前揭书，PP.277-280; 连警斋前揭书，卷二，第二七六至二七八页。

41 James and L. McMullan, *The Chefoo Industrial Mission*, Robert Conventry Forsyth 前揭书，PP.277-280; 连警斋前揭书，卷二，第二七六至二七八页。

42 交通部烟台港务管理局编：《近代山东沿海通商口岸贸易统计资料（1859-1949）》，对外贸易教育出版社，1986 年，第 195 页。

43 交通部烟台港务管理局编：《近代山东沿海通商口岸贸易统计资料（1859-1949）》，第 196 页。

44 Julean Arnold, ed., China, *A Commercial and Industrial Handbook*, Washington, Government Printing Office, 1926, P.603.

婚女子，中国妇女数世纪以前就佩戴黑色丝网"。欧洲 19 世纪上半期，妇女佩带丝网的风气也很流行。稍后，不知是谁发明了用头发代替丝线编织发网，这种用人的头发编织的头饰称为"发网"。人们发现发网与丝网相比有很大优越性，发网作为头饰，既可保持头发整齐，风吹不乱、不变形，而且"看不见且富有弹性"，[45]于是发网首先在欧洲逐渐取代了丝网。

发网是近代西方文明的产物，虽然编织工艺简单，但原料处理需要现代化学技术，因为无论东方还是西方，头发的颜色千差万别，作为头饰的发网要和佩戴人的发色一致。19 世纪初年的中国，自身还不具备漂白头发后再给头发染色的技术。

发网编织技术是何时由何人传入中国的，众说纷纭，莫衷一是，事实上已很难确考。[46]但毫无疑问的是发网成为一项事关民生的出口产业，则确实是由来山东的传教士完成的，如果没有他们，也就没有晚清兴起的山东发网业。

首先，将发网编编织工艺引入了山东，将这一工艺发展为一项产业并出口创汇，是马茂兰和他的公司完成的。马茂兰早在 1893 年脱离母会创业之初，即广泛联系欧美各地市场，像花边这样的工艺品出口是靠邮局邮寄出口的。发网大批量生产和出口稍晚，第一次世界大战期间始进入大发展时期，最初的出口也是通过邮局联络邮寄。马茂兰作为英国人，马茂兰创办的企业作为"烟台成长和发展的同义语"，[47]在开发发网产业特别是将其推向国际市场方面，起到了任何其他中国企业无法替代的作用。

其次，传教士创办的各类学校，培养了大批思想开放、具有创新精神的开拓型人才，这些人中的佼佼者就成了烟台这个"世界发网业中心"的奠基人和持续建设者。1908 年创办"发业公司"的王启典和王华亭、同年创办"烟台信丰公司"的李虹轩、1914 年创办"亿中公司"的刘滋堂、孙伯峨等，都是烟台美国北长老会创办的各种学校的学生。这三家企业，发业公司是山东发网业第一家，信丰公司、亿中公司则是烟台和山东花边、发网等产品出口产业的先驱，

---

45 A. G. Ahmed Compiled 前揭书，P.90

46 关于发网由何人何时传入中国，计有"第一次世界大战前在山东的德国人"（Julean Arnold 前揭书，P.255）"清宣统元年（1909 年）""欧美客商"（何炳贤主编：《中国实业志·山东省》辛，民国实业部国际贸易局，1934 年，第一一七页）、海尔济夫妇与马茂兰夫妇传入（曲拯民："花边发网台布在烟台的缘起与发展"，（台北）山东文献社：《山东文献》第十一卷，第四期）、法国或德国天主教修女修女（A. G. Ahmed Compiled 前揭书，P.21.）

47 A. G. Ahmed Compiled 前揭书，P.52.

且长期名列同业前茅，后来在欧美及非洲设有多家分支机构。[48]

再次，烟台和山东发网业兴旺发达，与这里的生产成本低关系极大。美国商务部曾做过统计，认定截至 1923 年，中国广州、汉口、天津、长沙、重庆等地仍有大批人发出口，唯独烟台一地自始即只出口发网，不出口人发，不明原委，错误地断言山东发网业所用人发，大部分是由中国输出国外加工后的返销货。[49]事实上，先后就读烟台和潍县教会学校的孙伯峨，以所学专业知识钻研出了漂、染人发的技术，[50]使烟台乃至山东的发网业一起步即不用进口人发，极大减少了生产成本。

直至 1930 年代法网在世界范围内衰落以后，据调查在山东 4000 万人口中，还有"大约四分之一的女性从事发网和其他诸如花边、刺绣等她们擅长的手工艺品生产"；事实上"山东每一个重要的县份都编结发网，该项工作已经为成千上万的人带来了福利，人们从中获得的收入，业已成为其维持生计的主要来源，干旱和洪灾期间尤其如此"。[51]

以上事实不难说明，近代来山东的基督教传教士开启了山东现代教育、现代医疗卫生事业，为山东民众减轻了战乱和自然灾害带来的痛苦，一定程度上改变了近代山东的农业生产布局和山东特别是胶东人民的生产、生活方式，改良了胶东多种水果，改善了相当多妇女的社会地位。他们的忘我辛勤劳作，与其说给山东带来了基督福音、上帝之爱，不如说带来了合乎时代进步要求的现代文明。

瑞华浸信会是个小差会，到山东来的时间相对也较晚。但是，作为基督教差会，每一个成员都有着相同的经历，做着差不多相同的事情：刻苦学习汉语，努力适应异国他乡的艰苦生活，尽最大努力传布基督福音，想方设法解除民众特别是下层民众的痛苦，兴办现代教育，传播西方现代科学，希望并通过行动要使山东百姓过上幸福的生活。可以想象，在近代战乱和生产力极其落后的山东，出身于西方发达国家的传教士，语言不通，生活习俗迥异，要有多么坚定的意志、付出多少艰苦的努力去克服生活和工作中遇到的困

48 曲拯民："花边发网台布在烟台的缘起与发展"，（台北）山东文献社：《山东文献》第十一卷，第四期；A. G. Ahmed Compiled 前揭书，PP.43-44,64-67.

49 Julean Arnold 前揭书，PP.255, 424, 446, 537, 591,612,632.

50 G. Ahmed Compiled 前揭书，P.44；曲拯民："花边发网台布在烟台的缘起与发展"，（台北）山东文献社：《山东文献》第十一卷，第四期。

51 G. Ahmed Compiled 前揭书，PP.90-91.

难！我在翻译类似资料过程中，每每为他们的精神和事迹所感动，无形中增加了工作的动力，尽管传教士们是为他们心中的上帝而忘我地为异国他乡素不相识的人在工作，自己是在为今天自己的同胞了解自己的过去、珍惜今天的生活尽点力。

这里译介的瑞华浸信会山东差会的历史资料，令约翰牧师的《令约翰回忆录》、白多加小姐的《收养中国女弃婴：山东诸城瑞华浸信会孤女院简史》，已经把相关史实说的很清楚了，不必再行赘言，到底作何评价，读者自会判断。不过，这些记述中披露的近代中国一些在基督教传教士眼中的丑恶现象，如一夫多妻、吸毒、迷信等，至今依旧不时在某些人群中以不同形式显露出来，不能不引起我们的深层思考。

近代来华基督教传教士总是以一种批判的口吻言及中国富人们的一夫多妻荒诞生活。新中国宪法明确规定实行一夫一妻制，一夫多妻是违法的。然而，毋庸讳言，事实上的一夫多妻制在当今中国依然存在。自中共中央发起反腐风暴以来，人们看到了贪腐官员以及一些富豪们包养二奶、三奶，乱搞男女关系的丑恶，那么普通人呢？普通人这样的问题就一定比贪腐官员少吗？事实上，这种贪腐官员和富人包养二奶、三奶现象，是旧中国"多子多福"文化观念和"妻妾成群"习俗在今天的延续，他们这一问题严重恐怕只能说明他们有某种条件能够做到，而后又由于触犯党纪国法遭到惩罚被曝光了罢了，并非是说只有这些人这方面问题特别严重，普通人就一定没有这种观念和行为。这一事实告诉我们，没有坚定信仰的约束，文化习俗中一些不良因素，短时期很难强力隔断；文化传统的变迁，是一个逐渐演化极其缓慢的过程。

基督教反对吸毒，近代来华传教士们大多极力反对鸦片贸易，宣传禁毒，也有许多利用宗教改造吸毒者的成功事例。中华人民共和国建立后禁毒事业大获成功，毒品在中国境内曾几近绝迹。但是，在经济有了飞跃性发展、人们生活水平普遍提高之后，毒品又开始呈泛滥之势。近些年来娱乐明星们吸毒事件屡屡曝光，给人的印象似乎只有这些娱乐明星中才有那么多人吸毒。事实上这个问题与人们印象中似乎腐败官员包养二奶、三奶的特别多一样，只不过是因为这些娱乐明星的身份特别吸人眼球而已。同样，这一问题也不说明娱乐明星们中有些人的个人品质如何，只是说明人在没有信仰约束的情况下，寻求刺激等某些劣根性在条件适宜时的自然表露，普通人也不列外，只不过普通人还没有那个条件而已。

　　基督教是有神论，但基督教反对迷信，相信和宣传并利用科学造福人类。近代来华传教士在介绍和引进西方现代科学方面做出了值得肯定的贡献，他们反对形形色色的迷信，不辞劳苦引导民众破除迷信，信仰基督，在信众以及他们开办的各级学校的学生中，应该说是有效果的。新中国建立以后，我们坚持唯物主义无神论，积极破除腐朽迷信思想，严厉打击利用迷信的犯罪活动，甚至严格禁止一切与迷信有关的传统活动，曾经取得了巨大成功。但随着计划经济向市场经济的转变，人们在经济活动多样化、相对自由化了之后，各种迷信又沉渣泛起，一度甚且有愈演愈烈之势。比如说，在笔者近些年来生活的胶东地区而言，丧葬习俗中的迷信活动，耗费大量金钱购置纸钱、冥币，甚至置办阴间用的银行、金山银山、汽车、男女佣人等，蔚成风气。如果说普通百姓举办丧礼的迷信行为体现了中国人的孝道，求得是一种心理上的安慰和满足，还有情可原，一些官员的别种迷信，则不可理解也不能原谅。据报道，自上个世纪 80 年代以来的各种所谓"大师"层出不穷，这些人多有官员捧场，"鲜有例外"；一些部队的高级将领们甚至在某"大师"做完报告后，竞争着去坐一坐"大师"坐过的椅子，抢喝"大师""杯里的剩茶"，希望能沾染一点"大师"们的"功力"。更令人触目惊心的是，前些年风水师的兴隆生意，"多来自官员"，多省多地党政机关"风水球随处可见"、"石雕狮子成群结队"，还出现过争相抬价求购"转运石"的现象。这些为了镇晦气、讨官运、图吉利、保安宁的各种装饰，动辄花费数万、数十万乃至上百万元。凡此种种，明白无误地昭示在党政干部、军队将领们的心灵深处，迷信思想仍占有相当重要位置。这些人尚且如此，民间百姓的信仰状态会是什么样子？据调查，中国人 16 岁及以上的人口中，85%是有神论者。事实上这只是客气的说法，大部分有神论者恐怕信的是迷信，而非真正的宗教。

　　过去我们的教科书和舆论宣传一直用马克思的宗教必定会自然消亡的理论作为指导思想，宣传无神论，批判腐朽迷信，引导人们树立唯物主义世界观。这似乎有其必要性，但却没有能够事实求是地讲明白宗教、迷信存在的长期性和不可避免性；不注重宗教与迷信之间的区别，没有说明白宗教、迷信与人们的念想、期盼之间的割不断的联系；不愿意承认宗教存在的合理性和对社会的粘合剂作用，不愿意承认宗教在我国现阶段乃至可以预见的未来有着深厚的生存土壤，忽视合法宗教在抵御腐朽迷信中的作用，因此让那些"大师"和别有用心的人钻了空子，搞出了一些很荒唐的事情。社会上各种大师们之所以能够达到他们愚弄民众乃至党政干部和各界名人，说穿了就是现实生活中存在着人们祈求过上美好生活的期盼和念想，他们利用这些期盼和念想，许以似乎可以尽快实现美好愿望或立马消灾避祸的承诺，让人们朦胧感觉幸福就在眼前，顺着自己的欲望走向了根本不可能有美好前景的糊涂路。这样的教训在我们的现实生活中，可谓不胜枚举。

严峻的现实告诉我们，我们以往的有些学校和社会教育，漠视现实，理论严重脱离实际，讲的多半是假大空，久而久之在人们心目中造成了一种教科书不可信但又不能不学，领导、广播里、报纸上的话不能不听但却不可信的可怕局面。如果不设法改变这一局面，久之会引发我们这个民族人格分裂：嘴里说一套、心里想一套、手上做一套。

问题既然明摆在那里，就应该勇敢地面对，找出解决问题的现实办法。

2014 年 3 月，习近平访问位于法国巴黎的联合国教科文组织总部，同一天参加中法建交 50 周年纪念大会，发表了涉及宗教特别是佛教的讲话，肯定了宗教尤其是中国佛教在中华文化复兴征程中所应承担的历史重任。2015 年 7 月，中国社会科学院举行了启动"道教与民间宗教书系"研讨会，计划出版道教与民间宗教书系 50 余种。据称该书系问世后将是中国国内第一套规模最大、最全面和系统介绍道教和民间宗教的图书，科普类和学术性并存，目的是让社会民众通过了解产生于中国本土的道教和各种民间宗教来更深入地了解中国传统文化。尽管笔者觉得民间宗教与道教之间虽有千丝万缕的联系，但民间宗教中存在诸多迷信的成分，对将道教与民间宗教放在一大书系中编纂出版有不同看法，但却赞赏这一编纂出版计划。组织这一计划的实施，说明编撰者在思想文化领域的自信务实心态。

既然道教和各种民间宗教都要出版大型图书予以介绍，那么，作为我国宪法规定的合法宗教的基督教的历史资料，为什么不能大量出版予以推介呢？更何况，基督教为中国社会的近代化做出了难以替代的贡献，理应让更多的人了解其真实的历史。

毋庸讳言，当前现实社会还有种种不足需要克服，如何对待历史文化，正确处理中外文化、新旧文化的关系，依然任重道远。基督教本来是外来宗教，但自 1950 年开展三自爱国运动以来，已经成为中国宪法规定的五大合法宗教之一，在社会主义现代化建设中发挥着自身应该发挥的积极作用。我们要了解传统文化，也要清楚基督教在华传播的历史及其所做出的贡献，只有正确对待过去，正视现实，才能更好地面对未来。

郭大松

2023 年 8 月 16 日于蓬莱阁西邻博文苑

山東巡撫孫寶琦像

Sun pao chi

HIS EXCELLENCY HSUN PAO-CHI, LATE GOVERNOR OF THE PROVINCE OF SHANTUNG. OCTOBER, 1910.

撫台孫大人電閱

呈

書已恭

宣統　年　月　日

紀元一千九百十二年

纂輯人暨著作人等謹識

DEDICATION

To His Excellency

SUN PAO CHI

Governor of Shantung

this volume is respectfully dedicated
by the writers of the articles
and all connected with it

1912

目次

下　册

编者前言

《传道书》作者谓"著书多，没有穷尽"[1]，自他那个时代以来，每年的著述增加量多少不等，几乎一直在不断增多，未来的著述大潮可能迅即将人类淹没在无边无沿、汹涌澎湃的书海之中。

因此，谨慎的书籍编著者有必要评估自己著书的意义以及继续编著同类书籍的合理性。过去有段时间，一直感觉另一部关于山东的作品相当令人满意。

那是第一部以这种形式介绍山东的书，由阿姆斯特朗（Armstrong）先生编著，于1891年出版发行，得到了公众持久不衰的喜爱。但是，20年过去了，各方面历史变迁情形需要补述，再编一部介绍山东的著述时机已经完全成熟了。

中国的变化始于1900年，这些变化比此前数千年间各种历史变化都更为重要和广泛，或许可以真切地说，这个帝国觉醒了，正在以一种如此令人震惊的方式暗示"一个新天新地"[2]的到来，其变化之重大、领域之广阔，让亲历这一过程的世人深感困惑。

事实上，这些激进的变革可以说还仅仅是刚刚开始，很可能比不上下一个十年[3]，下一个十年变革的结果，未来的历史学家或许再次记述下来，以便真实展现那时的山东面貌。

就眼下这本书来说，笔者曾想，如果集中围绕现在的山东，某种程度上思

1　《圣经·旧约·传道书》12章12节。

2　语出《圣经·新约·启示录》21章1节，原文为"我又看见一个新天新地"。

3　作者编著这本书的时间为1910年。

路更开阔一些，可能会更有意思、更引人关注。现在呈现在读者面前的这本书，就是这一想法的结果。本书讨论各专门问题的篇章，大多都是由对该领域特别熟悉的作者所作，他们从始至终一直是自觉自愿做这一工作的。

在这部书的编写过程中，同事们通力合作，始终感觉艰辛而又甜蜜，担忧却充满信心。为各位作者设计撰写的主题，大家都愉快地接受下来，并豪气十足地开始工作，结果想必读者会做出评判。就此而言，本书展示了"狮子与羔羊同卧"与由一位"小孩童"（伯利恒之子）引导之奇妙历史场景[4]。万王和王冠到底是掌控在万王之王、万主之主手中，我们这些人有意或不经意间相互合作所做的一切，都是为了有利于激发这个伟大有耐性的民族奋发向上。以往，这个民族一直尊崇过去，崇敬老人，获得了上天的赐福、恩惠和持续不断的赠品。没人敢于怀疑还会有新的更大的礼物要赐予这个古老的民族；一个拥有值得自豪的悠久历史、如此有天赋和智慧的民族，应当有光明的未来。所有民族和个人的"未来，自有定数"，尽管过去的历史出现过不少瑕疵，没理由怀疑美好的明天正在来临，从往昔死亡的坟墓中站起来，中国将站在亚洲前列和上帝与救主耶稣基督膝下的正确位置，"开始创造""旷古神奇之事"，将拥有真实、持久、丰硕的成就，人类完满最终之"万物复兴"的美好一天，即将到来。

法思远（Robert Coventry Forsyth）

4　本书编者为英国浸礼会来华资深传教士法思远。他这里的"狮子"和"羔羊"，所指应都是基督耶稣，借以隐喻在山东的基督教事业前期所经历的种种艰难、传教士们坚定不移的信念和斗志，以及1900年后基督教在山东所显示的能量和成就。基督教认为狮子与羔羊是耶稣对立统一两个侧面的形象代表，前者是作为人的耶稣形象代表，后者则是由人成为神、救主的耶稣形象代表。

第一章　绪　言

《中国人的品性》（Chinese Characteristics）、《中国乡村生活》（Village Life in China）等书的作者

神学博士明恩溥（Arthur H. Smith）牧师

　　人们从来没有像今天这样如此普遍而又明智地关注中国和中国人。很难说，西方世界这种心境还能持续多久。涉及中国许多方面的著述，有些数量众多，形式多样化，总体水平上乘。宏观综合论述中华帝国历史及其疆域拓展的时代，已经一去不复返了。不能再对中国做整体笼统的考查。现在了解中国的最好方式是分省进行细致的研究。中国的各个行省，许多都有古老的历史，各有自己的特性，尽管中文著述中是否这样认为尚有疑问。有些省份，在叙说与中国无疑是古老的历史有关的问题时，格外有趣。考察这样一个省份，便从一个有代表性的剖面展现了整个帝国从古至今的发展历程。

　　中国所有行省中，没有比山东更值得研究的了，著名的鲁国就在山东境内。鲁国是孔子的家乡，牢牢地永久与中国最著名的圣人联系在一起，从而使山东被称为"中国圣省"。孔子在这里出生、生活，死后葬在这里。他简单的墓穴，位于曲阜县城北，距今 2,390 年之久，自然十分恰当地成了整个中国最著名的朝圣之地。他生活的时代，鲁国富有古典编年史。向南 25 华里，是孟子的墓地，位于孟村村庄（the Village of Mengts'un）凫村东边，那里是不见经传已经废弃了的孟氏家族之城，该城甚至连城墙都没有。当乘坐马车在原始的行车道上颠簸而行时，人们就会认识到他们现在走的正是遥远时代的伟大圣人所走的路。

　　在凫村一座厚约 1 英尺左右麦秸屋顶的普通房屋前，可见几个题字，宣称

这就是"孟子故里"。战国时代，这里周围地区一直修习一些简短音乐乐曲，这些乐曲不仅仅在 2500 年前传习，而很可能 3500 年前甚至更早就在传习，因为孔子总是谈"古"，在他看来，尧、舜历史上真有其人，他们所处的时代，要比他本人生活的礼乐崩坏的时代重要和有价值得多，主张效法那个时代。

山东因其海角深入黄海，使其邻近满洲、朝鲜、日本而具非凡地位。自长城外三省农业大开发以来，到目前为止，大部分永久性和临时性移民一直都源于山东，数量可能达数百万之多。每年春天中国新年刚过不久，通向天津的各条大路上，带着行李包裹的人群就连绵不断，疲惫乏味地奔波前往离家数千英里的满洲抑或蒙古。到那里后，好的年景，他们为别人帮工，或在海边大片空旷之地合伙耕种，这些人中有一些每年回山东老家一次，但大部分人是每三年回老家一次。还有一些人，唉！一去不回，丢下哀伤的母亲、担忧的妻子和挨饿的孩子，在那里与残酷的命运抗争。

多年来，山东一直是中国忧患的演练场，奔腾咆哮顺势冲向遥远海洋的黄河，现在倾入天津附近的北直隶湾，又打开了一条流经鲁西南或河南至苏北的河道，在离长江口不很远的地方漫溢开来。大约 60 年前，当河南省首府开封城外不远的外堤大决口后，浩瀚的浊流黄水突然出人意料地穿越山东中部，随即吞没占据了一条小河流，"黄河故道"[1]突然间废弃了。齐河县精美的石桥被毁，湍急的河水七拐八拐，最终在"铁门关"附近汇集成了泥浆沼泽，土地与水融为一体。

1887 年，黄河在河南郑州城附近再次决口，洪水奔腾向南，数百英里人烟被毁。在随后的 18 个月时间里，通过英勇的努力，成功封堵了决口，与许多外国专家、非专家们的预言相反，黄河被迫回到了它的古道，直至今天。关于黄河水流四处泛滥的情形，将有专文向读者提供来自官方的相关信息。但是，历史记录从来没有记下在势不可挡的灾难中数以百计的村庄突然消失，没有记下周期性灾难中无家可归、忍饥挨饿的幸存者。在太过频繁的灾难来临时，数十英里内，不深的水面上漂浮着用篙撑着行进的粗糙小船，就是这数十英里范围水面下的土地，近来却长满了玉米、棉花、花生、豆子或高粱，被毁掉村庄的断壁残垣，是那里曾经是他们家园的标志。洪灾毁掉了整座整座的城镇，有时石头垒砌的城门被淤泥掩埋，几乎都看不到了。可怜的农民只能收集或许可能剩下的一点财产，到未决口的河对岸，在离省城不太远的一小股陆军

1　这里的黄河故道实际上是指"明清故道"。

的营地住下来，那里有很少几个赈灾官员，或许可以暂时照顾他们一下。或者，继续向北逃荒，慢慢地走遍全省各地，一辆独轮手推车，推着 5～6 个 80 岁的老头老太太和在逃荒路上一出生就没有什么吃的婴儿。他们逃荒路上去的那些村庄的村民，常常是给他们一点高粱米面做的硬硬的黑饼，让他们赶紧走，或者很可能是扔一个小钱，赶他们上路。这种和平但却难以言喻的可怜逃荒情形，在北部农村，我们有时一连数月随处可见。1888 年，大帮人成群结队一起去遥远的陕西，那里相对人口稀少，尚未从 60 年前的伊斯兰叛乱中恢复过来[2]。当发现越来越多的难民进入陕西后，陕西巡抚愤怒致函山东巡抚，极力申明反对这么多人去陕西。的确，在古代，圣人断言"四海之内皆兄弟"，但那是几千年前的情形，彼时人口没这么多。现在，每个人都必须照顾自己。在这种大灾荒面前，山东的官员获得别人的帮助意愿即使得到最大满足，总体上说也是无济于事的。这种援助救济一般来说孤立、零散、不起什么作用。

给山东带来洪灾的古代河道不仅仅是黄河，其他河流也有泛水成灾的，大水过后，常常留下厚厚的一层什么都不长的沙地，数百平方英里的沙地下曾经是肥壤沃土。而且，在该省大部分地区，洪水过后，地上会泛起浓重的盐碱，腐蚀植物，给人们带来永久的痛苦。对付这种重大灾害的已知最好方法，似乎是把上面的一层土刮成一垅一垅的格子，部分露出下面的土，无法保证粮食产量。在有些地方，像东昌府，把含氮的土堆成 20～30 英尺高的土堆，晨曦中看上去像是一些大坟墓，没经验的旅行者会惊愕不已[3]。山东差不多一半山岭上的树和灌木多年前大部分都砍光了，造成土地植被稀薄，剩下光秃秃的岩石，雨水就像放到镀锌铁皮的屋顶一样迅速全都流走了，这就是中国经常发生可怕洪灾的根本原因。像中国其他省份一样，暴乱肆虐时，当地人都躲进山岭上的石头砌成的堡垒里，这些堡垒是政府无能的永久性见证。位于海滨的低洼地，大部分都在东方常见的大风期间被咸水浸淫过而毁掉了。鲁西南大片地区都有浅水湖，湖里长满壮实的芦苇（印度芦苇），芦苇杆用石滚子压碎，用来编制席子。这些湖里除了大群的水鸟无人打扰之外，都养殖大量的鱼。鉴于其

2　这里的伊斯兰叛乱应指 1862-1877 年间的陕甘回民和其他穆斯林民族发起的与汉族间的仇杀，波及数省，绵延十数年，损失人口 2000 多万。作者谓"60 年前的伊斯兰叛乱"，时间不确。

3　原作者注：人们说沙土表面有一层苏打沉淀物的现象是"碱涨地"。在汉语中，有一种明白易懂的类比说法非常普遍，稍微受点教育的人都会说这样的沙土"有点碱性"。

自然地理学因素和目前状态，山东总体普遍的特点是并非经常性的贫穷的不得了，也就是一件很自然的事。人们从古籍中的零散记述推断，山东必定一直是这个样子。

自西方人多少了解了山东以来，山东有些地区一直是中华帝国人口最密集的地区。广阔平原地区的许多县，很多农村的人口密度为每平方英里 500 人，有充分理由确信，有些地区人口密度高达难以承受的每平方英里 2,000 人之多。在这样的地区，大部分人很难说是在生活，他们只不过是活着而已。哪一年庄稼歉收，就会导致严重的穷困，人们就不得不迁徙、自杀、忍饥挨饿。1877～1878 年大饥荒[4]，波及山东、直隶、河南、山西大部分地区，尽管估计上海赈灾委员会[5]为了保护山东各地人民生命，筹集资金赈济了 9,000,000——13,000,000 人，但只要到集市上看看，还是能感觉到人口减少了。当遭受灾荒的一两代人离去以后，这次灾荒造成人口减少的事实会更清楚，人口对生活资料的压力也会比以往更严峻。伴随人口增长的物价总体上涨，与收入的增长会不成比例的情形，要和乡下农民讲清楚是相当困难的[6]。

本世纪最初十年的头一两年，山东相当数量的农民为诱人的告示所吸引，奔赴南非去做旷工[7]，农民们不是没有疑虑，常常反对信不过朋友们的建议。这些去做矿工的农民，大部分人能够也愿意劳动，但也有少部分人给一快去的同伴带来了不好的名声。狡猾的无赖很容易设计欺骗不谙世故和不小心的人，而吸食鸦片、赌博，对去非洲做工的事业损害太大了。

似乎设计不出任何保证每月汇出的现金汇到该汇的那个人手中的办法，大部分移民都太无经验，不了解怎么去做，而且都太没用，即使知道怎么做也做不到。然而，尽管如此，通过企业、经济和金融部门担保仍不失为一项好办法，这样在合理的时限内，偶尔出现差错也能得以纠正。不幸的是，为贫穷所

4　即晚清时期著名的"丁戊奇荒"

5　指在山东的英国浸礼会传教士李提摩太倡议发起、由上海外国传教士和商人组织成立的救济山东丁戊奇荒的团体。

6　原作者注：也许应附带说明的是，在笔者看来，山东不可能有不知名的"政治家"（Statesman）编著的《政治家年鉴》所宣称的那么多人口。山东人口是不是27,000,000，值得怀疑，但却不会是 37,000,000。

7　参见 R. F. Johnston, *Remarks on the Province of Shantung*, Hongkong: Printed by Noronha & Co. 这是英国威海卫当局一位政府秘书约翰斯顿 1904 年在济南会见山东巡抚周馥之后，给英国威海当局的一份报告。该报告详细记述了有关周馥为了解决山东过剩人口，与英国威海当局谈判向非洲输出劳工的相关问题。

困扰的山东，正要发生一件不幸的事，英国政党政治需要结束在非洲雇用中国劳工。这对南非是否有利我们不知道，但对山东来说，这是一起大不幸事件。一笔笔来自遥远地方的汇款，已经开始帮助极端贫困的家庭。伟大圣人家乡古老的土地上有了绝好的机遇，沉沦的家庭已经能够抓住这一机遇恢复过来，突然，机遇消失了。

独特的威海卫军团（Weihaiwei regiment）解散了，这对许多人——无论是中国人还是外国人来说，都是另一件让人沮丧的事，这个军团是为山东男人开设的在有经验的专家训练下做点什么的机构。引进铁路干线，首先是东西向，现在是南北向，必定会产生重要的经济影响，尽管今天还不能清楚判定具体有哪些影响。如果伴随铁路的开通，开发巨大的尚未触及的自然资源，将会带来富足好运。人们试着把从地表层刮起来的含有杂质的苏打，过滤掉杂质、清除苦味，提取纯净苏打，这能给成千上万的贫穷村庄带来不确定的少量帮助。提取纯净苏打这一事业由于百姓们之间的争吵以及与当地盐务监督和县衙门的衙役们的斗争而经常停顿下来。

我们同样可以大致推测铁路在经济和道德上对骚乱不断的曹州府的影响，自古以来尽人皆知，该府几乎是整个帝国最难治理的地区，确实相当无望治理好。

山东引进组织管理良好的邮政体制是一项伟大、富有成效的革新（本书辟专章予以介绍）。山东到满洲去的移民发现自己有什么事就可发封信说说，他们自己也认识到了这件事对自己和家人都有非常重要的意义。稍微多花费一点，还能送出一封可收到回执的信，这样他就能确定他的汇款家人收到了，在引进邮政体制以前，这是不可能的事。

汉族唯一幸存的古怪的完全世袭贵族，在中国是最令人感兴趣的反常现象之一，尤其是孔孟家族独一无二的特权。孔子和孟子的直系后裔，在地方司法中，享有相当（或说是最高）的豁免权。这一异常现象，有待于从历史学、政治学、社会学方面进行研究。这个问题应由越来越多的能理智、机敏看待事物的汉族学者去研究，他们或许能够搞明白这个问题。

大运河及其特殊的历史或许也可以作为最有意思的专题予以讨论。这一讨论将展示其缓慢演变的许多不同阶段，它的繁荣期、它的局部停滞以及现在的完全衰败。考虑到它"大运河"的服务方式，就难怪中国人都称它是"聚宝盆"，与黄河形成了鲜明对照，黄河花费巨大，毫无用处，人们叫它"败家子"。

随着漕运的消失，一些城市荒废或半荒废了，而有的作为铁路运输枢纽（像德州）则注定取而代之，极具生机和活力。山东富有古代城市遗迹，现在这样的城市除了古文物研究者外几乎没人记得了。在山东新发展过程中，必定形成一些充满活力的新兴要地，这些地方或许是以前做梦也没有想到的。泰山，世界上最古老的历史名山，因其折衷的神性，或许能在一段时间里保持它朝圣圣地的地位，但在新山东，我们正在开始见识到其他一切都在发生着巨大的变化，泰山也不例外。山东在漫长的历史中曾孕育出许多伟大人物。一般山东人的品格，在中国人自己看来，兼具诚实、可靠、勇敢、粗鲁、十分愚钝等混合特质。在新中国[8]，山东人还会这样吗？

DUKE KUNG, DIRECT DESCENDANT OF CONFUCIUS OF THE 75TH GENERATION.
THE PICTURE ON CHAIR IS A SIGNED PHOTO OF KING EDWARD VII,
SENT FROM HIS MAJESTY BY REQUEST.

孔子第七十五代嫡孙衍圣公
椅子上是英王爱德华七世应邀寄来的签名照片

---

8 晚清来华传教士，很多人把清末推行新政改革后的中国，称为"新中国"，以与义和团运动前的中国区别开来。

　　孔子教导的崇高道德准则，大部分铸就了中华文明，遍布远东中华文化圈，相比较而言，基督教以外的其他道德准则，均无可匹敌、无法企及。任何其他地方都没有的这一令人赞叹的思想体系，在创建者们生活、传道、老死于其中的这些古老神圣地区，当前已经有了产生最深远、永久影响的更好机遇。然而，这种影响究竟在多大程度上受到局限、有多少表面文章以及令人失望的成分，没有人会比中国人自己更了解了。满足现状是进步的大敌。山东和中国现在需要的是开发适合后代儿女在 20 世纪第二个十年同艰难困苦作斗争的道德心和品格。

　　中国需要受过良好教育、明智、热心、忠诚、具有自我牺牲精神的身体健壮、思维敏捷、道德高尚的男男女女，承担起他们在中华帝国复兴和崛起征程中所应承担的义务。一言以蔽之，基督教要给予中国需要的最好的一切。

　　本书正是基于上述考虑编著的，相信对山东和中国来说，古老的历史只不过是更加美好未来的基础

古 代

第二章　山东圣人：孔子和孟子

神学博士柏尔根（P. D.Bergen）牧师[1]，潍县广文学堂监督。

序言

这一章并非重要，仅试图抱着欣赏的（更准确地说是公正的）心态生动、简要描述孔子和孟子的生平，勾勒其学说的主要特点。

总起来说，本章写作借鉴了理雅各博士（Dr. Legge）[2]的著作，他富有耐心的工作意义重大，日益令我们心生感激之情。不过，本章中的译文，则是我自己直接从中文文本翻译过来的。

同时我也参考了欧洲、日本和中国的其他作者的著述，因为大部分读者可能对这些著述已经很熟悉了，故没必要在此列出这些参考文献了。

山东诞生了许多杰出的人物，但限于篇幅，我们只能仅仅提到其中人们公认的两位"圣人"。

这两位公认的"圣人"就是孔子和他最著名的信徒和学说的传播者——孟子，他们都出生于兖州府下辖的邹地。在思想家辈出的时代，周王朝已经衰落不堪，帝国由众多诸侯国拼合在一起，它们名义上屈从效忠天子，实际上却保

1　美国北长老会传教士，1883年来华，先在烟台布道，后赴青岛主持那里北长老会布道站工作。赫士应袁世凯邀请到济南创办山东大学堂后，出任登州文会馆第三任馆主。1904年文会馆迁至潍县，与英国浸礼会广德书院高级班合并组成山东基督教大学文理学院，又称广文学堂，出任该校首任监督。1915年病逝，葬于潍县。为纪念他，齐鲁大学将化学楼命名为柏尔根楼，该楼现位于原齐鲁大学、现山东大学医学院校园内。

2　理雅各（1815-1897），英国伦敦布道会传教士，英华书院校长，著名汉学家，在华生活近30年，曾将"四书"、"五经》等中国主要经典译成英文，促进中西文化交流。

持独立。在这些诸侯国中，鲁国和齐国的大部分疆土构成了现在的山东省。现在的兖州府辖区位于鲁国境内，济南城则属于齐国。

在山东境内追寻孔子和孟子的足迹，并尽可能确定他们生活和授学的地方，那将是一件挺有趣的事情。然而，这最多只能是推测，因为齐国和鲁国的城镇和今天的城市并不完全一致。几个世纪以来，大部分城镇已经毁坏，并被其他城市取代，只有孔子的陵墓是遗留下来的无可争议的历史古迹。总之，不管怎样，孔子和孟子的一生几乎都是在山东度过的，尽管孔子一生旅程中，在河南和江苏边界地区也呆过几年时间。

我们把孔子和孟子的名字联在一起，合称孔孟。但他们各自生活的年代相距一百多年，我们也可以用师父和弟子来对他们做适当的区别，尽管孟子对人类做出的贡献同样伟大，但孔子是并且永远都是孟子的导师。

孔子

公元前 551 年，孔子诞生在今兖州府的辖区邹地，即当时著名的鲁国境内。他的父亲叔梁纥出身于一个以有功于国而闻名的家族。像当时许多能干的人一样，他本人是一位武士，参加过许多战斗。一些关于他高大、强健有力和处乱不惊的故事一直流传到今天。

他的妻子去世了，只给他留下了几个女儿。[3]尽管那时他已经上了年纪，可还是娶了颜氏之女颜征在为妻。第二年，颜氏为叔梁纥生了一个儿子，就是后来伟大的孔子。当这个孩子才三岁时，他的父亲叔梁纥去世了，因此他感激母亲对他早年的教养和教育安排。孔子是一个早熟的孩子。让人意想不到的是，他挑选了一些古老的祭器作为玩具，喜欢把它们按照宗庙仪式排列起来。关于孔子的童年，我们不掌握详细资料，但毫无疑问，他去上学了。"十五岁时"，他告诉我们，"我立志学习"。[4]19 岁，孔子迎娶了宋国亓官氏之女，一年内，他的第一个也是唯一的儿子出生了。那是一个令人难忘的日子，鲁昭公赏赐了一条锦鲤作为贺礼，为了纪念和感谢昭公的赏赐，孔子将自己的儿子命名为"鲤"。虽然孔子出身优越，但他被国君所关注并非由于这个原因，而是因为他此时已经是一位颇有声望的教师，尽管当时他仅有 20 岁。

---

3 另据传说，叔梁纥的第一任妻子生了九个女儿、一个儿子，但这个儿子有腿疾，故又在高龄娶妻生了孔子。

4 见《论语·为政》，原文为："吾十有五而志于学"。

昭公赐鲤后，又任命孔子为公共粮仓的监督。年轻的哲学家的职责是除了计算鲁国百姓作为国家税收交来的粮食数目之外，要接收、记录、保存、支出这些征收来的粮食。第二年，他又被提升到公共领地监督的位置。他记录下公田，报告它们的状况，并在未耕作的预留地上放牧牛马畜群。这样，孔子在他正式进入教师职业生涯之前，切身体验了社会实践生活。两年的管理生活，使他掌握了一些公务技能，也了解了一些民众的生活状况。

当他辞去官职时，我们发现孔子已经是一个 21 岁的青年人。要赢得所享有的声望，一个人必须善良、睿智和富有吸引力。我们毫不怀疑这位年轻的哲学家拥有这些品质。我们了解到，除了他长得高大魁梧像他的父亲以外，传说他的相貌也非常引人注目，另外，他的行事风格、方式也很吸引人。年青一代蜂拥到他这里来，聆听他关于文学、礼仪和政治的才华横溢的学术演讲。他否认自己所讲内容具独创性，但他确信听众能听到新鲜的东西。这个知识渊博的人从来不缺少听众。孔子已经意识到伟大的思想开始在他心底萌生，这使他具有了一种使命感。孔子阐述自己的思想总是微言大义，他通过自己的品格来激发人们对他的爱戴和忠诚。根据一些流传至今的记载可以得知，伟大的老师和他的弟子之间通常不是一种平等的关系。

对数百名前来求教的年轻人来说，这里没有固定的学习课程，没有学习期限，也没有功课时间。据说孔子教授的内容有文学评论及历史、道德实践、对人忠诚、讲究信用、音乐，诗歌也是经常学习和讨论的内容。为政的学说，甚至形而上学也是他喜爱的讨论题目。那些居住在城里的学生，只要有人担保介绍，都可能成为他的弟子。孔子从来没有因为贫穷而拒绝一个学生。正如他所说，"凡带着一束干鱼肉来求学的，我没有不教诲的"。[5]但如果一个人冷漠或者愚钝不堪，那么他的厄运也就注定了。不论是干鱼肉还是黄金，都不能打开孔子的学堂之门。孔子说，"我不会向没有热情，或者自己不努力的人传授一点东西"。他继续说，"如果我教给学生一个方面，他不能由此推知其他几个方面，我就不再给举例讲解了"[6]，"如果一个人没有一点好学求教的精神，我也不教他"。

孔子 23 岁时，他的母亲去世了。20 年前，他的父亲死后被临时安葬在邹邑。现在孔子把他的尸骨带回家，安葬在母亲墓旁，并按照传统习惯服丧三年。此后，他继续从事教育事业，声望日隆。29 岁，孔子在师襄指导下学习音乐。

5 见《论语·述而》，原文为"自行束修以上，吾未尝无诲焉"。
6 见《论语·述而》，原文为"不愤不启，不悱不发，举一隅不以三隅反，则不复也。"

孔子喜好雅乐，常常一边鼓琴一边歌唱。"到了三十岁"，他说，"我能独自面对社会人生了"。[7]此时，向往进入仕途，获取财富和权力吗？他立场坚定，决心为了国人的最高利益献身于教育事业。34 岁时，前鲁相国的两个儿子，何忌和南宫敬叔来到孔子门下继续他们的学业，他们的财富和高贵身份为孔子的学校增添了光彩。在他们的帮助下，孔子可以实现自己长久以来的奢望了，那就是乘坐鲁公赏赐的马车开始自己的行程，去位于现在河南的洛邑朝见周王室。

此时中国的周王朝名义上统治 13 个封国。帝国的统治者没有足够强大的力量遏制强国，也不能保护弱国，结果就是各封国之间经常互相残杀。

不过，孔子这次朝见王室之旅并没有政治目的。他想去参观古代文化中心，增长关于早期习俗、文学和音乐方面的知识，以便获得新鲜灵感。在周王室，他受到热情接待，花了几个月的时间进行学习和调查研究。他被那些依然保持着更多古朴雄浑风格的宫殿和庙宇所深深吸引，他所见到的庆祝典礼在规模上也大大超过了他所熟知的任何鲁国仪式。他参观了陈列有周王室列祖列宗肖像的明堂，满怀激动地凝视着那些画像，"啊"，他感叹道，"在这里，我们明白了周朝何以伟大。"

在王都，据说孔子会见了老子。在会谈中，老哲学家非常坦率地告诉这位前来求教的后生，建议他戒除"张扬举止和过度抱负"。据说这次会面使孔子大受影响。他还和乐师苌弘进行了交谈。苌弘预感到孔子将来会不同凡响，他说，"孔子将来会成为圣人。他谦恭有礼，知识渊博，记忆力惊人。"对孔子留给修行者老子和乐师苌弘的印象做一比较，是很令人奇怪的。

在周朝京城呆了几个月后，孔子回到了鲁国继续从教，据说他的追随者达到了 3,000 人。我们不认为孔子任何时候都有这么多学生，但确有一群人争着聆听他的声音，成为他的学生。孔子最感兴趣和最有意义的工作是重新解释旧经典和旧文学，并在他那个时代的生活中进行实践。孔子和他的一群最亲密的弟子形成了一个充满活力的小圈子，这些弟子也曾是他的助教，长期和他生活在一起。他们中有 77 人，如孔子所说，"接受我的教诲并深刻理解，成为非常杰出的人"。[8]除了这些，还有另外的几百人，虽然也是孔子的学生，但并不总

---

7 见《论语·为政》，原文为"三十而立"。

8 见《史记·仲尼弟子列传第七》卷六十七，原文为"孔子曰'授业身通者七十有七人'，皆异能之士也。"《史记·孔子世家第十七》卷四十七中则谓："孔子以诗书礼乐教，弟子盖三千焉，身通六艺者七十有二人"。很显然，司马迁采用了两种说法，以存疑后世。

是和他在一起。毫无疑问，他们都有工作要做，或研究历史和《诗经》，或通过阐释评注导师的学说而获益。这些学生如何开展各自的工作，孔子是怎样对他们进行指导，我们无从得知，只能推测。这个学校在管理运作上，可能和古希腊学校的方式一样。

正是在这个时期，由于鲁国三家贵族，也就是季氏、叔孙氏、孟氏的阴谋叛乱，孔子学堂的繁荣被打破。鲁昭公在与他们的战斗中败北，被迫到齐国寻求避难，孔子追随左右。这一次，当这支垂头丧气的队伍经过泰山脚下时，孔子遇到一位哭泣的妇人，她的父亲、丈夫、儿子都被老虎害死了，但仍旧留在这里，只因为这里没有暴政。

这个偶然碰到的事件告诉我们，泰山附近地区那时还是一片被丛林覆盖，经常有老虎出没的荒原。同时，从别的地方我们得知，汶河两岸成了世人避世的隐居之地。

齐国国君非常热情地接纳了逃亡者。齐公是一个放荡、专横、不为国人拥戴的国君，然而他却认为孔子是一位贤士，打算把廪丘邑的财货赏赐孔子（食邑廪丘）。孔子拒绝了，他说"一个有自尊心的人怎么能无功受禄呢。我已经劝告国君，但他没有接受，他还是不知道我是一个什么样的人啊"[9]。后来，齐公又打算把尼谿之田赐给孔子，但遭到齐相晏婴的阻拦。晏婴直言不讳地说，"这些学者都是华而不实的家伙"。两年后，齐公已经厌倦了孔子，说："我老了，不能用你了"，实际上他这样说就是要驱逐孔子。孔子只好神情落寞地返回鲁国。齐国送他离去时，鲁国已成为交战各方你争我夺的战场。

此后 15 年的历史对孔子来说没有什么没什么重要的事情值得记述。他遵循着自己的人生信条，过着平静的生活。"君子无须忧虑，因为人们还没有理解他们。"他大概继续他的教学，继续修定古代经典，尽管这是一种非常沉闷而乏味的劳动，但他却从这些工作找到乐趣，在音乐中找到慰藉。人们一般认为，在这些年的某个时候，这位哲学家和儿子进行了一次谈话，这是唯一被记录下来的事例。陈亢[10]问伯鱼，"你从夫子那里听到一些和我们得到的不同的特别教导吗"，伯鱼回答说，"没有啊，只有一次当我经过他的书房时，他叫住我问，'学习《诗经》了吗'，我说，'还没有'。然后他又说，'如果不学《诗

9　见《吕氏春秋·离俗览·高义》，原文为："吾闻君子当功以受禄。今说景公，景公未之行而赐之廪丘，其不知丘亦甚矣。"

10　孔子弟子。

经》，你就不知道怎么说话'"。[11]

随后鲁国的政治形势渐渐稳定下来，国家又恢复了合法的统治者，孔子被任命为鲁国中都宰。从《孔子家语》关于孔子政绩的颂词中，我们大胆做出冷静的判断，可以得出这样的结论：他改善了公共道德，偷盗、欺诈和伤风败俗行为逐年减少。他还唤醒了人们对老人和穷人的同情心，并对妥善举行葬礼施加了人性化的影响。鲁定公对这位哲学家的工作成绩感到满意，便让他担任司空。在任期间，他调查了公田，引进了农业改良技术。随后，他又被任命为大司寇。即使不同意《孔子家语》中那些过分的颂扬，我们也不难相信，孔子履行了作为一个博学、正直而又明察秋毫的法官的职责。不过，似乎在此之前，孔子首先获得了公众的广泛认同，得到了舆论的支持。也是在这个时期，孔子对政府的影响力达到了顶峰。

鲁国改革的消息传到了齐国国君的耳朵里。他担心鲁公将来完全受孔子的影响，采取有效措施使鲁国强大起来，从而构成对齐国的威胁。于是，他送给鲁定公 120 匹良种马和 80 位舞女。鲁定公的品性正如齐公所期望的那样，他对聆听圣人教诲的兴趣戛然而止。孔子对此只好视而不见。宫廷变成了令人生厌的放荡之所。斗志昂扬的子路在那个更喜欢结交马夫和妓女而不是他的老师的宫廷多呆一会儿都感到耻辱和气恼，他气冲冲地说，"走吧，先生，我们离开这里！"

孔子很忧伤。这个地方是他的家乡，最初他几乎不能下决心离去。在犹豫了几天后，盼着国君能幡然醒悟的希望越来越渺茫，孔子踏上了旅程，但走得很慢。他觉得他的批评并没有阻碍国君寻欢作乐，认为国君大概仅仅是太得意忘形了才疏离他，有可能还召他回去。孔子现在已经 56 岁了，他离开了鲁国，开始了 13 年周游列国的岁月。对于孔子这些年的活动，我们不能详细地记述，只能在后面附上他到访过的王国名单。

从鲁国出发，孔子西行到卫国，逗留了一个月后，经过陈国到南方去，然后又回到卫国。接下来孔子启程前往山西的晋国，但听说那里发生了内乱，只好又返回卫国，过了一段时间再次拜访了陈国。一年后，他去访问了位于河南的小侯国蔡国。这时，楚王[12]邀请孔子去他的都城宜城，但不久赶上楚王去世，孔子回

---

11 见《论语·季氏》，原文为"陈亢问于伯鱼曰：子亦有异闻乎？对曰：未也。尝独立，鲤趋而过庭，曰："学诗乎？"对曰："未也。""不学诗，无以言。"。

12 即楚昭王。

到卫国。在这里，他呆了有四、五年的时间。最后，通过受雇于鲁相国季康子的弟子再有，孔子被接回了他的祖国。幸运的是，当年那个因纵情声色而声名狼藉，并把孔子从自己的家乡赶走的鲁定公现在已经死了，鲁哀公上台执政。

孔子回来了，但事实上他与鲁国之间的距离还是那么遥远，这表明那个忘恩负义、臭名昭著的国君给他造成了多么严重的伤害！孔子原本曾希望通过他引导进行广泛的改革。在旅途中，他常常受到那些所拜访王室的热情招待，无疑想通过成为诸侯的座上宾找到实现自己政治理想的支持力量。这里我省略了这期间一些微不足道的冒险经历。孔子感到他未能实现人生的最大目标，那就是通过宣扬仁义实现广泛的和平。

"谋事在人，成事在天"。孔子奋斗过，上天也赐予了比他所了解的更大成就。但不知为什么，当他回国时，生活对这位老人看起来似乎灰暗而又惨淡，尽管他经历了再三失望的磨砺，人生行为准则也使他变得更加纯粹。作为一般男人的理想抱负，不如以前了。70 岁时，他说，他"能遵从自己的意愿行事而不做出格的事"。[13]他最后的五年都用在了他的书上，不被国君打扰的闲暇时光也都用在了"沉思许多古怪而离奇、早已被人遗忘的传闻"。[14]国家事务不再征求他的建议，但他享受着"一种超脱世俗间一切尊荣的平静，一种宁静安详的平和心境"。[15]

曾有人问子路孔子是怎样的人，他没有回答。后来孔子对他说，"你为什么不说我是一个快乐得忘记了忧愁、连自己快要衰老也不知道的人呢"[16]。在最后这些年里，孔子为《尚书》作序，删定《礼记》，革新音乐，整理《诗经》。对于《易经》，他投入了更多的精力，他所作的注解一直流传到今天。这期间，他可能为曾参（Tsenghsin）的《孝经》准备了材料。他还完成了编年史《春秋》，这部书后来通过左氏（Tso Shih）的努力得以永垂不朽。孔子认为这部著作将产生深远的影响。孟子说，"孔子（对他那个时代世道衰微）内心感到不安，所以编撰了《春秋》"。[17]孔子自己也说，"后人通过我编的《春秋》这部书，可

13　见《论语·为政》，原文为："七十而从心所欲，不逾矩"。

14　出自埃德加·爱伦·坡（Edgar Allan Poe）的长诗《乌鸦》（THE RAVEN）。爱伦·坡（1809-1849），19 世纪美国女诗人、小说家和文学评论家。

15　出自莎士比亚戏剧《亨利八世》第 3 幕第 2 场。

16　见《论语·述而》："其为人也，发愤忘食，乐以忘忧，不知老之将至云尔"。

17　见《孟子·滕文公下》，原文为："世衰道微，邪说暴行有作，臣弑其君者有之，子弑其父者有之。孔子惧，作《春秋》"。

对我做出评判，或称赞我，或责难我"。[18]孟子评论这部书会使"敢于犯上作乱的乱臣贼子感到惊惧"。[19]

在这五年中，这位受人尊敬的圣人多次遭受丧亲之痛。他先失去了自己的儿子。接着他最心爱的弟子，年轻贤德的颜回去世了；孔子听到这个消息后，放声痛哭。最后，他又得到了勇敢的子路在战斗中阵亡的死讯，这一次，他同样是痛哭流涕。更让他感到痛心的是，弟子冉有背离自己的教诲，竟然准许向遭受苦难的人民加征重税。"他不是我的学生"，这是孔子对冉有最严厉的评价。"弟子们，击鼓进攻他吧，应该这样对付他"。[20]

最后一段时间，孔子感到愈加力不从心。一天早晨起床后，孔子在屋里一边踱着步，一边咏唱着几句歌词：

大山将要崩塌，栋梁将要折断，哲人将要像草木一样凋零。[21]

当弟子子贡进来时，孔子向他作了简单的交待，说了一句"我的生命就要结束了"。他躺下后，就再也没有起来。7 天后，这位杰出的圣人便离开了人世。他死于公元前 478 年[22]，享年 73 岁。他被安葬在曲阜，至今他的许多后代仍然居住在那里。他的陵墓，至少在中国人心目中，是天下至为神圣之地。在他死后，许多弟子修建了墓庐，在他的墓旁守丧。其中子贡在其他人离开后，仍留下来服丧长达三年之久。

我们不想描绘圣人的外貌。不过，根据没有争议的权威说法，认为孔子身材高大、言谈举止威严审慎，还是没有问题的。尽管孔子谨慎的言辞、仪态和服饰与西方作者的描述大相径庭，但我们不该忘记的是孔子生活在战争年代，在战争危急的环境和遭受苦难的人民中，平常的生活礼仪常常受到忽视，国家好像退回到了野蛮状态。

孔子试图尽其所能，恢复那些五百年前周公（Chou Knng）时代曾流行的人际交际观念，或者说是周公时代应该奉行的观念。孔子认为（我们必须承认孔子思想中有许多真理）在社会关系中，培育敬畏精神必须有一套固定的规

18 见《孟子．滕文公下》，原文为："知我者其惟《春秋》乎！罪我者其惟《春秋》乎！"
19 见《孟子·滕文公下》，原文为："孔子成《春秋》，而乱臣贼子惧"。
20 见《论语·先进》，原文为："非吾徒也，小子鸣鼓而攻之，可也。"
21 见《礼记·檀弓下》："孔子蚤作，负手曳杖，逍遥于门，歌曰:"泰山其颓乎，梁木其坏乎，哲人其萎乎。"
22 应为公元前 479 年。

则，他认为这种精神应该是一种习惯思维模式，应该作为人一生的追求。在圣人的品格中，一定有一种特别的魅力，使他不仅赢得了许多杰出人物的尊敬，而且拥有他们的爱戴和忠诚。《论语·乡党篇》使我们感到，在孔子的生活中，有一套完整的行为准则体系。他确信（和塞缪尔·约翰逊[23]博士一样）"礼节使知识生辉"[24]是正确的。不过，我们也不难确信，在日常交往中，孔子的行为是自然的，不是娇柔做作的。确有记录告诉我们："在闲暇时刻，夫子衣冠整洁，神态温和而悠闲自如。"[25]

孔子有时会很严肃。在我们看来，他对自己的儿子似乎缺乏温情。对我们清教徒的祖先来说，这种情况是不会发生的。亲情是不会变的，只是每个时代的表达形式不同。孔子实际上是一个仁厚慷慨的人。当朋友去世，难以安排一个体面的葬礼时，孔子总是说，"我会安葬他"[26]。正如已经提到的，孔子从来没有因为一个人贫穷而拒绝收他为徒。他是民众的捍卫者，对民众的贫穷、愚昧和痛苦充满同情。中国人记住了这些，世世代代给了他无限的信任。

孔子好像总是过着小康生活，但他对财富并没有过分的追求。他的家族受人尊敬，但并不富裕。正如他告诉我们的，他是在卑微的环境中长大的，因此学会了做任何事情，孔子认为那些都是"下贱的职业"。

他的收入大概来源于学费、官府职位的俸禄、各个统治者的馈赠，他可能还拥有一些家族财产。孔子从来没有因财产问题被少数贪婪的对手控告过。"我的思想对我来说就是整个世界"。[27]孔子说，"努力致富不是一个有价值的目标。如果值得追求，我愿意做一个战车的执鞭之士来获取财富。但如果不是，我只好追求我喜欢的目标。"[28]尽管他不鄙视享受物质生活，但也不刻意追求。

23　塞缪尔·约翰（Samuel Johnson），1709-1784 英国散文家、批评家和词典编撰者。代表作有英文字典》（*A Dictionary of the English Language*），《诗人列传》（*Lives of the English Poets*）。

24　出自《致儿子的信，1948 年 7 月 1 日》（*The Letters of the Earl of Chesterfield to His Son*），vol.1, no.155。劳德·切斯特菲尔德（Lord Chesterfield），英国著名的政治家、外交家兼作家，曾任驻荷兰大使、国务大臣等。他风流倜傥，在英国是讲究礼仪的典范，以著作《给儿子的信》而闻名于世。

25　见《论语·述而》，原文为："子之燕居，申申如也，夭夭如也。"

26　见《论语·乡党》，原文为："朋友死，无所归，曰：'于我殡'。"

27　出自爱德华·戴尔（Edward Dyer.（1543?-1607））《我的思想就是我的国度》（*My Mind to Me a Kingdom Is*）。

28　见《论语·述而》，原文为："富而可求也，虽执鞭之士，吾亦为之。如不可，从吾所好。"作者这里的英文译文不合原意，汉译为英文意思。

"如果我不得不就着白水吞咽糙米为生，弯曲我的臂膊作为枕头，依然会很快乐。"[29]

孔子非常喜爱诗歌。他相信在诗歌欢快的风格、高尚的情操和优美的隐喻中，能很快发现思想启示和伟大道德价值的教化。他用一句著名的话概括了《诗经》的教义，那就是"让你们的思想变得纯正"。[30]在另一场合，他对弟子们说，"我的孩子们，你们为什么不学诗呢？它们能清醒头脑，它们能使我们认清自己。它们能教给我们社会交往的技巧。它们能调和我们心中的怨恨。近则孝顺父母的义务，远则忠于君主的职责，都可以从中学到。最后，我们通过学诗还可以熟识动植物的世界。"[31]

孔子对音乐喜爱胜过绝大多数上古的伟人。当他周游到周京时，抓住机会向帝国的乐师请教音乐方面的事。"啊"，他感叹道，"当太师挚演奏到《关雎》最后一章时，优美的音乐就像流水的声音，在我耳边回荡。[32]这使我们联想到一位现代诗人的词句，"胜利的欢呼充盈着激越的音符，震颤的乐曲飘荡在破碎的空气中。"[33]在齐国，孔子第一次听到优美而又庄重的《韶乐》，他用三个月研究这首乐曲，说，"我做梦也没有听到这么优美的音乐。"按照孔子的观点，每一位君子都应该懂得欣赏音乐。他完全赞同伟大的剧作家的话："一个自身不会孕育音乐的人，不会为优美的乐章所感动，他容易心生叛逆，惯施诡计，投机取利[34]。"，孔子说，"难道玩世不恭与音乐有关系吗？"当他谈到音乐时，曾对《韶乐》和《武乐》作了细致的比较，他说，"舜帝的《韶乐》旋律美极了，内容好极了，《武乐》尽管旋律非常完美，但内容并非十分完好。"[35]

---

29 见《论语·述而》，原文为："饭疏食，饮水，曲肱而枕之，乐亦在其中矣。"

30 见《论语·为政》，原文为："《诗》三百，一言以蔽之，曰：'思无邪'"。

31 见《论语·阳货》原文为："小子何莫学夫诗？诗，可以兴，可以观，可以群，可以怨；迩之事父，远之事君；多识于鸟兽草木之名。"

32 见《论语·泰伯》，原文为："师挚之始，关雎之乱，洋洋乎！盈耳哉。"

33 出自英国诗人亚历山大·蒲柏（Alexander pope）文章《圣帕特里克节颂歌》。亚历山大·蒲柏（1688-1744），18世纪英国最伟大的诗人，散文家、评论家，杰出的启蒙主义者。作品主要有《鬈发遇劫记》（The Rape of the Lock，）,《愚人志》（The Dunciad)、哲理诗《道德论》（Moral Essays)、《人论》（An Essay on Man）和《与阿布斯诺博士书》（Epistle to Dr. Arbuthnot）等，曾翻译古希腊荷马的史诗《伊利亚特》和《奥德赛》。

34 出自莎士比亚的《威尼斯商人》，第五幕第一场。

35 见《论语·八佾》，原文为："子谓《韶》：'尽美矣，又尽善也。'谓《武》：'尽美矣，未尽善也。'"

　　令人感兴趣的是，孔子曾指导鲁国太师如何演奏音乐。他说："开始演奏时五音齐鸣，展开以后，融汇成一曲和谐纯正的旋律，但其中每种音调都会响亮清澈，然后音调徐缓，在连绵不绝的余音中结束。"[36]

　　孔子认为音乐不仅悦耳动听，还深刻影响人的道德品质的好坏。他说，"舍弃郑国的音乐，它们都是淫靡之乐"。[37]有一次，他评论说，毫无疑问，在高尚的乐章熏陶下，"人的品格通过音乐最终得到升华"。[38]对他来说，音乐远远不是由声音机械地组合而成。他曾不耐烦地大声说："他们说，这是音乐，这是音乐。难道音乐仅仅是由钟鼓之音合成的吗？"[39]当听到一曲优美动听的歌谣时，他常常让歌唱者重复咏唱，然后自己也会加入其中。[40]

　　我们现在必须要探寻的是，孔子一生中最伟大的目标是什么？他的最大愿望是什么？他失败在什么地方，在生命的尽头他体验到一种强烈的失望情绪吗？他是一位教师、音乐家、诗人、文学评论家和编辑。他还曾是一位法官，在周游天下的过程中，他拜访过许多宫廷，成为许多统治者的顾问，因此人们自豪地称他为"无冕之王"。但他怀抱的所有愿望集中于一点，用一句他常挂在嘴边的话来表达，就是"平天下"。他希望重新统一天下，开创公正、永久的和平，因为在他看来，这是人类幸福的必要条件。"辉煌战争的壮观和骄傲"[41]只会激起他的反感。

　　一次，当孔子和他的三个弟子站在农山上，孔子问他们最想实现的愿望是什么。这篇对话很长，这里不能全部照搬过来，但简言之，子路勾勒了在战争中作为胜利者的狂喜之情场景，子贡描述了作为一名能阻止战争的外交官的愉悦心情，而颜渊则在老师的鼓励下爽快说出自己的志向，"我想找一位明君来辅佐他，我想教化那里的人民，使他们不再渴望用高墙和深沟来护卫他们的城镇，要让他们把手中的刀剑和长矛变为镰刀和耕犁。人们可以无忧无虑地在平原和山林放牧。不会再有家庭破碎，不会再有夫妇分离。我将开创千年的和平，那么子路的勇敢、子贡的辩才都再无用武之地了。"孔子打破了随后的沉

36　见《论语·八佾》，原文为："乐其可知也；始作，翕如也；从之，纯如也，皦如也，绎如也，以成。"

37　见《论语·卫灵公》，原文为："放郑声，远佞人。郑声淫，佞人殆。"

38　见《论语·泰伯》，原文为："兴于诗，立于礼，成于乐。"

39　见《论语·阳货》，原文为："乐云乐云，钟鼓云乎哉？"

40　见《论语·述而》，原文为："子与人歌而善，必使反之，而后和之。"

41　出自莎士比亚的悲剧剧本《奥瑟罗》第三幕第三场。

默，大声称赞道："太好了！"颜渊是一位最符合他的心意的弟子。[42]

从感情上，他坚信：

> 拿走刀剑，没有它，国家就能得救[43]

评价这位圣人，我们在这里不能细致考虑那些用以实现"天下太平"的方法。我们只能指出他的一两种主要的思想。首先，孔子认为，大众教化是必需的第一步。当时教育的含义不同于现在，但毫无疑问，在孔子的教育概念里，大致包括以下科目知识：文学、历史、政治、形而上学、伦理学、音乐、诗歌、社会交往、箭术、骑术、写作和算术。这些科目都是以一种道德方法教授，目的都是为了塑造人的品格。在孔子看来，没有道德上中立的教育。

他的第二个伟大的思想是关于国家治理的。他相信一个强大的中央集权政府可以协调一致地行使职权。他说，"当君是君，臣是臣，父是父，子是子，上下有序，尊卑有别，就有了政府"。[44]他的认识和我们所听说的"终结法律，暴政就开始了"[45]是一个意思。孔子接受了《尚书》关于政府内部组织机构的观点，认为政府应由8个部门组成，即：农业、商业、祭祀、工程建设、教育、诉讼、接待宾客、军事。[46]

他第三方面的思想是统治者需要有正义品格和行为，以他们自己为榜样教人们如何生活。孔子认为人们总会模仿效法君主教给他们的生活模式。对他来说，榜样的力量是不可抵抗的。如果的确有可能这样实行的话，他有时会过分强调这项重大原则。所有智者，像孔子一样，坚持同样的真理，实际上也期望得到同样的结果。

子路请教如何管理政事，夫子回答说："作为领袖，为了百姓的利益要带头勤苦工作。"子路要求老师讲得更详细一些，这位圣人还是简单答道；"照着上面，坚持做下去。"[47]根据孔子的阐述，我们怀着崇高的敬意不妨把人类幸

---

42 师徒四人的对话详见《孔子家语·致思》卷二。

43 出自爱德华·鲍尔·李顿（Edward Bulwer-Lytton）的《黎塞留》（Richelieu）第二幕第二场。爱德华·鲍尔·里顿（1803-1873），英国著名小说家、剧作家，代表作品有：《庞贝的末日》（the last days of pompeii）。

44 见《论语·颜渊》，原文为："齐景公问政于孔子，孔子对曰：'君君，臣臣，父父，子子'"。

45 出自英国古典自由主义学者洛克（1632-1704）的《政府论》。

46 出自《尚书·洪范》，八政：一曰食，二曰货，三曰祀，四曰司空，五曰司徒，六曰司寇，七曰宾，八曰师。

47 见《论语·子路》，原文为："子路问政。子曰：'先之劳之。'请益。曰：'无倦。'"

福的三个重大先决条件概括为：教化、仁政、圣明的统治者。孔子认为，和平和繁荣不能仅仅靠方法的运用来获得，而必须靠道德转化实现，这一点，他是正确的。

尽管他没有实现自己的主要目标，但没有人比他更清楚如何去实现这些目标，他赢得了大部分同时代人的尊敬，拥有一大群弟子坚定不移的忠诚。除此之外，他整理留给后代的那些曾因人们忽视而处于毁灭危险之中的文献，连同弟子们记录下来的那些谈话，已经产生了广泛的道德影响。

孔子确实承担了一项常人无法完成的任务。他所期待的变革只能通过多种力量的联合以及几代人的努力才能实现。时隔 2,500 年后，不论是东方还是西方都没有达到这位仁慈的鲁国圣人所梦想并为之奋斗的阶段，在那个阶段，人们可以享受远离战乱的宁静生活。孔子必定要遭遇的对立面主要是伴随人类顽固的自私自利而来的冷漠或阻力。他很少卷入争论，只有一次遭遇激烈的反对。像晏婴等大臣认为孔子是一个空想家，说他的思想根本不能实施，因此反对授予孔子高官厚禄。老子学派的追随者，一些苦修者和犬儒派，反对孔子和他的学说，认为孔子不是一个古代真理的传播者，而是一个危险的变革者，认为他的理论实践起来耗资费时，尤其是关于葬礼的安排和三年之丧的惯例。

不过，今天也不乏孔子的批评者。理雅各博士认为孔子并不是一位伟人。令所有中国文学的学生都应十分感激的法博尔博士[48]，列举了孔子的一长串疏忽和过失。说他引导人们只关注过去，因而阻碍了时代的进步。然而，所有的宗教典籍不都是旧的吗，所有人不都在古代找到了自己的理想吗，"美好的旧时光"这句俗语不具有普遍的力量吗?说孔子主张复仇是正当的，可能有人会反对。据说复仇在全世界一直都是远古时代的精神。然而，我们要记住，孔子的复仇严格限定在儿子杀死杀害自己父亲的凶手。总的来说，孔子教导人们不要报复。在《中庸》中他说，"不要去报复无理伤害自己的人。"[49]在《论语》中，他又说："不要攻击别人的罪恶"，"原谅别人的小过失"。[50]

孔子是否休妻值得怀疑，但这件事却被利用来反对他。中国学者都不赞同孔子曾休妻的说法。

48　彼得·法伯尔（Peter Faber），1506-1546，法国天主教耶稣会士。

49　见《中庸·明道》第十章，原文为："不报无道"。

50　并不是出自《论语》原文，作者转述了《论语·卫灵公》中孔子所说，"其恕乎!，己所不欲勿施于人"、"躬自厚而薄责于人"等语。

孔子还被指责不够诚实。在蒲地，孔子被强迫立誓：如果被放走，他就不能到卫国去。然而，他还是去了。子贡问他如何解释自己的行为，孔子回答说："誓约是被迫的，神灵不会听"。[51]在这里，孔子的确从他一贯严苛的诚实原则后退了一步。这引起了弟子们的好奇，因为对他们来说这是从未有过的事情。仅仅因为这样的偶然事件，而不了解整个事件背景，就把虚伪的污名强加于像孔子这样伟大、善良的人头上，起码来说是很轻率的。

法伯尔博士认为孔子夸大了好榜样的力量："任何单纯的好榜样的影响都往往被夸大，甚至连最真实的孔子也是如此。"但是，我们也听到英国最伟大的演说家埃德蒙·伯克[52]说过："榜样什么也不是吗？榜样就是一切。榜样是人类的学校，人们从榜样这里将学到其他地方学不到的东西。"

对于宗教的最核心问题，孔子有所保留。他信仰一位公正、英明、仁慈的人格神上天，认为所有人的命运都掌握在他手中。这种思想给孔子以极大的心灵慰藉，但他并没有把它传授给别人。他也不确定逝者是否还有来生。孔子在宗教问题上的缄默是由各种原因造成的，但并非由于他对神灵的不敬，他的世俗，或满足肉体的私欲。在气质上，他是理性主义的，厌恶人们进行的各种迷信仪式。对孔子来说，宗教信仰表现为"公正做事，宽厚爱人，谦恭敬神"，他就是这样做的。他自我评价总是很谦虚、真诚。年轻时，他就是这样一个人：喜欢娱乐，但从未用网捕鱼，也不射杀栖息卧巢之鸟[53]，从而使运动变得更有意义。当盲人乐师冕到来时，孔子小心翼翼地引导他坐下，细心地把他介绍给室内所有人。当身边坐着服丧的人，他吃饭从不狼吞虎咽。在哭泣的当天，他也不再唱歌。他告诉我们，人生的乐趣之一就是教导人们养成良好的品质。就像前面已经提到的，当他听到心爱的弟子颜回的死讯时，不禁放声痛哭。如果篇幅许可，我们还可以列举更多的事例，表明这位圣人具有细致温和的同情之心。

毋庸置疑，他的学说对中华民族具有不可估量的价值，人们只要更加踏踏实实地照着去做，中国就会成为一个比今天更加富有、更加强大、更加纯净的国度。

---

51 事见《史记·孔子世家》卷四十七。

52 爱尔兰著名政治家、政治理论家、哲学家、演说家埃德蒙·柏克（Edmund Burke）的名言。

53 见《论语·述而》，原文为："子钓而不纲，弋不射宿。"

孟子

孔子死后 108 年，孟子出生。此时，周王朝持续衰落态势，越来越无力消除诸侯之间的纷争，确立帝国天下某种政治平衡。征战成了人们考虑的头等大事，一些诸侯国大肆掠夺自己的邻邦，其它的则竭力实行自卫。在孔子去世后的百年间，山东境内的诸侯国处境十分不利。对于鲁国，我们已经很少听说了，而不幸的齐国则处于西方秦国和南面楚国的夹缝之中，这两个强大的国家为争夺霸权而征战不休。天下分崩离析，分封制很快从历史舞台上消失，在政治动荡中走到了尽头。曾让孔子感到愤慨和痛心的奸诈阴谋、道德沦丧盖过了一切，成为当时的一股风气。人们争相把自己卖给出价最高的人。没有什么再是神圣的，一切由武力说了算。哲学和伦理学领域再次陷入一片混乱。孔子的学说受到了来自竞争对手的挑战。一端是杨朱（Yang Chu），向人们传授了极端的实利主义思想。在另一端，墨子（Mei Tzu）阐发了关于兼爱精神及责任的学说。在各个学派的相互辩难和驳斥中，孟子脱颖而出，以超群的才智发扬光大了孔子的学说，显示出傲视群雄的气势。

没有孔子可能永远不会有孟子。关于孟子的资料保存下来的很少，只有一些分散在他的著作中的只言片语。他大约出生于公元前 371 年，卒于公元前 228 年，享年 84 岁。他是邹国人，邹国也就是现在山东兖州府的邹县，后被鲁国所灭。[54]

和孔子一样，孟子也是幼年丧父，但这在某种程度上得到了补偿：他有一位充满智慧、勤恳认真的母亲照料他。"和母亲在一起是多么幸福；相信母性打动了他的心，相信一切对他轻松自如。"[55]下面这个故事讲述了他母亲是怎样的人。在他们家附近，有一个屠夫正在屠宰猪，小孟子问为何杀猪，他的母亲回答说，"杀猪好给你吃肉啊，我的孩子。"说完这不实的话后，孟母立刻感到良心不安，心里想："儿子出生前，没铺好席子我就不坐下，没做好适当准备也不吃肉，现在儿子刚刚开始学着思考问题，我就欺骗他，用自己的行为教他不诚实"。想到这里，孟母到肉铺买了一块猪排，把自己说的话变为了现实。

54　一说为楚国所灭。

55　出自英国 19 世纪著名诗人阿尔弗雷德·坦尼森（Alfred Tennyson，1809?-1892）的《公主》（*The Princess. Part vii. Line 308*）。坦尼森曾被英国王室封为"桂冠诗人"（poet laureate），主要作品有《克拉肯》（Kraken）、《悼念》（in memoriam）。

曲阜孔庙中的孔子像　　　　　　　曲阜孔庙中的大理石柱

曲阜孔子墓

　　对于自己所受教育，孟子说："尽管我未能成为名列孔门的弟子，但我却受到了孔门弟子的教诲。"传说孟子受到孔子的孙子——子思的弟子的教诲。

　　四十岁以前，孟子似乎一直居住在家，和人数不断增加的一大群信徒从事教学研究。大约在此时，他的才智和学问名闻天下，齐国国君得到消息，邀请他前往齐地。孟子答应了，随之起身缓慢北上，齐王室翘首以待。齐王甚至派使者提前和孟子会谈，以确定他是否"是一个大丈夫"。孟子对他们居高临下的质询感到不悦，决定不再前行。他退回到平陆。此事颇令王室惊慌失措，于是齐相储子派人送来一份礼物结交孟子。孟子很冷淡地接受了礼品，最后决定去齐都访问，但却不去拜访齐相，因为按照他的观点，齐相应当亲自去平陆馈赠礼品。[56]

你要是看见朋友之间用得着不自然的礼貌的时候，就可以知道他们的感情已经在开始衰落了[57]

上面这句话对孟子的做法做了很典型的说明，他自信自己的聪明才智胜过王室的人，因此对他们傲慢无礼，但还远没有考虑原路返回的问题。孟子接受了宫廷中一个没有俸禄的荣誉职位，但王室向他提供比俸禄更多的金钱。他和齐宣王之间的对话非常有名，在这里，我们就不重复了。这些对话的主旨就是一个统治者应该时常关心臣民的福祉。当他的臣民遭受苦难时，他应该感到忧虑。臣民指望受到君王的保护和教化，统治者应有所作为。孟子说话直言不讳，而且他的话常常很有道理。"真理是严厉的，因此我要严厉；正义是毫不妥协的，因此我也毫不妥协"[58]或许是他的格言。他的话常常冒犯别人，对此，他一点也不在意。但在和齐土的谈话中，他好像没有以前那样尖刻，他要让齐王相信，只要他愿意，他的才能能够治理好国家，反之，如果照着目前的道路走下去，那将是很不明智的行为。

就表面来看，齐宣王和孟子的关系似乎十分密切，但实际上他们彼此并不信任。孟子在宫廷呆了六、七年的光景，直到他们互相都感到厌倦了。孟子准备返回邹国，"金窝银窝，不如自己的土窝"。齐王听说此事，觉得再次拜访一下比较稳妥，于是齐王亲自来见孟子，并礼节性询问，以后还能不能相见。孟子礼貌但又略带讽刺地回答："我当然非常渴望能再相见，但我不敢冒险再请求觐见。"齐王不想看到这位哲人怀着这样的心情离开，便派了一位官员邀请孟子留下，答应给他和弟子们一栋房子用以栖身，外加一万钟谷物供养。孟子先前已经拒绝了十倍于这个数量的恩赐，现在看来齐王的度量还没有大到可以挽留他的程度。孟子动身前往邹国，但像一百年前孔夫子离开鲁国那样，他缓慢前行，以便给齐王足够的时机，重新安排一个更加适于自己施展才华的空间。弟子们不想这样虚度时日，但孟子相信自己的判断："齐王会改变主意的，

---

56 事见《孟子·告子下》第五章。

57 出自莎士比亚的《凯撒之悲剧》（*The Tragedy of Julius Caesar*）第四幕第二场。

58 出自威廉·劳埃德·加里森（1805-1879）的《〈解放者〉报发刊词》（Prospectus for The Liberator），这篇《发刊词》刊登在 1831 年《解放者》报第一期上。威廉·劳埃德·加里森，生于马萨诸塞州，美国 19 世纪中叶著名社会改革家、废奴主义者。

我天天盼望着。如果他用我，这不仅是齐国百姓的福气，也是天下的大幸。"[59]孟子真诚地抱着这种信念。

离开齐国后，孟子相继到访了邹国、薛国（See）、滕国，最后到达了梁国，也称魏国，并和梁国的统治者进行了多次面谈。在滕国，孟子见到了古怪的许行（Hsu Hsing），"一位说话难以听懂的南方蛮人"，他不久前带着20多个身着麻布长袍的追随者从楚国来到此地。滕文公为他提供了一所房子，许行和他的弟子们在那里打草鞋、织席子，用这种办法来实践他们的道义：所有人都有义务动手谋生，相信"节俭本身就是一笔财富"。大约在这个时候，另一位实践哲学家陈相（Chen Hsiang）和他年轻的弟弟辛（Hsin）也来到滕国。他们没有高谈阔论，而是肩扛耕犁，顺着都城的大街走过去，并宣誓效忠滕文公。陈相发现和许行志趣相投，于是他们便"合流并进"。许和陈都认为，虽然滕文公是一位贤明的国君，但他还没有像古代的先王那样，亲自耕种而食，亲自做饭，同时治理国家。相反，滕文公坐拥仓廪府库，靠损害百姓来供养自己。陈相叙说这些令人忧愁的境况提请孟子关注，接下来就有了下面一段对话。

孟子："我想你的老师许先生自己播种庄稼才吃饭吗？"

陈相："当然"。

孟子："那么无疑他也一定自己织布才穿衣了？"

陈相："不，许子只穿粗麻布衣服。"

孟子："他戴帽子吗？"

陈相："戴。"

孟子："戴什么帽子呢？"

陈相："戴素色帽子。"

孟子："他自己织的吗？"

陈相："不是，是他用粮食换的。"

孟子："那么，他为什么不自己织布做帽子呢？"

陈相："因为那会耽误了农活。"

孟子："他用壶和锅做饭，用铁器耕种吗？"

陈相："是这样。"

孟子："是他自己做的吗？"

陈相："不，是他用粮食换的。"

---

59 事见《孟子·公孙丑下》第十章。

孟子："农夫用粮食换取那些器物，他并没有损害陶匠和铁匠；同样，陶匠和铁匠用他们的产品换取粮食，他们也没有损害农夫。那么，许先生为什么不自己铸铁做陶，自己需要什么东西都可以从家里取来？为什么忙于与各种工匠进行贸易交换，这样他自己不怕麻烦吗？"

陈相："各种行当的事情和耕种是根本不可能同时干得了的。"

孟子："那么惟独治理天下可以有空闲耕种吗？你应该知道，所有的人，不论是大人物小人物都有自己的职责。一个人所需要的东西都要靠各种工匠制造出来，如果每个人都一定要自己亲手做他需要的各种东西，那他一定会疲于奔命。不是有谚语这样说嘛：'有人劳心，有人费力'，劳心的人统治那些体力劳动者，统治者靠被统治者养活，[60]这是一般规律。"

正如一位现代诗人所说，"大众仍要为那一个人效劳"[61]。这段客观的叙述没有记载陈相是怎样回答的，但可能为他提供了以后从事农耕时反思的材料。对话很好地反映了孟子的风格，反映了他的苏格拉底式的询问以及合乎逻辑的结论。

离开滕国，孟子接着到梁国或者说是魏国去。我们这里有他和梁惠王的五次面谈记载。在第一次会见中，梁惠王说："既然你不远千里而来，一定有什么对我的国家有利的高见吧。"孟子回答说："大王为什么要提利呢？让我来谈谈仁义吧。"[62]他很清楚梁惠王的宫廷需要什么。梁惠王死于公元前319年，孟子对他的儿子很失望，就离开梁国又回到齐国。

自从他第一次到访这个国家到现在，中间隔了好几年，但时间并没有消磨他指斥时弊直截了当的风格，也没有减损他必须提出建议时的威严气势。他还是那么严厉、不屈不挠，在任何人面前也不退缩。由于还有一线希望，他蔑视当权者，只是因为觉得他的劝告有可能对当权者还有点益处，所以态度上才温和了一点。他成了宫廷里一位辉煌人物，一种无畏的，具有批判精神的先知，专门解答那些其他人不愿触及的难题。靠那些曾被他无情谴责过的人提供的恩赐，孟子差不多过着一种高贵的生活。这在他的那些信徒心里引起了不安，我们对此也有同感。有一天，弟子彭更（P'ang Keng）问他："先生，你带着诸

60　见《孟子·滕文公上》第四章，原文为："或劳心，或劳力；劳心者治人，劳力者治于人；治于人者食人，治人者食于人；天下之通义也。"

61　出自乔治·戈登·拜伦的《海盗》（*The Corsair*）第八节。

62　事见《孟子·梁惠王上》第一章。

侯提供的四五十辆车和数百名随从周游列国，你的排场不有点过分吗？"对此，孟子回答说："如果没有一个正当的理由，我们甚至连一碗饭也不能接受；相反，如果理由正当，舜接受了尧的天下也不过分。你认为过分吗？"据我们推测，彭更的回答很不情愿，因为他不得不顺着老师的意思往下说："不，不过分，不过一个士人如果没有做出贡献，就不应该获得恩赐。"孟子回答说："你如果不实行劳动和交换的分工，用多余的来补充不足的，那么农夫就会有吃不完剩余下来的粮食，女人就会有穿不完剩余下来的布匹。但有了劳动分工和产品交换，木匠和车工就和农夫一样有了谋生的机会。现在有这么个人，恪守人伦道德，谨遵先王道义，等待教化他人，你还不愿养活他吗？你怎么能重工匠而轻视仁义之士呢？"彭更回答说："这些人从事劳动的目的是为了谋生，但我想知道，一位行事始终如一的士人的最终目的也同样是为了谋生吗？"孟子又说："为何深究他的动机呢？他对你有用，因此他有饭吃，也应该有饭吃。我想问你这样一个问题：'你付给一个人报酬，是根据他的动机还是他的功绩？'"

彭更（有点鲁莽地）回答说："根据他的动机。"孟子说："现在有个人干活时打碎了砖瓦，刮花了墙壁，还声称这样做的动机在于谋生，你酬劳他的动机吗？"彭更说："当然不能。"孟子说："那么，你酬劳一个人终究还是根据他的功绩而不是动机啊。"[63]这个例子清楚地表明孟子是一位机辩大师。尽管这一推理并不完全符合逻辑，但很精明。

这位弟子的观点无疑大部分是对的，但由于出于对老师的敬重之情，或者一时不知如何答复，辩论没有进行下去，关于孟子庞大的随从、车辆及其他开支的问题没有得到解决。对现代读者来说，孟子采取的精致昂贵的生活方式无疑在某种程度上减损他伟大学说的力量。

孟子第二次来齐国期间，他的母亲去世了。母亲总是为他操持好家业，他也体贴地照顾母亲，但他还是觉得亏欠母亲很多。孟母的葬礼举办得宏大豪华，引起了人们的议论。监督棺材制作的弟子充虞（Chung Yü）提出棺木太贵了。孟子回答说，在这个时候，只要负担得起，就要享用最好的。一位官员乐正（Yue Cheng）[64]听说了一些对孟子的批评，加上自己的评论反驳说，他父亲的葬礼很简陋，"他母亲葬礼的花费不算过分。两者之间的区别仅仅在于安葬

63 事见《孟子·滕文公下》第四章。
64 孟子的弟子，当时在鲁国做官。

父亲时，孟子家里还很穷。而现在他富裕了，负担得起。[65]

　　孟子和齐宣王在征服和占领燕国的问题上产生了分歧，这位圣人被迫离开了宫廷回到鲁国。从这时起，他从公众视线中消失了。人们推测，在人生最后 20 多年里，孟子忙于与弟子交游，一起著书立说。

　　孟子的理论以大量生动的事例扩展、丰富了孔子的学说，其表达风格大胆活泼、玄妙高超，令人印象深刻。孟子虽然完全忠实于导师的教义，但比孔子更加现实。他看清了事情的本质。暴政之下的人民所遭受的苦难激起了他的愤慨，促使他强烈反对那些自私自利的诸侯。他最想谈论的问题就是如何减轻大众的痛苦。孟子和他的导师相比，不太注重谨言慎行，尽管他从来没有因为言行不当而受到任何人的批评，除非在他接受大量恩赐作为自己的个人开支的情况下，这一点前面已经提到过。

　　在气质上，孟子不愿讨论神学问题，在他的思想中，很少有神学问题的讨论。然而，关于上天对人类命运的影响，孟子还是有一些好的意见。关于这个问题，孟子的观点无疑也是孔子的。孔子要比孟子可爱的多。前者能激发我们的情感，后者只是让我们钦佩。我们看到，孔子一方面哀叹自己的不足，另一方面则伤心统治者没有足够的才智接受他的建议，带着令人难过的伤感，结束了勤苦为人的一生，巨大的悲怅在这位令人尊敬的伟人身上流露出来。但在孟子的一生当中，没有任何值得悲伤的事情。他是如此的坚强，对所有的痛苦都视而不见。他不会哀叹，只有鞭挞。如果诸侯顽固地拒绝把他的忠告付诸实践，那就让后他们去承担后果。至少，他已经尽了自己的职责。孔子有时以迂回的方式表达自己的责难，比如一位不受欢迎的人来访，孔子就让人说自己不在家，而当后者转身离去时，他却在众目睽睽之下坐在窗前鼓琴。[66]而孟子既不会迂回，对琴也没任何兴趣。他说话开门见山，基本上听不懂音乐。对于音乐和诗歌来说，孟子的思想过于机警敏锐、不耐烦，而这两者都需要保持心绪宁静平和，这是孟子所缺乏的。

　　孟子是一位杰出的辩论家，人们往往害怕他那犀利的论证和机敏的比喻。他也擅长从许多特殊的事例中归纳出一般规律，例如在和陈相的对话中。

　　在战争时代，尽管孟子从来没有冒险参加过战斗，也没有描绘过惊心动魄的战争恐怖场面，但没有人指责他胆怯畏缩。他闯进宫廷，把各种暗地里的阴

---

65 事见《孟子·公孙丑下》第七章，《孟子·梁惠王下》第十六章。

66 事见《论语·阳货》二十。

谋诡计抛在一边，直接站在诸侯面前，当面列数他们的罪恶。正如约翰·诺克斯[67]所说，孟子就是"从来不害怕直面人的人"。

孟子虽然并没有完全遵从孔子的建议，从《诗经》中获得博物学的知识，但他深深意识到了自然风光和野生生命的魅力。深潭中的水獭，砍伐后的小山、萌芽的树木，飞入丛林追赶麻雀的老鹰，开花的艾蒿，山边小径两旁的野草，逃入森林中的野兽，甚至谷仓院中的响声，都被他用来当做实例。孔子喜欢从《诗经》中取例，而孟子则是从身边的生活中。有一篇精彩的文章突出地表明了孟子所特有的高贵品质，它太长了不能在这里引述。在文章中他用实例解释我们为何要舍生取义的道理。[68]在考察了孟子的著作和他与当时那些大人物交往的事例后，我们确信，孟子的确如他所说，绝不会接受牺牲大义的生活。

孟子的论述围绕着两个主题，即仁政和人性。关于仁政，孔子的那些见解也是孟子的观点——富民，教民，为他们树立好榜样，尊重他们的权利。相信统治者做到这些，就会取得成功，这也是治理天下的基本条件。仁政思想可能也包括他的政治经济学学说，实际上是一些富民的方法。

1. 不打断民众的日常劳作。

2. 研究和推广农业技术。

3. 鼓励制造。

4. 消除劳动分工、产品分配和交换原则方面的障碍。

5. 尽可能减轻税负。

6. 维护和平，避免战争。

这些基本原则在西方的传授比中国更有效，中国目前蒙受的苦难，正是忽视了这些富民之法的结果。

当结束对这些圣人的人生和事业有点儿肤浅的概述时，我们感觉到我们做的还远远不够。在他们的性格中无论有多少局限和不足，都如同太阳的黑子一样渺小。在最崇高最优秀的人中，孔子和孟子都将会占有合适的位置。说他们是"那个时代的选择和精神大师"是不够的，因为他们属于所有时代。

对于他们两人，人们也许会公正地说："他们传授的真理，不论对错，都和雅典人听到的一样精炼高雅，而且，（说来奇怪）他们践行了他们的说教。"

---

67 约翰·诺克斯（John Knox），1505～1572）苏格兰宗教改革家、历史学家。曾任基督教会司铎及教会法公证人。著有《教会改革的历史》（*History of the Reformation*）。

68 即《孟子·告子上》第十章。孟子用"鱼"和"熊掌"来比喻"生"和"义"。

在现代中国，由于人类欲望的倍增和满足人类需要的要求，生活变得更加复杂，再加上复杂的国际关系的深远影响，不得不引进新的统治方法和手段，但圣人教导的道德规范则绝大部分依然是适用的。中国将成为一个基督徒的国家，必将会意识到其圣人学说中永恒的东西和现代基督教教义中永恒的东西之间，并非是对立的。

从山东两位最伟大圣人人生经历和谆谆教诲中，中国人已经找到了他们的自由宪章，这个国家的统治者也能从中发现公共和私人行为操守准则。

希望迷恋新事物的年青一代，不要被误导而忽视了他们最值得骄傲的古代文献，这些文献具有朴素的风格，高雅的语调，向人们灌输纯粹的道德，倡导政治自由的理想和神圣的家庭生活。这些古典文献的不朽功业，必定可避免意外事件或不适合青年男女学习的语言的影响，避免损害玷污其他国家许多伟大古典文献优点的话语的影响，这都应该感激山东的两位圣人和他们的弟子。中国有丰富的历史文化遗产，应该怀着无尽的感激之情，倍加珍惜，精心呵护。

孔子生平大事记

一、公元前 551-516 年，从周室返回之前的早年生活时期

 1. 公元前 532 年，孔子娶妻。

 2. 公元前 528 年，孔子母亲去世。

 3. 公元前 517 年，访问周室。

 4. 公元前 516 年，从周室返回。

二、公元前 516-514 年，旅居齐国两年。

三、公元前 514-499 年，返回鲁国居住 15 年。

 1. 公元前 500 年，51 岁被任命为中都宰。

 2. 公元前 499-496 年，被任命为大司寇。

 3. 在鲁国引退。

四、公元前 496-483 年，周游列国 13 年。

 1. 从鲁国到卫国。

 2. 由卫到陈，中间发生匡人围困事件。

 3. 公元前 495 年，返回卫国。

4. 前往陈国[69]，桓魋欲谋害孔子。

5. 公元前 493 年，返回卫国，过蒲地被强迫立誓。

6. 前往晋国，遇晋乱。

7. 返回卫国。

8. 公元前 491 年，访问陈国。

9. 由陈到蔡，给养断绝。

10. 公元前 488 年，由蔡到沈（Sheh）。

11. 返回蔡国，中途遇隐者。路遇楚狂接舆。

12. 前往楚国。

13. 公元前 487 年，返回卫国。

14. 公元前 483 年，回到鲁国。

五、公元前 483-478 年，人生最后五年直到去世。

1. 整理文献。

2. 公元前 482 年，儿子孔鲤去世。

3. 公元前 481 年，颜回去世。

4. 公元前 479 年，子路去世。

5. 公元前 478 年，孔子去世。

孟子生平大事记

一、公元前 371-335 年，邹国生活时期。

1. 公元前 371 年，孟子出生。

2. 在子思弟子门下受教。

3. 公元前 335 年，去齐国。

二、公元前 335-325 年，第一次居住齐国时期。
    与齐宣王多次会谈。

三、公元前 325-311 年，离开齐国又返回齐国时期。

1. 在宋国。

2. 取道薛（sie）地回到邹。

3. 前往滕国，与许行谈话。

4. 在梁（魏）国，与梁惠王会谈。

---

69 应当是前往曹国，经过宋国。

5. 返回齐国。

四、公元前 311-309 年，第二次居住齐国至返回鲁国时期。

1. 孟母去世。

2. 访问宋国。

3. 回到鲁国。

4. 最后 20 年退隐在邹地与弟子整理文献。

5. 公元前 288 年，孟子去世，享年 84 岁。

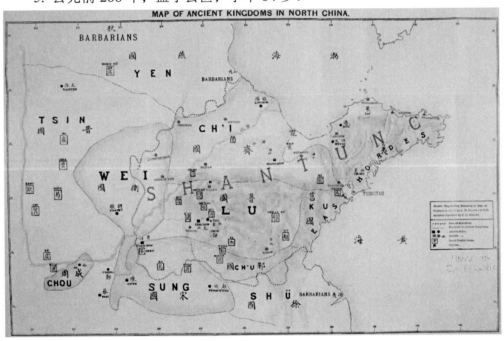

华北古代列国地图

第三章　中国古钱币

神学博士方法敛（Frank H.Chalfant）牧师[1]

中国何时何地最早使用钱币没有历史记载。很可能在公元前 10 世纪，在组成中央王国的封国，如果不是全部，也是大部分，铸币开始兴盛起来。周王室终结（公元前 250 年[2]）时，现在称为山东的地理区域重要的封国有齐、鲁、胶、楚、东平和城阳。[3]在这些封国中，齐国产出的货币最多。尽管各个封国为维护自己的独立和割据而颁布了禁止钱币输出的法令，但在山东还是大量发现了许多由境外封国发行的古老钱币，这表明早期的商业交往已经相当普遍。

中国钱币上很少有铭文提供足以确定他们来源的资料，甚至破解这些铭文都是很困难的。特别是那些发行最早的钱币，出于节省空间和劳力的原因，其早先的铭文采用了缩写形式，导致许多符号意义模糊不清。毫无疑问，一些铭文故意让人琢磨不透。许多古老的钱币刻有地名，还有一些背面刻有不知道确切意义的数字符号。有些钱币的年代意外确定下来，是通过在古代铸币现场发现的钱范和模具，这些钱范在刻制方面明显带有所属封国的风格。根据不同地区出土钱币数量的多少，有时可以大致推测出这些钱币制造的地点。这些钱

1　美国北长老会传教士（1862-1914），1887 年来华，酷爱中国文化，起初致力于收藏和研究中国古钱币，后又转向搜集和研究甲骨文。1906 年在美国出版《中国原始文字考》（又译作《中国最早的文字》），在国际史学界引起较大反响，中国甲骨文研究从此得到国际学术界认可。后与英国浸礼会传教士库寿龄（Samuel Couling）合编《库方二氏所藏甲骨卜筮》（1935 年，商务印书馆）一书，堪称欧美收集和研究甲骨文字第一人。

2　秦军于公元前 249 年攻入巩城，执东周君而归，东周灭亡，周王室从此退出历史舞台。

3　事实上，胶、东平、城阳均是西汉时才有的封国。

币附带的历史典故可以解释一些问题的来龙去脉。

简单了解一下早期山东地理的主要特点有助于学者研究本地的古币。齐国位于当今山东北部地区，其东部边界则不容易确定。这个强大的国家一直持续存在了近900年，从公元前1122年到公元前224年。都城临淄，一度称为营邱。在靠近现在临淄城北边的地方分布着一些低矮的土丘，占地约10平方英里，那就是公元前224年被秦始皇下令毁坏掉的旧城遗址。

楚国曾侵占到山东南部边界，但一般不认为楚国占据了这个省任何重要的地方。

鲁国从兖州府北沿目前的黄河河道向北延伸，一直远至济南府。

小国胶和高密位于齐国的南面和东面，后者就是现在的高密县，前者包括了现在的胶州、即墨、莱阳和平度的全部或部分地区。古城即墨似乎位于琅邪，琅邪是齐国下面的一个行政区。

城阳国或莒国大体上在今天莒州境内。[4]

东平以现在济宁州为中心，是一个不太重要的封国。

赵国位于直隶，完全在山东境外，只是因为在山东境内发掘出了大量赵国特有的钱币，才在这里提到它。在山东发掘出的赵国钱币，主要是"小刀"币和"方足"币。

在秦始皇（公元前246-221年）[5]统一各国之前，中国并没有公认的货币制度，各个封国都有一套自己单独的货币体系。

货币的起源

中国有一个古老的传说，大意是"古人串起贝壳作为钱币"。值得注意的是，汉字"贝"描绘的是一个贝壳的形象。现存的古钱币没有类似贝壳形状的，尽管我们还保留着把钱串起来使用的独特习惯。制作古雅的代币如图46和47的外形非常像玛瑙贝。在古代的物物交换中，工具和装饰品必定作为等价物使用过，因为最早的金属钱币有斧形、铲形、刀形，可能还有钟形、铃形以及其他没有铭文的青铜物件。一些封国采用了一种或多种这些奇怪形状作为它们的货币的独特形式。如齐国总是用大刀币，而其他国家则偏爱小刀币、斧形币，或铲形币。甚至同一个国家的钱币在制作工艺上也表现出显著的差异，一些使

4 城阳国是西汉初年封国，莒国是周代封国。国名不同，地理位置大致相当。
5 指秦王登基到统一六国的时间。

用优质金属，制作精良，而其他的则使用劣质材料，制作粗糙，如我们可以看到的由赵国发行叫做"明刀"的小刀币。

所有的刀形币都被设计成可以利用刀柄末端的铸环来穿绳的样式。斧形币和铲形币通常不穿孔，因此不能串起来。各种奇形怪状以"异形币"著称的钱币，或许除了"拱形币"也有个似乎是用来穿绳的小孔之外，也都无孔，穿不起来。

除了刀形币以外，所有这些奇形怪状的钱币都被中国钱币收藏家称为"布"和"币"，意思是"丝"。无疑这是指起初使用束丝作为交换媒介。唯一一种看起来的确像一束丝的金属钱币，没有铭文，称之为"波纹币"。这种"波纹币"是否使用过尚存争议，它们和那些普通样式的古钱币一起被大量发现。一位中国研究者评论这些金属钱币说："如果它们（图 41-43）不是钱币，那它们是什么呢？"中国术语的"泉"和"钱"，都是指圆形币。

圆形币

圆形币的时代始于公元前 600 年的周代，或者更早。最早的"宝货"就属于这个时期。它是一种中间带有方孔的圆形钱币，在大小和形状上类似于当前的标准钱币，只是它的背面为没有标记的平板。当时还有其他样式的钱币，形状较大并带有圆形穿孔。有一种钱币正面刻有"一釿"字样，似乎是表明此时新货币体系中使用的这种钱币与旧样式的货币等值。另外一种铭曰"一刀"，再一次表明笨重的旧币正被更加方便的圆形币所取代。据历史记载，周景王（公元前 544-519 年在位）曾重新鼓铸宝货，保留旧币的大小不变，仍旧作为一个价值单位，然后添铸币值更大的新币，也就是说，"四"和"六"两种币值的钱币并行。对此，历史学家这样说："景王继续铸造宝货，以维持母钱和子钱的相互平衡。"笔者曾做实验证明，两枚刻有"六"的钱币和三枚刻有"四"的钱币一样重。这就解释了"母钱子钱相互平衡"之谜，意味着每一枚大币值的钱在重量上和它上面标识的单位数字是一致的。宝货也可以翻译为"贵重的交易品"。这是"宝"作为钱币符号的开始。以后它作为铸币术语逐渐固定下来，并仍在和所有中国钱币上的"通宝"字样一样通用。

秦朝和西汉发行了多个版次的圆形方孔钱，分别刻有"半两"，即重"半两"，"五铢[6]"，即重"五铢"，这两个术语都表示钱的重量。

---

6 原作者注：1 铢等于 1/24 两。

篡位者王莽（公元9-23年在位）除了维持标准的圆形币以外，着手恢复已经废弃的斧形币和刀形币，尽管在形状上并没有使用先前的样式。其中一种在形式上像雕刻师的刻刀（图52），上有错金铭文，并被赋予了不实的价值。这种样式的钱币刻有"平五千"字样，尽管镶有黄金，但其价值还是被大大高估了。另外一种，没有金字，刻有"五百"字样。他还铸造了一种美观大方的斧形币，不过在外形上作了修改。这种钱有一个币值，上面用篆书刻有"货布"字样（交换用的丝绸之意）。

另外一套外形相似但设计较差的钱币由10种钱币构成，它们在大小上从一又四分之一英寸到二又四分之一英寸不等，虚标的币值依次从数百到一千。每一种钱都有自己独特的名称，用以显示在整套钱币中的相对位置。这些钱依次被命名为：小、幺、幼、序、差、中、壮、第、次、大，大致可以作如下翻译：最小、小、幼小、年轻、差点、中等、成熟、接近、二等、最大。毋庸累述，上面所有的钱都是币值虚高，其本身的价值只是所标识价值的一小部分。他们与那些顶端有孔、可以用绳串起来的旧斧形币是不同的。

铸币工艺

应当指出的是，所有公元1892年以前的中国钱币都是浇铸而成而不是用铸模冲压制作。在铸币过程中，大量的精巧工艺被开发出来。最初造出来的钱范只有钱币的正面。铸造时，钱范放置在一个平面上，这就导致铸造出来的钱币背面都是无装饰或文字的粗糙平板。这种工艺一直持续到汉代才得以改变，当时开始有了也能铸造钱币背面的钱范。标准模具有青铜、红铜、石质的，用它们来制作泥陶钱范。最初的模具有正反两个。反面的模具更容易雕刻，但是需要用蜡作为媒介才能造出铸钱用的反面泥陶钱范。通常标准金属模具很容易在蜡上印出模型，也容易剥离出来。然后，把粘土摊在蜡制模具表面，通过用窑火烧，蜡从粘土中熔化掉，就留下了一个清晰的模具复制品。正面金属模具必定是直接利用粘土制作凹模。

另外一项聪明的发明是，加固了钱币的周边以防止割裂截取。这种具有独创性的预防措施很早就流行开来，甚至一些最古老的斧形币也采用了（图三）。

中国古钱币学

从很早开始，中国人就对收集古钱币感兴趣了。这可以从他们关于古币的著作得到证明，甚至有一些是汉代的（公元前200-公元220）作品。有20部编辑严谨的专著一直流传到今天，它们在古钱学领域显示出很高的鉴赏水平。有一些著作非常稀有珍贵（已经发现的），而其他的如《古泉汇》[7]、《吉金所见录》[8]则比较容易得到。而近代钱币学方面的中国作者似乎很讨厌叙述本朝的钱币。专著《古泉汇考》[9]则是其中的一个例外，但不幸它是一本难得一见的珍本书。这些著作都是按照年代顺序编排，阐述也很精当。

　　大概没有一个国家像中国有如此之多的钱币种类。王朝、封国、私人发行的整个钱币系列不少于一万种。中国金银铸币很少，常用的造币金属有青铜、红铜、黄铜。有时也出现铁和锌，但常常被当作劣质货币。

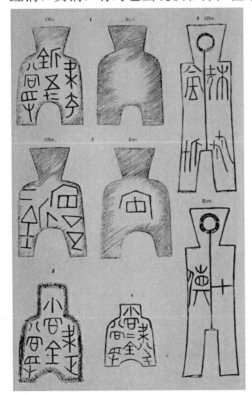
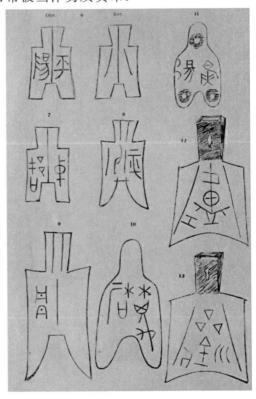

7　《古泉汇》，清代著名古物鉴藏家、古钱币学家李佐贤所作。此书共 5 集 64 卷，
　　集录东周至明代钱币 5,000 余枚，分成布币、刀币、圆钱、异泉杂品、钱范等部分，
　　材料丰富，考释审慎，图文并茂，是一部有价值的古钱学专著。

8　《吉金所见录》，清代著名金石学家山东莱阳初尚龄著。共 16 卷，叙述先秦至明
　　末历代铸币，有图有说。该书的价值在于将刀币断归为春秋战国时期·打破了旧时
　　对三皇五帝的附会。

9　《古泉汇考》，清代翁树培著，共 8 卷，20 余万字，注重钱币字、形、色、质、声
　　研究，于版别鉴定亦有贡献，资料丰富，惜有文无图。

本文钱币图解说明

斧币

1. 正面，铭文"乘充釿五二十当鏻"，意思模糊不清，或许意为："装满战斧的乘（战车？），五二十（也就是两个五等于十），重一鏻[10]（一种古老的圆形砝码），"边缘倾斜，无镶边。背面为无装饰或文字平板。第一个字符"乘"系猜测，可能也指古代税收乘马（Ch'eng-ma）。这种税收年代不详，始于周代或更早。

2. 正面，铭文"安邑二釿"，意为安邑二斧（件）。风格同上。钱背铭文"安"。安邑是几座古代城市的名称。此钱重量等于两个形状相似并刻有"一釿"的小钱币。

3. 正面，铭文"乘正尚金当鏻"。或许是这样的意思："乘（战车？），与前述一样系猜测。上品金属制成，重一镦。"劣质青铜质地，镶边，年代不祥。

4. 正面，铭文"乘半尚二金当鏻"，意为"半乘（战车？），上品二（等）金属制成，重一镦。"或更确切解读为："半乘，上品（金属），两枚斧币值一镦。"这种以及其他解读仅仅都是猜测。此钱价值显然为上述第3种钱币的一半。

5. 比上面那些都晚的廆长斧型币，正面有四或五个字符难以确认。背面刻有铭文"十货"，意思大概是这枚钱的币值是"十"，年代约为公元前400-300年。

6. 小型平足薄斧形币。正面铭文"平阳"，是几座古代城市的名称。这枚钱在山东发现，但在直隶更多，可能由赵国发行。它和刻有安阳的相关钱币是同类当中数量最多的。背面有向一点会合的三条线。

7. 小型平足斧形币。正面铭文"中都"，是古代鲁国城市名称（今汶上县）。背面，像许多类似版次的钱币，有数字符号，可能指铸币厂的工匠编号。这些数字不会是币值，因为它们大小相同。它们也不表示统治年代（像后来的钱币），因为这一系列数字往往太长。这种样式的钱币另外一个特征是许多铸币似乎镀过金。上面两枚足以说明这版钱币种类很多。年代为公元前400-300年。

---

10 鏻，古代重量单位，一鏻等于六两，另说等于六两半。作者解释为称重砝码，误。

8. 种类繁多的"尖足"币样品。它们也属于斧形币。正面铭文"平州"，古代齐国的一座城市名称，因此在山东，具体位置存有争议。

9. 大型尖足布。正面铭文"甘丹"，应该是邯郸——古代赵国的一座城市名称的缩写。这里图案所展示的样品据说发现于保定府附近（直隶），尽管在山东也有发现。这是一种制作精良但非常轻薄的钱币，比较罕见。背面有数字符号。

10. 大型圆足斧形布。正面铭文"万石"，古代楚国城市（在山东南部边界）名。这枚样品据说发现于保定府（直隶），是比较罕见的币种。

11. 圆足异形币，三足末端均有孔，非常罕见。正面铭文"鲁阳"，是古代鲁国城市（山东境内）名称。普通种类并不穿孔。

12. 铲形币或"空首"布的一种，铸造得很轻薄，并且有楔形顶部，犹如嵌入的把手，实际上这应该是为了取拿和携带方便。楔形部位的孔做成插脚状，据说是为了使把手更坚固。正面铭文"卢"（？），第二个符号有不同的解读。这种样式的钱币通常由达官贵人私人发行，这里的卢是齐国一个古老的属国，因此这可能是山东铸造的钱币。这些铲形币属于周代后期稍晚的种类，尽管有些可能更早些。

13. 铲形币。正面铭文"齐川釿"，意思是齐国的一枚斧（货币通用术语），由齐川发行——可能是淄川，齐国一个行政区现存的名字（现在是一座县城）。

14. 宽肩铲形币的一个样品。正面铭文"留"，楚国有留城，我们可以暂时把它归到留城出品。

15. 一系列最小的铲形币的样品。如同一些大型钱币，正面有铭文"商"。可能是地名，尽管它经常是指"贸易"。

16. 17. 满洲西部发现的奇怪铜器，为笔者从一位不愿收铜的贸易商手中购得。这些是样子很夸张的铲形币，但在任何有关钱币的著作中都没有描述。他们标有"中山"字样。图第16有铭文"二"和颠倒的汉字"中山"。也镌刻有双重线条。中山是直隶西部的一个古国，与满洲接壤。这些可能是那些中国古币粗陋的仿制品，由边境上那些半开化的部落铸造，无疑是非常古老的。

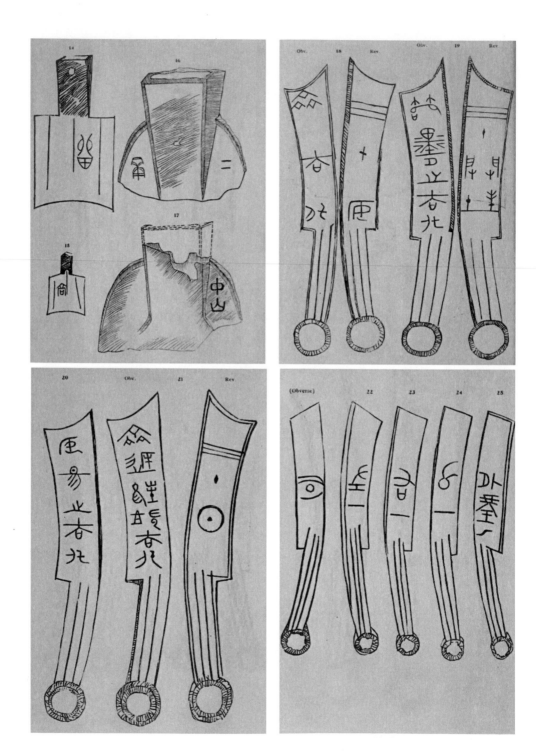

刀型币

18. 带有三个字符的大刀币，普通品种。经常被骗子巧妙地改造成某种罕见的币种。正面铭文"齐？""化（缩写字符）"。第二个字符，中国人认为是缩写的"法"字。这一点，我不同意，因为下面是一个"口"字符号，这在古老的钱币形式中绝对是独一无二的，而且字符中有一个不必要的横，在钱币铭文中显得特别不合适，因为通常这里要使用缩写。我猜测它是汉字"大吉"（好运气）组成的一个拼合文字。背面有文字"三十"，可能是规定钱的币值，还有"安"字，一个未知的重要铸币场的标志。第三个字符由一长串不同的符号组成，用以区别钱币的种类。这些钱币在齐国的都城山东临淄铸造，年代属于周代末期（公元前 300 年）。

19. 正面铭文"即墨邑之（？）货"。反面"三十"（见图 18），还有一清晰题铭"开邦"，即拓展边界之意。这一系列的钱币都是最大的刀形币，是所有这些系列中最珍稀、最独特的品种。背面的铭文大概是指开疆拓土之意，铸造此币好像是为纪念拓展领土这样的重大事件。它们是在古城即墨铸造的。

20. 正面铭文"安阳之（？）货"。这枚精美的刀币背面有各式各样的铭文（像其他系列一样），无疑是在城阳国或莒国铸造，[11] 即现在的莒州，安阳乃其下属的行政区域。

21. 非常稀有和极具美感的齐刀形币。青铜铸造，因氧化呈深绿色。正面有 6 个字符，其中三个存有争议。背面通常有"三十"字符和太阳图案。那种普通的三字符的钱币常被巧妙地伪造成这种罕见的钱币，一般是通过保留正面第一个和最后一个字符，然后对中间的钱面加以删削，使之清楚地凸显自己想要的新字符。刚被仿制的钱币很容易识别，但即使专家也有人被这种改造的钱币欺骗过。

22. -25. 著名的种类繁多的"明刀"样品，因正面有"明"字符而得名，如图所示。这些铸造粗糙的小刀币非常普遍，不断被大量发掘出来。它们由赵国铸造，可能在新明邑（旧称）[12]，因此刻有"明"字符。年代接近周代末期。根据背面凸出的字符，可以把在这些钱币分成有四种主要系列：左、右、公（？）、外（如图所示）。

中国钱币收藏家未能破译第三系列中的这个特殊字符，但我冒昧推测它

---

11 城阳国是西汉封国名称，莒国是周代封国名称，辖区大致相同。

12 清代学者多认为是赵国的新明邑，但民国以降，则多认为是燕国的平明邑。

是"公"，指公有土地，以区别于那些被指定为"外"的边境土地。这类似于被区分为"东"（左）和"西"（右）的第一第二系的钱币。在大部分"外"系列钱币上发现的额外的大号字符存有争议，它很像汉字"鋬（kin）"，康熙字典解释为地名，但没有说明在哪里。[13]每一种明字刀形币都有难以计数的系列标记符号，这种明字刀形币计有数百种之多。

26.-27."尖首刀币"样品，这种币的种类很多，通常很轻薄，有一尖首。普遍认为它们比上面提到的那些更古老。铭文瘦削，通常包括一个字符，一个数字符，或者不确定价值的神秘符号。第27图是此类当中最大的。

28. 直刀币，有很多种类，质地轻薄，铭文缩写，难以辨认。材质为黄铜，因氧化呈翠绿色。它们是所有古币中最薄的，铸造精良。铸造这样的钱币也需要最好的材质，应该是燕国（直隶北部）铸造的。

圆形币

29.-30.-31. 周景王宝货和年代更早的钱币。第29图是一个币值单位。第30标有"四"，31标有"六"，是较大面值的宝货。这是已知最早的圆形方孔钱。

32. 大型圆形币，无郭，以刻有铭文"垣"著称。垣为魏国（今山西）一城市名[14]。年代大约为公元前400年。这种形状的铸币还有其他几种类型。

33. 秦代（公元前246-206年）半两钱币。半两等于半盎司。[15]

34.-35. 继秦以后西汉的劣质钱币，仍刻有"半两"，这种钱逐渐变得越来越小，直至成为很小的一丁点儿。

36. 汉文帝（公元前179-163年）时重铸的半两钱。重三分之一盎司。

37. 著名的"五铢"钱，在公元前140年至公元500年间被多位皇帝屡次重铸，长久流行。很难区别这些五铢钱各自的铸造时间。

38.-39.-40. 没有铭文的拱形币，铸造地不详。它们来自于济南府西部齐河（chiho）的一次大发现。第40图是双龙样式，有两个龙头。一些中国权威人士怀疑它们是否作为钱使用过。

---

13 "鋬"字，《康熙字典》解释为古字"琴"，没见到为地名的解释。

14 山西曲垣县。

15 所谓"半两等于半盎司"，应该仅仅是作者从中国一斤等于十六两、英国一磅等于十六盎司考虑的一种比喻说法，并不是指两者之间真的划等号。

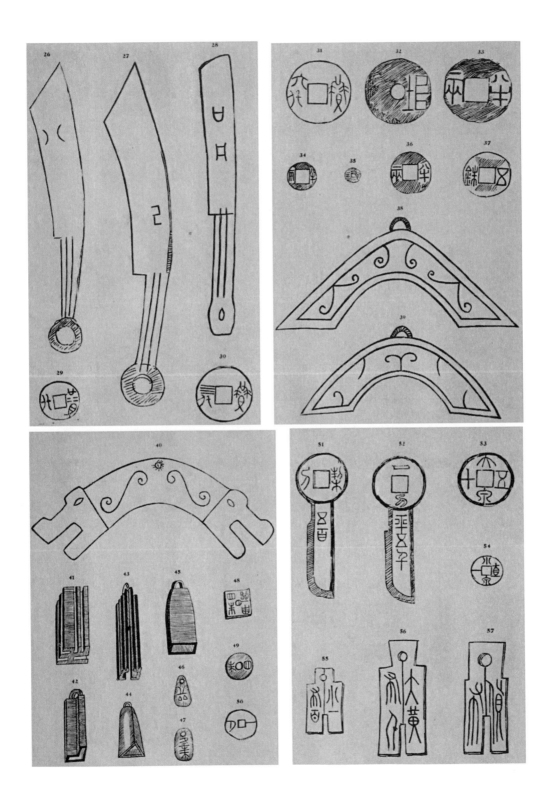

41.-42.-43. 波纹币，属于一般品级的异形币。中国作者从侧面和正面分别绘制了图形。它们可能表示折叠起来的长丝。铸造日期不详，但很古老。

44.-45. 铃形币，另一种没有铭文，也不知起源和使用情况的钱币。

46.-47. "魔头钱"，中国人给它起的绰号。最近在潍县（山东）大量出土，铭文还没有被破解，有两种。它们可能意味着玛瑙贝壳曾作为货币使用。

48.-49. 古怪的方形币和圆形币，只在山东中部发现。起源不详。图第48铭文"临淄四铢"，凹形字符。临淄是齐国的都成。图第49铭曰"四铢"，和方形币重量相同。出现的铭文有凹形文和凸形文。"未知币"有很多，无疑是由那些消失在历史中的私人、反叛者和未经授权的人铸造的。

50. 正面铭文"一刀"。背面平面无装饰或文字。铸造地不详。年代大概是公元前250年，当时为支持圆形币，停止使用刀形币。铭文展示了当时的这一变化。

王莽币

以下七个样品足以说明篡位者王莽（公元9-23年）时期独特的货币体系。还有其它样式的圆形币这里没有展示出来。

51-52. 契刀币。图第51正面铭文"契刀五百"，图第52正面铭文"一刀平五千"。上面两个汉字错金。这两种钱都是价值虚高。

53. 正面铭文"大泉五十"。

54. 正面铭文"小泉值一"。这是价值单位，尽管重量不足，但和大面值币相比，大小还是过大了。

55.-56. 前面描述的最低和最高系列的钱币，即"最小钱，一百"，"最大钱，重一千"。这种钱名叫"布"（起源于丝绸）。

57. 正面铭文"货布"，额定价值等于25枚名为"货泉"的小型圆形币。

第四章　泰山——山东圣山

泰山岩岩　鲁邦所詹

　　泰山——中国最著名的圣山，临近山东西部现在的泰安府腹地，东经117°12'65"，北纬 36°15'（李希霍芬[1]1886 年测）。在古代列国时代，泰山矗立在齐国东部和东南部的边境线上，俯瞰孔子的故乡——鲁地平原[2]。李希霍芬测量的泰山高度为海拔 5,000 英尺，或高于泰安府城 4,300 英尺。16 世纪时本地测量的后者数据为 3,837 英尺。泰山从向北延伸的低矮山脉中拔地而起，其南麓则迅疾下降至平原。泰山东南大约 12 英里，是隆起的徂徕山山脉。

　　近观泰山常常感到失望，因为从外形看它既不神秘，也不雄伟，风光甚至

1　李希霍芬（Richthofen, Ferdinand von），1833-1905，德国地理学家、地质学家，近代早期中国地学研究专家，曾任柏林国际地理学会会长、柏林大学校长、波恩大学地质学教授、莱比锡大学地理学教授等。1868 年 9 月至 1872 年 5 月在华进行了将近 4 年的地质地理考察，走遍大半个中国。回国之后，发表了 5 卷带有附图的《中国——亲身旅行的成果和以之为根据的研究》（*China - meine Reise - Ergebnisse*）。在书中，他专门论述了中国的黄土，最早提出中国黄土"风成论"；在辽宁、山东、山西和河北北部建立了 3 条系统剖面，首先提出了"五台系"和"震旦系"等地层术语；并对中国造山运动所引起的构造变形进行了开创性的研究，为中国地质、地理之研究作了奠基性、开创性的贡献，尤其为当时的中国带来了近代西方地学、甚至整个自然科学的思想和方法。他是近代中西科学交流的先驱，对近代中国地质学、地理学的产生和发展具有重大影响。

2　原作者注：有人说泰山在鲁国境内或齐鲁交界处。公元前 6 世纪，齐国曾战于"汶阳"（汶阳之田，膏腴之地，在齐鲁之间曾反复易手，故有"自古文明膏腴地、齐鲁必争汶阳田"之说——译者），汶是泰山南部一条约长 20 英里的河流（理雅各，《中国经典》——Legge, *Chinese Classics*，第一卷，74 页）。

输于西南名叫傲来山的尖耸小山。只有当一个人从远处看——10，或 15，或 30 英里远，他才容易明白，为什么古代中国人把这座山视为当然的崇拜对象；或者夜幕降临后，所有的小山都遁入无形时，人们依然可见若隐若现的黛青色泰山。山上较高的地方裸露出来，崎岖陡峭，较低的山坡则散布着因风霜雨雪风化产生的疏松岩石，单调乏味。山南有两条主要的溪流，一条流向东南，并从府城东城墙流过；第二条向西流去，从傲来山和大藏岭之间的山谷流下，途中形成了美丽的百丈崖瀑布和黑龙潭。

泰山植被现在并不茂盛，但也不是完全没有树木。[3]泰山南面和后石坞向东，从 3,000 英尺向上延伸到大约 4,000 英尺都遍布着大量的松树。从海拔位置最低的松树林以上几百英尺直到山脚下，这一段主要的朝山路两旁种植了侧柏[4]，一些地方的侧柏非常茂密，以至于让人想起"柏洞"这个说法。在柏树中间和沿着溪床会看到另外一些种类的树木：许多惹人注目的巨大槐树，几株风姿优美的刺柏和银杏。俯瞰普照寺，低矮的山坡上种植了一种名叫"槲"的矮橡树，长大用以喂养桑蚕，[5]碗状果实壳可制作黑色染料。这些橡树大量种植在墓园中，整个冬天树叶都保持鲜亮的棕色，非常显眼，上面还常常爬满了槲寄生。

泰山以盛产食用山楂著称，向西不远处就是著名的肥城桃园。

尽管气候干燥，地面多石，但泰山上的野花一点儿也不少——鸢尾花、白头翁花、百合花、紫罗兰、忍冬花、绣线菊、紫苑花、菊花、石竹花、贯叶连翘[6]、秋海棠、附子花、紫葳等等。

蕨类植物不容易看到，但可以发现十多种乃至更多，包括少女发（鞭叶钱线蕨）和一种小蕨类植物（银粉背蕨），这种小蕨类植物在别处叶子背面是鲜亮的银白色，但山上的通常为绿色。靠近山顶可以看到许多种低海拔地方罕见的小鸟，其中有鹡鸰、金翅鸟和白背雨燕。在难以到达的高崖绝壁上常栖息着一大群红嘴山鸦，这种鸟很容易受到惊吓，让人不能仔细观察它们俊俏的身形

3　原作者注：一位叫迈耶（F.N.Meyer）的专家先生告诉我说，这座山曾被森林覆盖（树木包括酸橙和白蜡）；一位年近 70 岁的朋友还记得当时在新甫山附近树木遍野。徂徕山和新甫山都是鲁国有名的林区（理雅各，《诗经》——Legge, Odes,四，第二篇，4 及《尚书》——History，三，第一篇，第 26 页）。

4　原作者注：东方柏树，为方便起见以下称柏树。

5　误，不是桑蚕，橡树叶子是用来喂养柞蚕的。柞蚕一般在树上放养。

6　英文翻译为圣约翰草。

和漂亮的羽毛，但看到它们在高空中翱翔盘旋，听到它们古怪的叫声在山间回荡，也令人陶醉。

在较低的山坡，乌鸦、白嘴鸦、寒鸦、喜鹊和中国蓝翡翠鸟都较常见，鹧鸪也不罕见。鸢和隼比比皆是，漂亮的花鹋（在山上）和老鹰有时也能看到。城市周围的戴胜鸟、远处平原地带的金黄鹂和啄木鸟到处都是，常常见到。夏季最引人注目的就是褐雨燕、中国布谷鸟和大紫斑蝶。在冬季，成群的红色秋沙鸭常常聚集在汶河的沙滩上。野生动物中，最可怕的是狼；野兔很常见，《岱览》[7]的作者描述了一种会跳的野兔，可能是跳鼠，和在徂徕山周边发现的一样。

儒家经典有十多次提到泰山，如在《尚书》、《礼记》和《诗经》中，《论语》和《孟子》中也有提到。在《尚书》中泰山被称为"岱"，或"岱宗"；在《礼记》中称为"岱宗"或"泰山"，在《诗经》、《论语》和《孟子》中称为泰山。在一些古书中，也发现有"岱山"和"岱岳"的称呼。

在中国五大圣山中，泰山很久以前就以"东岳"著称。泰山名闻天下，是因为它是世人崇拜的圣地和对象，是因为它是天下之重，是因为它把两个最初的行政区划青州和徐州一分为二，是因为它有广袤的迎客松林和丰富的自然物产。

从自然崇拜如对大山的崇拜到精神崇拜或山神崇拜的演变是宗教史上显著进步的标志。但就泰山崇拜而言，却不容易探寻那样有规律的发展或进步。

《论语》提到了祭祀泰山，但也许最早关于泰山的记载[8]记述的并不是对大山的崇拜，也不是对其精神的崇拜，而是对上帝的崇拜——泰山之巅，是人们所知离天最近的地方，是古代帝王定期祭天[9]的祭坛——因此，很久以来，人们已经把泰山人格化了或者想象它有一个灵魂或有神灵居住于此。"山之

7　清代文学史家唐仲冕在泰安主持泰山书院讲学时所辑综合性泰山全志，全共32卷，另目录一卷、首编七卷、附录一卷，详细介绍了泰山的历史、地理风貌，内容丰富，史料翔实，堪称"山志中的佳作"。唐仲冕，（1753～1827），字六幕，号陶山，清代善化（今湖南长沙）人，乾隆年间进士，官至陕西布政使、署理巡抚。曾主持泰山书院，参与黄钤重修《泰安县志》，深入研究泰山地理历史，以十数年之功，编成《岱览》。所著尚有《陶山文录》十卷、《陶山诗录》二十四卷。
8　原作者注：大约在公元前2000，见理雅各《中国经典》，第三卷，第一篇，第35页。
9　原作者注：传说在尧舜以前遥远的神话时代，远古帝王们就要在泰山祭天，在泰山附近的矮山上祭地。这种在泰山上进行的帝国对上天的崇拜时断时续，一直持续到基督教时代。8世纪时唐明皇和11世纪时宋真宗都在泰山上和山脚下建起了祭坛。

灵"这个词语在各种书籍中经常出现。这位神灵有各种各样的名字——圆长龙，或岁崇陶。公元 725 年，这个神灵被正式封为"天齐王"；1008 年，又在"天齐王"前加封"仁圣"二字；1013 年，改封为"天齐仁圣帝"，1291 年为"天齐大生仁圣帝"。1369 年，佛教徒出身的明朝建立者，下旨恢复最原始阶段的泰山崇拜形式，即尊泰山为东岳泰山，不附加任何头衔。很久以前，人们就为"东岳"或"泰山"修建了庙宇，而今天，东岳庙在帝国大多数大城镇都能找到。当道教徒的影响开始显露出来，我们发现泰山有了宗谱和诞辰，成为不止一个而是芸芸众神的居所，并掌管人间的生与死、败与兴等诸多事务；而泰山脚下的蒿里山（亦称高里山——译者）则专门与人死后的灵魂审判联系在一起。据记载，也许是第一次，公元 591 年制作出了泰山神石像。

这个地区的宗教信仰现在处在蒙昧无知的道教术士掌握之中。从遗留下来的历史遗迹和书籍中保存的碑刻铭文及告示判断，这里[10]在 6、7、10、12 世纪似乎是佛教活动时期，但现在佛教徒的踪迹已经微不足道了。在道教徒掌管之下泰山女神崇拜在当地越来越流行，甚至超过了对泰山本身的崇拜。关于这位最初被称为"玉女"的女神，有关的传说非常模糊不清。据说她被世人看到过两次，一次大约在公元前 2650 年，然后是公元 65 年。她被描述为七位仙女中的一位，身披彩羽，头冠祥云，在黄帝建造岱岳观时被派下来焚香祭拜。最流行的故事称泰山女神是一位名叫玉叶的小姑娘，于公元前 143 年出生在泰山附近，14 岁时进入山中一洞（后石坞）中居住，希望修炼成仙。据说三年后，她达到了自己的目的。李白在一首关于泰山的诗中写道"玉女四五人"。[11]另一处记载又把这个传说追溯到公元前 12 世纪，说周文王遇到了东海女神。现在对泰山女神的狂热崇拜似乎要追溯到女神石像的发现（公元 1008 年），石像是宋朝真宗皇帝在岱顶的玉女池发现的。为供奉石像而建的祠堂就是现在著名的女神庙[12]的前身。

但事实上在 1008 年这一年，也就是宋真宗登临泰山之年，对于道教徒特

---

10 原作者注：见《肥城县志》，第二部，《泰山记》第十五、十六、十七。

11 原作者注：《岱史》九，第 58 页。见李白《游泰山》之一，全诗为："四月上泰山，石平御道开。六龙过万壑，洞谷随萦回。马迹绕碧峰，于今满青苔。飞流洒绝巘，水急松声哀。北眺崿嶂奇，倾崖向东摧。洞门闭石扇，地底兴云雷。登高望蓬瀛，想象金银台。天门一长啸，万里清风来。玉女四五人，飘飖下九垓。含笑引素手，遗我流霞杯。稽首再拜之，自愧非仙才。旷然小宇宙，弃世何悠哉。

12 即碧霞元君祠，创建于宋真宗封禅泰山时，初名昭真祠，金代称昭真观，明代改名为碧霞灵应宫，又称碧霞灵佑宫，清代乾隆年间改为现名。

别是泰山宗教信仰来说都是一个重要的年份，因为在这一年，著名的天书降临人间。第一道天书发现于都城开封府，很显然这是要祭天的信号，为此，皇帝来到泰山。在今泰安府城南城墙外有一块醒目的石碑，上面刻的就是宋真宗的祭天颂词。朝臣王钦若似乎想写一篇颂扬皇帝的颂词，但是真宗说：——我没有可以记录的功绩和美德，如果必须要有一篇颂词，那只能是对高高在上的上天的感谢。[13]……天书观和醴泉、灵芝街、发现第二道天书的大藏岭，山顶和平原的祭坛、女神庙，也许还有巍峨的岱庙本身，都是宋真宗登临泰山的见证，也是在那个道教的重要年份促进宗教发展的动力。如同我们所看到的，这里仍然有很久以前的寺庙，里面供奉的如果不是泰山女神就是泰山山神。在大致是现在岱庙的位置，有一座存在于公元 1 世纪的东岳庙，在此后 1000 年中，道教思想和机构无疑在这里得到了稳步发展和不断普及。对一位研究泰山宗教的学者来说，他将会养成一种独特的兴趣，去解释现代道教和古代中国信仰之间的关系，同时要说明前者赢得自身发展道路的策略。

也许这种崇拜现在最显著的特征就是一年一度的朝山之行。在每年的前二个月或四个月，这里聚集了来自全省各地的香客。从前，据说香客没有百万也是成千上万，他们来自全国四面八方；但近年来人数下降了，那些来自外省的香客已经相当少了。朝山活动可能在 11 世纪时急剧膨胀，到 16 世纪末期又再次膨胀，毫无疑问，泰山已经成为除了上古时代的帝王以外还有其他众多人们朝拜的对象。有记载说，早在公元前 2 世纪，香客进献的贡品就在山顶形成了一道奇观。

香客到泰山好像不仅仅祈求一件事情，一般也不是仅仅为了获得功德。他们通常都是香火会——为朝山目的而组织的临时社团的成员。会首是那些因患有疾病或其他痛苦而想去泰山许愿的人们，他们随后再邀请其他人加入。每位会员要拿出足够一月之用的捐献，等到凑够了资金，他们就在农历一月份出发。朝山者一般步行，首领打着一面旗帜，上面写有他们的籍贯地及其他一些细节，其他会员则以红或黄的腰带为标志。[14]集结起来的资金首先直接花在有关宗教费用上，其次是食物、敬神的礼品以及赌博活动上，最后有时也花钱竖立一块石碣，以铭记会员的名字和他们的捐献。人们最喜欢在社首山上的寺庙

---

13 原作者注：见《泰山道里记》，第 24 页 b。

14 原作者注：关于这些社团的较好的记述见《中国乡村生活》（*Village Life in China*），第十二章。

附近竖立这样的纪念碑。1101 年，这样的社团在岱庙贡献了两个大铁辂，捐献总数达 165,000 钱。[15]

朝山自然也是集市开张的时候。只要香客不断涌进岱庙的庭院，那里就人满为患，否则平常街道上只有旁边拥挤的席子搭建的铺店，那是相当单调乏味的。空旷地段，各种小吃摊琳琅满目，引人入胜的各种杂耍、大声吹嘘的江湖庸医、卖唱艺人和说书艺人也夹杂其间。在庙外也是如此，在城里特别是在城郊，大量店铺的交易非常活跃，要持续三个月之久，剩余时间则关门歇业。这些临时店铺和那些常规永久性店铺都有一个奇怪的特点，就是都使用木偶作为店铺的招牌，这些木偶有猴子、蝎子、对鸡、对牛及其他动物。在 3 月 28 日东岳大帝的生日这天，另一场大集在泰安城西郊开张了，所卖的商品有牲畜、农具和所有乡村生活的必需品。

"一个人爬山必须从低到高处走，要看景则应该从高向低处走"。泰山顶上有一座小巧朴素的玉皇庙，玉皇是从中古时代才有的一个道教神[16]，侵夺了远古神上帝的名号。现在称为玉皇顶的地方，建起了玉帝观，现在玉帝观的地址更古的时候是太清宫。在晴天，你向西北方向远眺，可以看到远处的黄河和黄河对岸的大平原，向南望去，整个孔子的故乡尽收眼底。穿过东北方向的深谷，附近有一座观音庙，坐落在名叫后石坞的峭壁边上，形成一幅美丽的图画。除了厚重的铁瓦[17]，玉皇庙本身索然无趣，但其所在的位置至少是一处古典胜地。上帝的名号提醒我们，这座庙所在的地台是一处祭坛，古代就是在此向上天进献贡品。也许你不经意间站立的地方，很可能就是尧舜和许多其他中国伟业的创立者顶礼膜拜的地方；也可能是历代最杰出的学者和政治家[18]怀着虔诚

---

15 钱（cash），晚清时期来华外人一般用 cash 指称明清两代的制钱。这里说的时间为宋代，宋代宣和四年（1122 年）始有"经制钱"，后又相继有"总制钱"、"经总制钱"，此处捐钱的时间还没有这些名称，具体指哪一种钱，不详。

16 原作者注：这位很受大众喜欢的偶像起源于张姓家族的一位术士，这个家族中出了许多道教的先祖，最早在唐代他被奉为神明（理雅各，《中国的宗教》（Legge, Religions of China），第 169 页）。在山东，他被称为张玉皇。见《中国读者指南》（The Chinese Readers Manual），第 128 页。

17 原作者注：这些瓦片，在形状和大小上类似陶瓦，但是由铸铁（或一种铸铜）制造而成的，在山上几座寺庙都有发现，无疑是从 15 世纪以来开始使用的。

18 原作者注：也许最著名的游客是孔子，他"登泰山而小天下"。泰山和孔子的家乡阙里似乎都没有引起早期来华外国人的注意，尽管马可波罗无疑是到过前者，也从后者境内走过一段距离，即如果杜定府恰好与古代一个重要王国所在地——兖州府一致的话（译者按：杜定府指的应是济南府，不是兖州府，故作者的推断不成立）。

的好奇心拜访过的地方。司马迁曾伴随皇帝来到此地，他告诉我们，祭坛之上"夜晚发出亮光，日间升起白云"。[19] 在祭坛坞壁平台脚下矗立着著名的无字碑，它可以使人更加真切地感触到往昔的沧桑。这是一块巨大的方尖碑，根据一个根深蒂固的传说，它是秦始皇在公元前 3 世纪竖立的。从地面到碑帽底边高 15 英尺 5 英寸，由一整块石头加工而成，向上稍微有些尖细。石碑北面和南面底部有 4 英尺宽，东西两面都是 3 英尺；角度呈斜削角。石碑表面大部分已经被磨光了，除了在西南角较低部位刻有一个"帝"字外（出自唐人或宋人之手），石碑上明显没有任何铭文题字。制作这块碑的石头，据说并不产自本地；最权威的说法倾向于认为是公元前 110 年汉武帝派人运来并竖起的这块碑。[20]

　　非常细心的司马迁记载下了秦始皇所立刻石的碑文，而根本没有谈及武帝石碑的碑文。宋代以前，无字碑的确被提起，但都与秦始皇没有关系，12 世纪的《通志》在泰山古迹中才将其命名为"秦无字碑"。大概在 16 世纪的《岱史》中，这块石碑才在"泰山新图"上被清楚地标记下来并命名（无字碑）。

　　直到 1740 年，在无字碑大约一箭之地范围内竖立着另一块历史遗物——确确实实的秦始皇石碑，引起了人们更大的兴趣。这块刻石至少有三到四英尺高，大致呈方形，四边不规整，最大的一边宽约 2 英尺。上刻有公元前 219 年的秦始皇刻字，共 12 行，每行 12 个字，10 年后秦二世又加刻类似排列的题字 10 行，另外在刻石斜面角处还有 3 个字的一短行题字。在这 22 行题字中，第一面有 6 行，第二面 3 行，第三面 6 行，第四面 7 行[21]。这块刻石有一段时间似乎向后仰倒在地，其背后的刻字因此得以保存下来，但其他三面的刻字却暴露在空气中；当它再次被竖立起来时，最后保存较好的这一面朝向南方。但不管怎样，1048 年东平的一位官员莒公[22]在此发现了它，让人摹拓了其中 47 或 48 个字（所有他认为容易辨认的），并据此重新做了一块刻石。1113 年，刘跂在他能发现的 222 个字上获取了拓片，其中 146 个

19　见司马迁《史记·封禅书》卷二十八，原文为"封禅祠；其夜若有光，昼有白云起封中。"

20　原作者注："令人上石立之泰山颠"，《史记》12——译者按：见《史记·封禅书》卷二十八。

21　从西面起，以北、东、南为序，西面 6 行，北面 3 行，东面 6 行，南面 7 行。

22　宋莒公，即宋庠（996-1066），初名郊，字伯庠，安州安陆（今湖北安陆）人，科举连中三元，官至兵部侍郎同平章事，与其弟并有文名，时称"二宋"，仁宗时封"莒国公"，卒谥元献，著有《宋元献集》、《国语补音》等。

字是可辨认的[23]，因此，关于这块刻石的精确信息我们应该归功于他。到 16 世纪末，刻石上只有 29 个字还可以辨认，两块拓片一块保存在岱庙，另一块保存在土地祠[24]。刻石原来的位置则无人知晓了。1048 年，它在"上面"，也就是玉女池西边[25]，玉女池是正巧在碧霞祠的西墙外的一眼泉；直到 1730 年它一直停在那里，当时一位热心肠的人士为更好保存它，将其移至附近寺庙的东庑内，但这好心的举动却造成了更大的不幸。[26]1740 年，寺庙被火焚毁，刻石也不知所踪。后来发现了两块刻石碎片，保存在岱庙中，上面有 7 个完好的汉字，连同 3 个残缺的汉字，它们很像原刻石的一部分，但又不能确定。这几个汉字字体为较小的篆书，高约 $2\frac{1}{2}$ 英寸，宽 $1\frac{3}{4}$ 英寸。

玉皇顶的东南是乾坤亭。亭子已经不在了，但其地基和带有刻字的石碑还保留在一个大的长方形围墙内。一条小路经过这里通向日观峰，峰顶是加高的平台、祭坛，据说宋真宗就是在这里祭天。祭坛旁边就是探海石，一块突兀伸出的岩石，人们站在上面可以观看"海上"日出。日观峰南面有一处绝壁，名为舍身崖，许多人从此舍身跳崖而死，希望以他们的死来赎回垂死亲人的生命。一条经常有香客光顾的道路急转向西，接上从玉皇顶下来的台阶，然后经过青帝宫——一座引不起特别兴趣的寺庙后面，一直通向元君后宫的侧门。这是一片幽静破败之所，内供有泰山女神的卧像，人物形象好似穿衣，又好似褪衣，既像安顿而眠，又如晨起梳妆，活像玩偶。这尊卧奶奶雕像是明代才有的。寺庙庑廊下还有一尊完好的铜钟（公元 1614 年）。沿着这两座寺庙之间的道路向下走，然后转向东通向东岳庙[27]的背面。这座古老的寺庙，以前因为在山上三座寺庙中位置最高而闻名于世，并不是人们想象的那样最大，相反，它是居于泰山之巅的最小和最不起眼的寺庙。但山顶还隐藏着一处我们希望一定要加以保护的巨大石刻，即著名的摩崖碑。这是在原始石壁上镌刻的碑文，带有标题和装饰性的碑额和花边，整个刻削在平滑的绝壁表面上。它大约有 30 英

---

23 原作者注：关于刘岐的详细记述并不容易搞清楚真相，他记述刻石原有 267 个字，而事实上史记中唯一的刻石文本只有 225 个字，这些字又和刘岐的 222 个字的拓片意思相符。值得注意的是，我们最初听说刘岐读懂此石上的 146 字之时，山顶确实已经有了著名的无字碑了。

24 原作者注：这些副本保存有完整的一行刻字，12 个字。

25 原作者注：《泰山小史》，第 16 页。

26 据《泰安县志》记载，明嘉靖年间，北京许某将刻石移至碧霞元君祠东庑内。但另有说法是在明万历年间，具体时间不详。

27 指岱顶东岳庙，为泰山神的上庙，毁于民国。

尺高，6 英尺宽。字体为隶书，根据唐明皇真迹所刻，注明年代为公元 726 年，历经近 12 个世纪的风吹日晒依然清晰完整。[28]在这同一块石壁上，还有其它几块刻字（许多差不多在同一年代）。

　　从东岳庙向南有一条路，沿着一段陡峭的台阶下去，经过更衣室和休憩之所，直到转向西穿过碧霞祠的前院。这是泰山女神三座主要寺庙中的上庙，也是规模最大、最富丽堂皇、最受欢迎的岱顶建筑群，其中许多地方值得一观。这座庙的源头要归于在玉女池中发现的女神像。这尊像据说造于汉代，后来在唐代落入池中。最后在何时丢失，则不得而知。第一座寺庙为昭真祠，建于 1008 年，15 世纪时曾扩建。16 世纪初，女神的名字改为"灵应"，几年后又改为"碧霞"。现在她的头衔全称为"天仙玉女碧霞元君"。[29]灵应宫是三座女神庙中的下庙，现在仍然以灵应的名号命名。1585 年，万历皇帝为泰山女神重修了一座气势恢宏的上庙，这更加促进了女神信仰在民间的流行。1740 年，此庙被火焚毁，1770 年重建时，整体布局有了相当大的改动。1907 年，又对它进行了一次大修。从东西两面穿过的巨大拱门就可进入前院，两边的拱门建于 1661 年。一段宽阔的台阶向北通向一座平台，上面立着鼓楼、钟楼和一对雕刻精细的石碑。另外一段台阶通向寺庙的大门楼，大门楼上覆铁瓦，通往主庭院，庭院两边各有一座黄色琉璃瓦覆顶的小亭子和铁瓦覆顶的方形配殿。庭院中间是一座加高的平台，上面建有一座优雅别致的黄色屋顶门厅，门厅前立有两块和普通石碑一样形制、但又不同寻常的铜碑。铜碑高约 14 英尺，制作工艺精湛绝伦。东边那块铜碑，注明年代为 1615 年，记载了金阙的铸造经过。在关于 1585 年寺庙重建的记载中曾提到金阙，并且标在了当时的地图上。铜碑下部的铭文已经被香客们抹得难以辨认，他们常从上面刮掉一点铜作为护身符保存起来。庭院北边座落着寺庙的大殿，这是一座规模庞大、比例匀称的建筑，上覆铜瓦，金碧辉煌，每年春季地上铺满了香客进献的贡品，有几英尺厚。[30]在这座庭院中，还有一些古老的精致香炉。其中一尊汉代香炉连同一块刻有铭文的铁碑好像都毁于那场大火；但幸运的是，作为宋代遗物的泰山女神的印章逃过一劫，仅有一点损伤，据说现在保存在城中的宝库中。从前院南面的戏台

---

28 原作者注：一些位置较低的字据说是曾重新刻过的。

29 原作者注：《道里记》第 20 页对这些名称的演变有完全不同的记述，说"碧霞元君"的名号要追溯到 14 世纪。

30 原作者注：这座大殿的主要塑像是泰山女神和掌管生儿育女与眼睛健康的神灵；在前面小方殿中的塑像被认为是公元 1008 年在水池中发现的石像的后代。

下穿过,向下走一段台阶就到了占着原来金阙位置的一座小房子(香亭——译者注)跟前,金阙已于 1770 年被移到现在的地方灵应宫。从这里再向南就是火池,一座朝北坚固的方形建筑,用以焚烧香客进献的纸钱。从西面的门楼出来有一段宽阔的台阶,向下连接一条横穿天街的比较平坦的道路,天街是由一些茅草屋组成的散乱狭长的村落,这些草屋除了在每年进香的时候开着外,大部分时间都是关着的。在这些台阶尽头有另外一条长长的台阶向北到孔子庙,这是一座小的单体四合院,在布局上不同于各城市里官方修建的孔庙。在孔子庙和最后一座庙中间是北斗台,16 或 17 世纪建造的一座低矮的方形石塔,四面皆为拱门而中通。经过天街有一条路向下绕过一个陡弯儿就进入关帝庙院中,关帝庙座落在深挖的山脊上。关帝庙前面就是高大的南天门或三天门。1008 年以前这里是三灵侯寺,以后很长时间这个景点都用这个名字,但宋真宗下令它和附近凤凰山上的关帝庙改换了位置。[31]南天门似乎不是建于明代以前。南天门西面的最高峰是月观峰,在月观峰的斜坡上有一座天然石门,称为西天门。月观峰在汉代的古书中也称泰山顶。

穿过南天门向下进入一条大阶梯道,即十八盘。十八盘位于山谷(石壁谷)中,东为飞龙岩,西为翔凤岭,也许是主要的朝山路上最为壮观的部分,它本身也是泰山最壮观的风景之一。关于这条路的历史,很难获得有关信息。差不多可以确定的是,它总体上是沿着一条非常古老的上山线路修筑而成,但何时成为目前的状况则不得而知。它被称为盘道,或盘路,"盘"与"蟠"同义,即蜿蜒的意思,或者说是没有断开或平台的阶梯。汉代的一本书中说"盘道盘旋而上,有五十多盘,从山脚下到古代祭坛的距离是四十里"。显然,那时已经有了最后一段通往天门的漫长上坡路,只是要比现在更陡峭。它被称为环道,香客们借助绳索向上攀爬,后来最后 125 级台阶两侧安装上了沉重的铁链以代替绳索。过去一般估计环道长 40 里,是根据上坡一般估计所需的力气计算的,但 16 世纪末进行了一次精确测量,盘路的水平长度是 4,384 步,刚过 $4\frac{1}{3}$ 英里,同样根据这次测量的结果,道路平均坡度为六分之一。环道大约 10 英尺宽,有许多部分相对更宽些,有些地方则明显较窄。比较平坦的部分铺得粗糙,比较陡峭的部分铺设的是 6 英寸高的狭窄台阶,这样就延长了整个路面的长度。这条令人惊叹的道路从南天门垂直而下,直到岱宗坊,沿途经过许多溪流,溪床上通常建有高 10 到 15 英尺不等的安全

---

31 泰山关帝庙建于明代,不知作者这里的根据是什么。

通行小石桥。

从升仙坊下面沿着台阶不断向下走，经过两三处斋沐、驻跸之所，穿过松林区，就到达了朝阳洞，洞口堵着一座小神龛。对面峡谷的另一边是醒目的万丈碑，平滑的绝壁上以巨大字体刻有乾隆的诗句。向下走不远，沿路松林中出现了几株柏树，很快就来到一处休憩之所和舒适荫蔽的小天门平台。靠近这地方有一个标记，意为秦始皇在下山途中遇到暴雨，在一棵大树下躲避，后为了表示感激，他用大臣的头衔封这棵树为"五大夫"。这棵树（早在汉代就称为松树）大概一直活到12世纪，但是它的确切位置很多年前就找不到了。离这下面不远处还剩下最后一棵松树。

下一个景点是一座别致的木桥，称为榆木桥。过了桥，经过另一座女神小庙和增福庙，就来到一片平地，即著名的"快活三（路）"，然后再向上翻过"三倒盘"，到达二天门，俗称二虎庙，位于黄岘岭脊背之上。大致说来，此处山脊是整条山路的中点，也是泰山海拔高度的中点。

从这里向下，道路又变得陡峭，直通到回马岭。回马岭附近有两座小庙，即玉皇庙和女神庙。在后者的前面有一座巨大的拱门壶天阁，16世纪称为升仙阁，1747年改为现名。从此向下就穿过浓郁阴森的柏洞，从东西桥上由东向西急转跨过溪流，就到了水帘洞。接下来就到了三官庙，就是以前著名的人祖庙，建于明代。

盘道东北方向不远处是石经峪，现称为经石峪。在美丽的山谷中座落着一座可人的避暑石屋高山流水亭，1572年由万恭建造；石亭下面溪床上延伸出一片光滑的岩石，上面有巨大铭刻，此地因此而得名。刻字为隶书《金刚经》，每个汉字大约20英寸见方。

刻字书法据传似乎出自4世纪著名的书法家王羲之之手。但考古学家鉴定乃是6世纪的韦子琛或王子春的笔迹。更稳妥地说，刻字至少早于宋代。万恭在笔记中说，后来在旧铭刻上又镌刻了《大学》的文字；但据说新刻字已经消失不见了，而旧文字多半依然清晰可辨。

返回盘道我们来到高老桥，据说这段路是以一位古代建造者的名字命名的。接下来盘道左边是斗母宫，建于1542年，占的是古代龙泉观的旧址；经过许多岩石上的古代和现代碑刻以后，很快就到达了万仙楼拱门，标注的年代为公元1620年建造。拱门之上为王母庙。拱门之下有一段较短但更平坦的盘道通向一座类似的较小拱门，称为红门。[32]

红门西边毗邻的寺庙为元君中庙，六月的第一天庙中有一个在当地很受欢迎的节日。盘道另一边是观音阁，内有一尊有趣的千手观音像。观音阁以东是佛教道场弥勒院，这里以前是更衣室，官员上山前要在此换下他们繁重的官服。溪谷下面有一些圆柱形岩石，好像巨大的树干横跨在溪流之上，很值得一观。

红门西北的山冈名为大藏岭，其附近有垂刀山，传说乃是发现第二道天书之地。

沿着盘道走过三重石坊[33]下面的陡峭台阶，然后穿过一个相当大的村庄，路的尽头就是岱宗坊。但首先要经过几座繁盛的寺庙，西边为关帝庙和玉皇阁（建于1580年），东边为三皇庙；往东再远一点儿为老君堂（古时为岱岳观或东岳中庙，中有一块10世纪的古代样式纪念碑，颇令人感兴趣），还有一泉水名为王母池，其所在寺庙满是挺拔古怪的树木[34]；西边为大王庙。

临近岱宗坊西北为建封院旧址，后改为升元观，1770年又改建为皇帝行宫，最近改为一所农校。

城墙建筑前面的这条路很可能通向古老的东岳庙后门，东岳庙是泰山神的下庙。现在有一条向东拐的小路，直达府城北门。

从岱宗坊沿着山脚盘旋向西的小径走，经过青帝观和另外一两处荒弃的寺庙，就来到普照寺。幽静的位置和优美的环境清楚地表明这是一处佛教道场。这里主要是一座壮观的舍利塔旧址，这种塔在北京周边地区很普通，但在这邻近一带却不常见。山谷附近满是杂乱的原生灌木丛。再往西就是黄西河，或西溪，前面已经提到了。站在傲来山高处可以看到太平军叛乱时形成的避难营遗址；[35]山谷尽头是九女寨——在平坦的顶部有一座高耸的岩石堆，据说是九幢楼宇和一座吊桥的遗迹。"很久以前，有九位女子在此躲避战乱。"

---

32 原作者注：真正的红门是一座红色天然石门。这条路上的天门既有像西天门这样的石门，也有深挖山脊建成的拱门如南天门。

33 原文为 three pailow，pailow 疑为中文"牌楼"（石坊）的邮政拼音，但这里作为中文具体的地名，不知作者的拼音文字第一个字母为什么都没有大写。

34 原作者注：庙门口有一株飞来柏，上面分枝上又发出一棵形态优美的成型小树，"侧柏上的分枝出现这种令人不可思议的变异表明，大自然有时会突然抛弃一个物种，而同时又创造出一种不同于母体的几乎全新的物种。"类似的怪事在泰安城南几英里外的泮河附近的一块墓地也可以看到。

35 这里所谓的太平军，实际上应是指捻军。

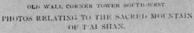

有关神圣泰山的照片。左上：泰山顶上的大门通道（南天门）、右上：公元1101年铁
质水缸、左下：老城墙西南角塔楼、右下：左图为金阙（金殿）、右图为天贶殿碑。

　　普照寺南是又小又丑的高里山，现在一般称为蒿里山，俗称号铃山，从此
山继续向东是社首山，乃古代帝王祭地之处。一座10世纪的石经幢是佛教徒
留下的标志，但这座遍布全山、布局散乱的寺庙现在道教徒掌握之中。向东几
百码远是灵应宫，或泰山女神三座主要寺庙中的下庙（元君下庙）。很奇怪，
这里人迹罕至，满院子里巨大的柏树林中弥漫着一种荒凉幽闭的气氛。这座寺
庙原是一处古代建筑遗址，早在17世纪时由万历重建。在第一进院落，一口
巨大的铜钟（1606）值得注意；在两座设计和工艺都非常精巧的主要建筑前是
石栏杆环绕的平台。但此地令人感兴趣的地方在于它实际上已经成为一种铜

器部件的收容之所。在第二进院落，高高的平台上矗立着一座金阙或铜楼，我们所见到的与曾经在山顶女神庙前的那座是一样的，大约 1770 年不知何故移建到了这里。其构造如同平常的木构建筑，只是（除了门、窗和供坛，没有一件是原物）全部由黄铜或铜铸成。屋顶由四根铜柱支撑，四面装有沉重的黄铜和铜构件，无疑这些铜构件也曾安装在镶嵌式的铜门窗上。装饰巧妙的屋脊和铜瓦仍然保留着大量镀金材料，此前整座建筑都曾包裹着一层镀金。这座建筑经测量（不包括进深）长约 15 英尺，宽约 $11\frac{1}{2}$ 英尺，高约 18 英尺。里面供奉着女神铜像，端坐于铜法坛上的铜宝座上，在她两旁各有三尊较小的铜像，都在石基座上站立着。在北京附近颐和园的院中也有一座与此非常类似的铜构建筑，据说在山西五台山有不止一座类似金属建筑。要找到和这些铜建筑以及天书观镀金铁塔同样的建筑，我们或许必须去古斯巴达的雅典铜房子，去"荷马描述的一座看似不可能的金属建筑"那里寻找。寺庙大殿中有 11 尊巨大的铜像，一尊坐在中间的神龛里，大殿两端各有一尊，另有 8 尊侍者站立两旁。大殿两端的铜像分别代表万历皇帝和崇祯皇帝的母亲，她们分别被尊封为"九莲菩萨"和"智上菩萨"。

寺庙后殿中又有一些坐像。这 12 尊坐像，都远超真人大小，不仅是罕见的铸造精品，而且体现了精湛的雕刻技艺。有人告诉我，它们本来位于泰安西郊汶阳桥附近的天书观内，二十或三十年前当那座寺庙穷困潦倒时才被移到现在的地方。

天书观，原称乾元门，根据地志记载，如同其名所暗示的，它建于 1008 年；前院中的深井现在仍被称为"醴泉"，在真宗皇帝驾临泰安的大幸之年，美酒之泉开始涌流。但关于寺庙和泉水的来历似乎还有一些疑问。早在 16 世纪，这个地方被改成女神庙，但原名尚在。一百年后官府更名为天庆宫也同样没起什么作用，直到今天它还保留着天书观之名，尽管已经被改建成一所政府学校。前院泉边矗立着一座小砖塔，从底到顶都包裹着铸铁板，上面有凸起的祥龙图案和其他纹饰以及长长的捐献者的名单。

这些铸铁板是 1533 年在河南铸造的，由那里的一个大香会或香社出资。在一座道教寺庙中发现宝塔并不常见，特别是像天书观一直都是道教寺庙，尽管 17 世纪时那里放置了有如佛教徒的塑像。逆流而上是一座清真寺，别致而又坚固，看起来年代悠久。据说这里的伊斯兰教徒有三百多家。他们专司抬轿。山轿是一个方形木框，上面铺上条绒布作为座位，并安装有脚踏板和矮背。两根弯曲的轿杠用铁夹和铁楔固定在木框上，行走时用长皮带和条绒布吊在轿夫的肩上，轿夫通常用手抓住轿杠的头，像古代英国轿夫那样。上下陡峭的山路，或当他们想到平路上休息时，两个轿夫并排行走，让轿椅横在中间，中间的坐轿者面向路边。在清真寺有一所学校，**那里教授波斯语和阿拉伯语**。

……

由于篇幅所限，我们不得不使本章到这里戛然而止，没有继续描述泰安城和泰山著名的寺庙岱庙。关于后者的详细记述可以在**沙畹**（Chavannes）[36]1910年编著的《泰山志》（*Le T'ai Chan*）一书中找到，也可以翻看切柏[37]在1906年出版的《泰山》（Der T'-ai-schan）[38]

"仰望泰山，反躬自省"。

---

36 沙畹（1865-1918），法国著名东方学家、汉学家。早年受业于巴黎高等师范学校时，就对中国文化产生浓厚的兴趣。1889年任法国驻中国公使随员来到中国，从事汉语学习和汉学研究，并开始研究《史记》。1885-1905年间陆续出版了《司马迁史记》一书。1907年再度来华进行文化考察。1918年在巴黎去世。沙畹于1901年1月、1907年6月两次到泰山考察，收集泰山文献，拍摄资料照片。1910年，在巴黎出版了专著《泰山》。全书6章，分为泰山的祭礼、泰山名胜风景、泰山封禅祭祀的记载、碑铭、祈祷文、民间信仰等，第一次向西方系统地介绍了泰山的历史文化，保留了有关泰山的珍贵资料，为中西文化交流做出了贡献，被其弟子伯希和誉为"第一位全才的汉学家"。

37 切柏（A. Tschepe），德国天主教士。

38 该书全称应为 *Der T'ai-schan und seine Kultstatten*（《泰山与国家祀典》）。

国际政治

第五章　关于山东的报告

李希霍芬（Richthofen）男爵发表于 1871 年

奈兹（Frau M. Netz）夫人 1911 年　译[1]

FERDINAND FREIHERR V. RICHTHOFEN.

李希霍芬

---

1 从这篇报告的全文看，很显然，不是一般意义上的译文，而是奈兹（M. Netz）夫人根据李希霍芬原作内容另行编排的产物，她把李希霍芬作为旁观者放在了这篇报告里，而不是以其本来的作者身份叙事的。

山东之多山地区——地质观察

山东是中国的一个沿海省份，因此对旅行者更为开放，旅行者们也更多地到这里访问。山东西部，有欧洲使臣以前去北京的往返通道大运河。稍微向东一点，是连接上海、天津和北京的大道。自 1858 年《天津条约》签订以来，烟台即开放给外国领事、传教士和商人居住。

山东的自然特征有两点，其一是广阔的平原，其二是起伏的山岭。平原是有着扇形边界的华北大平原的一部分。山岭以泰山为制高点，海拔约 5,000 英尺。山东突出而凸凹不齐的海岸，切断了连接长江与黄海的平原。山东海岸许多峭壁、港湾以及陡峭的多岩石海滩，标示着其山岭的形状。这些岩石构成的海岸就像一只大长胳膊伸进通向辽东半岛的海里，辽东半岛凹下去的海岸形状与山东半岛凸出形状是一样的。假如山东这些海角邻近地区的土地海拔再低 150 英尺，海水就会涌进来，从而形成两三个远离陆地的岛屿。山东的西半部似乎是无尽的平原，仅西南部几乎是独自与有可能借助于一片没什么海拔的狭长台地而形成的淮山山脉（H'uai mountains）相连。

山东平原地区的表层土壤，很显然是黄河与曾经一度是黄河支流的其他河流的淤积土。这些土是随黄河从巨大的中国西北黄土高原东下，在华北大平原地区堆积起来的，在北直隶湾，平原一定程度上是由于海水消退以及黄河泛滥堆积淤土而成。

在晚近的历史上，黄河只有短期是顺着人工建起的堤坝内流动的，由于黄河本身带下的大量泥土不断堆积，一旦河床高于周围地势，它就一次次冲破堤岸。所以，在遥远的古代，人们还不能修筑堤坝时，无疑黄河是随意顺势游走的。

山东的山脉，由于是从黄河冲积而成的平原上突出出来的，有可能就好似海里的岛屿，海水很可能曾经环绕在其周围。如果不考虑省区划分，我们发现山东大平原向远方扩展，而山脉则进入了江苏省地区。当然，从自然地理学的观点来看，山东的山区更有意思，但从汉族早期的历史来看，平原又是一个特别有趣的问题。

陕西省一些文明居民沿着黄河两岸向东迁徙，最后大海挡住了去路，就在山东松软的平原定居卜来。由于黄河及其支流泛滥，没有可住的地方，他们逐渐地建造堤防，开拓出农耕土地。勇敢而又节俭的居民逐渐在平原上向东、向南扩散。山岭以及山岭中的山谷为他们奠定了居住下来的坚实基础。由于农耕和丝织业的发展，这种扩张无疑更为迅速了，这些地区很早就有丝织业。《禹贡》（"Yi-king"）有潍县东面和沂河南面山谷中殖民的记载。再往东的莱州，有纳贡部落，那里现在有了更现代的名字莱州府；称为"胶"的地方也居住着纳贡部落，那里现在叫做胶州和胶州湾。那时，黄河沿着山西山麓流动。南部沼泽区涌出的济水那时占据着现在的黄河河道。济水与发源于山东西部的那时和现在都称为汶河的河流合流。南方的淮河，后来挖了一个人工湖，叫做洪泽（H'ung Tso）湖。淮河流向为东北方向，因此切开后来黄河的河床一线流入了旧沇水（river Kiu Yen）河道。淮河众多支流中，发源于山东的泗水是最重要的一条，泗水镇的名字就源于这条河。泗水河部分被用作了大运河航道。那时，发源于同名的山脉中的沂河，是山东最大的河流。这些河流把古代的殖民地区，划分成了两个州——青州和徐州，现在青州和徐州都还在，分别是两个府的治所。

《禹贡》提及北方的青州时说："厥土白坟，海滨广斥"。

就土壤质量来说，青州在《禹贡》划分的九个等级中位列第三，而赋税则位列第四。

贡赋有盐、夏布、渔业产品、白丝、大麻、铅、松木以及作为五岳之首的神圣泰山山涧中的宝石。莱夷，则教他们农耕和饲养家畜，以野蚕丝作贡品。那时的高贡赋说明青州在那个时代由于地势高，不受水害，已经被视为一个重要的州了。济水附近的北部，现在称为济南府的地方，是兖州的边界。兖州富庶肥沃的黑土地上，长满了高高的大树和繁茂的绿草。不过，虽然这一地区现在人烟稠密、富庶，但以前曾遭受洪水泛滥之害，因此只划为第六等土地，贡赋要比山东其他任何地区都低。那里的人民只是在修筑堤坝，恢复被水淹没了的土地，种植了桑树之后才真正交纳贡赋。多少年间，兖州府的定居者享受免贡赋待遇，只是免税期过后才交纳丝绦、丝和丝制品。青州和兖州之间的这种差别，清楚地表明了在传播教化和管理过程中山东山地所具有的政治价值。

徐州位于泰山和淮水之间。徐州境内各地方名称，似乎也是因山脉和山谷得名，例如，现在的蒙阴县就是因蒙山而得名。徐州在那个时代一如现在，没有丝织业，这一事实或许就是它的贡赋列第五等的原因。然而，徐州的土地被认为是中国最好的土地，肥沃程度名列二等，仅次于现在叫做陕西的雍州。这里的土壤红色，肥沃富庶，在徐州广大区域里，现在见到的低矮山岭，主要是红色沙岩。贡赋有五种不同颜色的土、雉鸡翎、制作长笛用的稀有山龙眼木

（Dryandra wood）和响石，这种响石也能在水中漂浮。淮夷部分被征服了，交纳牡蛎珠、鱼、蓝丝线和蓝色丝制品。自此以后，汉人定居者就留在了他们在山东的一些重要立足点。作为尧和舜统治基础的分封贵族的力量强大起来，山东和别的地方一样，这些贵族对他们的君主不再那么忠诚了。当武王建立了周朝，巩固了帝国政权之后，并没有废除封国，而是将这些封国部分确认为他的诸侯国，其他一些封地则分给了他的亲属。因此，位于山东西部的鲁国，就分给了他的叔叔周公[2]。鲁国拥有重要的五河流域、西部富饶的山麓丘陵农村、一些内地山谷和东湾河（Tung Wan river）流域。由于孔子的出生地曲阜城在这里，所以鲁国特别重视书写历史；孔子一生生活在曲阜，死后葬在那里。在他的著作《春秋》里，收集了鲁国和其他邻国的编年史。他通过自己的著述，创立了中国历史经典，鲁国由此涌现出新的文明，并获得了神圣的地位。自那时以来，鲁国和北面的齐国就成了汉族教化之主要所在地。只不过到了近代，它们的崇高地位才逐渐地为长江下游一些城市所取代，中华文明在那里发展到了顶峰。

在孔子的时代，尽管许多附庸国的首领和贵族结成联盟，但山东西部的封国还是日趋走向了衰落。它们在帝国内各诸侯国间的战争中没有能够扮演主要角色，诸侯国之间的战争持续了数世纪之久。它们没有它们周边的秦、吴、楚等那样的军事力量，秦、楚、吴等通过吞并不属于帝国管辖的那些地区以及征服自己辖区的游牧军事部落而强大起来。当最强大的秦王室统一了整个帝国之后，鲁以及山东的其他封国就丧失了自己的身份。这些封国早先曾经通过兼并莱夷和胶夷版图扩大了自己的领地。虽然这些封国合而为一了，但并没有使整个帝国的军事力量得到加强，只不过是通过调停的方式，与其它封国一起组成了新的帝国而已。

中国 2,000 年间所发生的变化；她在不同皇朝统治下的命运以及皇朝更迭引发的动乱；在帝国形成过程中不同的皇朝夺取政权；等等，这一切都没有特别的意义。原来的各州不再有了，山东作为一个行省在整个帝国事务中不再扮演重要角色。

公元 8-9 世纪阿拉伯人访问胶土（Kautu）的叙述似乎是西方旅行者访问山东的最早记录。胶土很可能就是现在的胶州。马可波罗在沿着大运河到北京

---

2 原文如此，误。周公是成王的叔叔，武王的弟弟；鲁国首任国君为周公的儿子伯禽。

途中访问过山东，同一时期其他旅行者像鄂多立克（Odorich Pordenona）、拉施特（Rashid-Eddin，又作拉施德丁、拉西爱丁）等也提到过阿拉伯人访问中国的这条水路。上个世纪西方使臣和传教士经常沿着这条水路到中国。这些多方面的描述和报告，当斯坦利（Stanley）和巴罗（Barrow）先生在一些游记中发表了他们自己旅行亲眼所见的信息后就不再流传了。所有这些新旧信息，以及耶稣会士会士的少量记述、马戛尔尼勋爵（Lord Macartney）和阿莫斯特勋爵（Lord Amhers）出使以及琳赛（Lindsay 和郭士立 Gutzlaff）沿山东海岸旅行的些许观察记录，都非常完整的保留在卡尔·李特尔（Karl Ritter）出版的《亚洲》一书中。而后，在接下来的 50 年间，[3]除了大运河岸边的大道之外，山东完全是一块不为人知的土地。甚至 1860 年外国商人和与他们一起来的基督新教传教士在烟台定居之后，人们也仅仅大略知道山东海岸线。不久，新教传教士们为了散发圣经，到内地旅行，也只有一个人著书记述了他的履行情况，从而使我们得以增加对山东农村的了解。韦廉臣（A. Williamson）牧师是赴辽东和山东的先驱。

　　韦廉臣使我们进一步了解了辽东和山东半岛。李希霍芬男爵（Baron Richthofen）到山东来就是因为看到了他 1868 年出版的第一本书。1868 年 10 月，韦廉臣从烟台到登州做了一次短程旅行。稍后，英国领事阿查立（Alabaster）1869 年 3 月至 5 月间做了一次从烟台到黄县的旅行，当韦廉臣在英国领事马安（John Markham）陪同下第二次旅行时，李希霍芬男爵则从与他们相反的方向穿越了山东，然后他就回英国写作他的著名著作去了。韦廉臣与阿查立和马安的作品，生动地描述了他们的经历和冒险，对于山东及其物产做了一系列有意义的记述；但是这三人的判断都受到了他们渴望欧洲投入资本开发矿产所带来的影响。因此，他们的报告显得有点过于乐观。他们发布的地图，不可能考虑丰富我们的地理学知识，尽管他们给出了一些以前不知道的地方和道路的名称。1873 在伦敦出版的四大对开本增订版，给出了更多的村庄的名称；计划中的铁路、煤矿、想象中的金矿，等等，都在书中作了标示。"据我所知"，李希霍芬男爵说，"在韦廉臣的著作出版以后，仅有少数几个传教士的探险经历公开发表，对地理学并无价值。唯一值得一提的是菲辰（Fitsche）1871 年写

3　李希霍芬发表这篇关于山东的报告是 1871 年，郭士立在山东海岸旅行最早在 1831-1833 年间，尽管我们不清楚卡尔·李特尔的《亚洲》一书何时出版，但可以肯定的是在 1833 年之后。显然，这里的"在接下来的 50 年间"一语，是译者翻译这一报告时加进去的自己的认定，而不可能是原作者的话。

的地理学论文。他确定了从烟台到济南府、从济南府过古范县（Kufanhsien，今属河南地——译者）去北京沿途一些地方的天文纬度。"

李希霍芬男爵来到山东后立即就认识到没有地形草图就不能进行确定的地质学观测；中国和欧洲的地图在这方面都毫无价值。他制作的一些草图是他试图开展这方面工作的第一步，但他说他在这里开始的大量后续工作，开始产生巨大利益。"草图"，他说，"不仅令人觉得所有的观察结果都可以安全地保留下来，同时激发起了要标示所有地下矿藏的渴望；因此带着明确的目的去搜集所有的资料，为了某一目的，立即在地图上着手工作。"

气候

山东与华北气候总体上是一样的，但有些差异需要说明。山东半岛受海洋的影响，气候温和，冬天不很冷，夏天不很热。因此烟台是著名的海滨避暑胜地，那里夏天凉爽的气候吸引了在中国南方的外国人；来自上海的商人和北京公使团的人们也都欣赏这里的优越条件。山东内地情况变化很大，冬天比较冷，夏季比较热。山岭在气候变化方面有各种良好作用，当冬季蒙古高原寒风吹来的时候，跨越温暖的黄河和暂时还温暖的大平原，山岭能保留冷暖差引起的水蒸气，结果就会有少量降雪。只有当裸露的山东片麻岩山岭散发大量热量，才会发生更大程度的冷凝现象。据说在 11 月和 12 月会有大量降雪，甚至烟台降雪地面也有两英尺厚。同样的原因，第一次降雨发生在停止降雪之后的 3 月。4 月，降雨增多，但与华北一般情况一样，7～8 月才是雨季。

在 1869 年的旅行时，直到 4 月底才有降雨，这引了全省农民的极大担忧。他们试图通过斋戒和集体祷告来安抚他们的神灵，但神灵对焦干的土地并没有丝毫怜悯，直到 5 月初，才开始大量降雨。仍然缺乏各种气象数据细微观测结果。在烟台做过一些观测，但仅仅是这一年当中的几个月时间的部分气象现象的观测。最好能在济南府与天主教修会合作建立一个气象观测研究所。

农业产品

山东的大小山岭都光秃秃的。耕作在山谷和平原上进行，但能浇上水的山坡上也种植作物。这里由于温暖的气候，物产更丰富一些。野生草木本来能够覆盖这些山岭，但由于人口的增长，毁坏山林现象日益严重，以致野生草木难以形成山岭植被。寒冷的冬季需要柴草取暖。由于道路交通条件极差，大量的煤炭仅在煤炭附近地区使用，山东所有其他地区都烧柴草。在平原地区，高粱和谷子秸秆，大部分都用作家庭燃料，在山区，有少量柴草用作燃料。有一种从南方引进的耙，耙齿是用竹子做的，末端向下弯曲；耙子的齿非常锋利，有弹性，搂草的时候连根拔起。使用这种耙，所有的植被都毁掉了。在山坡上、沟壑中，任何有望植被的地方，数百双手都在忙着满地耙草，干草和野草根都耙了起来，冬天用作燃料。如果有人发现了树根或灌木，邻居们都会嫉妒，这些树根最后都烧火用了。据说人们见到的这种毁坏植被的活动每两年才做一次，以便有充裕的时间再长出新的植被，等下一次采集。然而，地面总是在不断变化的，疏松的土层被雨水冲刷掉了，只剩下光秃秃的岩石，年复一年，越来越裸露。可耕种的山谷，与裸露的山坡高地形成了鲜明的对比，看上去令人愉快。

山东的农业发展到了极盛阶段。田地分割成一小块一小块的，每一小块都像菜园子一样照料着。当有人沿着农耕地区旅行时，可见到令人愉快的像蜜蜂一样劳作的场景，所有的家庭都做同样的事情。少年们帮助父亲做活，甚至儿童都有指定的活要做。在山区，可见到山坡上层层梯田都照管得很仔细，甚至只有风调雨顺年景才可种植作物的山坡高处，也不例外，这样的梯田常常由于雨水不充裕而白干一年，毫无所获。西部山岭的北部黄土地区，农耕条件要好得多，那里除了充裕的雨水之外，还有呈网状的运河水系可以利用。

据说山东群山和运河之间是最肥沃、繁荣的地区。试图叙说山东所有地方的农产品，必然会有重复，没有必要。北方农产品与南方有许多不同，但南北方交界地区，经常可以见到有一些产品与南方互有交错。山东的情况尤其如此，虽然属于北方，不种茶，但山东产丝和稻米。虽然山谷中也有栽种稻子的，但主要还是在山区南面潮湿、平坦地区种植。小麦和豆类等主要农产品，各地均有种植；棉花，在西部黄土地区种植非常成功。

栽培水果具有重要意义。山东各地都种植水果，而且细心栽培。水果树主要种植在山坡低处的梯田里。水果花开的春季，景色优美，在华北其他地区一般见不到这种景色。至于说水果贸易，只有枣树的果实需要考虑。中国人称这些果实叫"枣"，在外国人中，这些果实叫"枣子"。但是，除了果实的核是长形的、果实的形状是椭圆的之外，这些果实不怎么像"枣子"。如果这些果实适当地晾干，能保存很长时间，中国人非常喜欢这些果实。枣大量出口到山西和陕西。过路的旅行者有时候见到长长的骡队驮着的水果，只有这一种（李希霍芬男爵本人就见到过驮着枣子的骡队）。枣在山东各地的城镇和乡村都有出售。

更大个的水果柿子，也是山东的重要水果。柿子也晒干和出口，但中国其他许多地方也有柿子，所以山东的柿子仅在当地贸易。据说很多其他水果像苹果、梨、樱桃、杏子、桃和葡萄也都是山东的重要水果产品。山东再往南就不种植葡萄了。9 月炎热干燥的天气使葡萄成熟，尽管这时还没有成熟到酿造优质葡萄酒的程度。再往南，由于秋天雨多，葡萄多水而清淡无味。

山东蔬菜种植广泛，事实上中国其他地区蔬菜种植也很繁盛。然而，各省蔬菜有都有自己的特色。烟台的大白菜很出名，出口至沿海各地。油料植物相对种植很少。山东花生是一种非常受欢迎的油料作物，此外还广泛种植芝麻、油菜以及可榨油的大豆。

丝是山东最重要的产品之一。山东东半部西至青州府出产野蚕丝，这种丝在烟台大量出口。山东也大量饲养桑蚕，桑树的主要种植地在靠近青州和淄川的西部山区北边的小山岭地带。从青州到穆棱关以及莒州和沂水西部地区一带，都产丝。山东东部不种植桑树，但西部平原广泛种植。丝绸产量很少，没多少价值，出口比重很小，因为山东丝绸色泽不如浙江各种丝绸光鲜，欧洲商人不看好，所以没有希望拓展，目前这种状况已经有很长的历史了[4]。鉴于蚕丝业的巨大利润，如果可能的话，中国人必定会一直试图在山东其他地区培植这种产业，看来这种可能性很小，所以山东丝产品局限在一个相对狭小的地区；这不能归因于懒惰或缺乏事业心，而应归因于不利的土壤和气候条件。

很明显，山东没有什么家庭工业；然而这里有丝织、刺绣、麦草草编编织业；不过，这些行业生产量不多，质量也不太好[5]。

矿产

煤

山东有四个重要产煤区：沂州府、章丘县、博山县、潍县；除了这四个地方，峄县应予特别注意。

就产量和质量来说，目前博山产煤量最多，质量最好。博山煤矿位于群山

4　原译者注：这当然是指作者写这篇报告时候的情形，自那以来，山东茧绸大量出口。按：茧绸即野蚕丝绸，也叫柞丝绸。

5　事实上，烟台 1880 年代以后情况发生了很大变化，有的产品如草帽缏的出口，自 1890 始比烟台开埠前增长了上千倍，上述其他产品也有较大幅度增长。

北部边沿深深的海湾状山谷中，是由小山之间的陆地下沉形成的，有内外两个矿层。有一座山叫做黑山，里面主要是煤，浅层裸露煤层质量很好，容易开采。外层结构只是可挖掘的矿脉的一部分。西北部塌陷地层，挖掘较深才能出煤，所以产量逐渐下降，远不如内矿煤层。毫无疑问，黑山里依然蕴藏着大量的煤，即使只有一层煤层可以开采。然而，这里煤矿的未来，很大程度上有赖于在北部地区发现矿脉。孝妇河（Hsianfu river）东面的山中，山谷里的矿层，打一个竖井就可采煤。博山地区煤矿，德制度量（German measure）面积达 12 平方哩（miles）。[6]

上述煤矿历史悠久。由于汉族移民最早在这里定居，山东在开发煤矿方面更具优势。煤很容易被发现，它的易燃性能很快就会引起人们的注意，很可能因此开启了著名的博山工业。这里制造数量庞大的各种陶器和红色氧化铁（red ferrid-oxide）染料，制造和切割玻璃。

青州西北的临淄煤矿，离博山不远，构造很可能相同。煤层平面倾斜，煤紧靠地表，很容易用土法开采，这里应该已经开采出了大量的煤。不过，通过钻孔打洞，就可清楚地探明这些煤矿尚有多少未予开采。潍县的煤矿与淄川的一样，煤层南部边沿有明显标志，在北部，煤层沉在平原地下，在东部和西部，煤层紧挨着火山岩层，但火山岩层下面依然可能有煤。

地平面凹陷以及大量的煤层，有望保证可立即开采大量煤炭，但煤的质量则远不如博山。这可能是因为现在采的煤靠近地表。即使向下稍深一些必须控制水，但优越的东部地理位置，也可能使这里以相对小的代价开发利用煤炭。

在博山西边，我们发现了章丘煤田，这里的煤田可能大约为 6 德制平方哩（German square miles）。章丘煤田与博山一样，位于海湾型的山谷中，但弯曲度不那么大；这里煤的位置稍深一些，不那么容易开采。可能一直是只能靠矿井开采，一开始就必须有排水设备，所以这里的煤价格要高不少。只是由于这里煤矿优越的地理位置，才得以同博山的煤矿竞争，因为济南以及西部人烟稠密各县都烧章丘煤。不过，由于章丘采煤费用稍多一些，博山煤矿因而几乎享有与章丘煤一样的地位。"在我看来"，李希霍芬男爵说，"章丘煤田是山东最重要的煤田，目前仅开采了一个矿层，质量非常好，几乎与博山煤一样好，所

---

6 李希霍芬关于山东的报告发表于 1871 年，其时为普鲁士统一德国各邦建立德意志联邦之年。德制度量 1 哩约为 7.5 千米，1 平方哩约为 55.25 平方公里。这一度量与普鲁士时期大致相当。

以最有可能是整个煤层结构都一样。即便只有这一个矿层，那也值得开采，因为济南府、黄河和大运河都为这里的煤炭销售提供了便利条件。章丘的煤矿主们很清楚地认识到了这里的煤层相对离地面近，矿井处在有利地理位置，他们愿意引进新法开采。他们唯一缺乏的是新式抽水机，以便扩展煤矿，增加煤炭输出。"

如果章丘县以西至济南这一带有煤的话，南部山区边沿地带也可能有煤田，这些地区值得关注，关于这些判断的资料依据是令人满意的。无论如何，地质构造不会与它实际存在物相矛盾。

济南府南面的莱芜县有煤田。即使当地条件有利，运输费用将是昂贵的，地质结构本身也不利于开采。正是因为这样的不利条件，博山的焦炭才翻山越岭运到了泰安府和新泰。不管莱芜煤质量差还是价格高，或者质量差价格也高，或者什么别的原因，在当地还是有能力同来自远处质量好的煤竞争。近格庄煤田无关紧要，在此不必考虑，因为那里的煤质量低劣，煤田位置和其他方面的条件都没有优势；不过，那里的煤还是可以满足新泰山谷当地人需要的。

最后可以讨论的是沂州府和峄县的煤田；它们的地理位置和构造非常有优势，鉴于它们的地层构造变化不大，我们可以推断峄县煤田与沂州府的煤田相似。那里煤层相当多，但由于地表是丘陵地带，只能打竖井开采。

沂州府附近正在开采的最大煤层厚 3-5 英尺，但可能一直开采的最厚煤层离地面很近，非常容易开采，任何不作深入考察的人都不会对它进行评估。

李希霍芬男爵第一次访问沂州府时，认为沂河河谷底下似乎不可能再有煤田，"因为我在那里见到红色砂岩结构"，他说，"只知道煤层很深。但后来我看到同样的地层结构都属于震旦纪积淀，先前的假设值得怀疑了。如果沂河地层和更南面的苍山形成沉降煤床，那就会极为广大，应该形成山东最大的煤田。这里的地理位置也非常有利，因为虽然煤区附近人口不多，但周围各县人烟稠密。进一步说，由于临近大运河，通过运河运煤费用不会太高，因此这里的煤田消费区域很大。长江下游不用峄县的煤，很可能就是因为厘金税和必须在清江浦装船提高了煤的价格。

沂州煤外销量很小，峄县也一样。李希霍芬男爵计算山东每年的采煤量为200,000 公吨。博山一地煤产量即达 150,000 吨，其它煤田总产量超过 50,000 吨。因此，很显然，山东煤田蕴藏量非常丰富，依然有待开采和利用。

五金

山东以拥有巨大的五金矿藏财富著称。这方面欧洲旅行者已经有很多论述并制作了地图，涉及到许多有价值的五金名称。看到这些欧洲人的论说，鉴于旅行者们在经过山东的匆匆旅程中就发现了这些矿藏，人们或许会推断山东是世界上矿产最丰富的地区之一，于是便可能不理解中国人为什么在数千年历史中没有开发这些宝藏。无论如何，很少有外国旅行者像在山东这样一直着迷地渴望探寻丰富矿藏。

山东唯一重要的金属矿藏可能是铁，在上面提到的那些论述中几乎没有人提到。由于经常提及其他金属，人们可能认为这是受到渴望得到财富影响的缘故。首先被提及的是金，继而是银、铅、铜等等。山东冲积层中确实有一些金子，就像在中国其他地区发现的情况一样，是流动的溪水流过含有金沙的石英地层中形成的，但量很少，寻找和淘取金沙是最贫穷的人们在一年中某些季节做的事。

1868 年，一位欧洲旅行者在山东发现了金子，引发了山东人的黄金热。很幸运，在造成大伤害之前这一黄金梦即破灭了，但却激起了各地寻找金属的渴望。中国人为利益所驱使狂热起来，急切地拿出铁锈色石英说这表明有铅矿和铜矿，黄铜矿可能就起源于山东。于是，很多人越发相信山东富含金属矿藏。这些外国人忽视了一个事实，那就是中国人能够发现这些矿脉，并能进行很好地采掘。

山东金属矿产很少开采的原因在于官员们禁止这样做。许多煤矿被丢弃了，是因为采煤获利很少。官员们也通过征收矿产税，抓住一切机会使自己富起来。征收金属矿产的告示几乎见不到，说明金属矿产开发的很少。

当然，除了正在开采的矿产外，山东还有许多尚未发现的矿藏。然而，铁是个例外，因为在很多地方都有发现。李希霍芬男爵自己就在沂州煤田区发现了赤铁矿，在济南府附近发现了褐泥铁矿砾岩和磁铁矿石。这两种矿藏都有进一步扩展的迹象，但是，"据我所知"，李希霍芬男爵说，"现在山东还没有进行正常的铁矿开采。"不过，由于铁矿床附近有优质焦煤，铁矿业有可能成为重要工业。

人口

根据目前的计算，山东面积为 2,775 德制平方哩（German square miles）。

1842 的人口普查表明，山东人口 29,000,000，如果这一数字是正确的，平均每德制平方哩人口为 10,450 人，但人口分布是不均衡的。沿着与黄河故道并行的一条大道，人们会发现宿迁县人口密度令人吃惊。那里的人们住在小定居点上，并不住在有城墙的城镇或村庄里，他们像蜜蜂拥挤在蜂巢里一样，特别是大人孩子都挤在一起。"经过反复计算每德制平方哩的小定居点数、住家和居民数，我认为江苏这一部分地每德制平方哩至少有 16,000～18,000 人。"宿迁北面的山区，人口密度就低下来了，进入山东，看上去似乎就是另一个种族和另一片国土。进入山东后就见不到像江苏那里肮脏、衣衫褴褛、像乞丐一样面容的人了，在山东见到的人，总体上说看上去穿戴清洁整齐、令人愉快；人们也可以看到建筑方面有很大改变。山东这里的人们居住在大村庄里，这些村庄几乎都是小城镇规模，村庄周围有黄干土坯垒砌的高高的墙。

沂州府的人口密度还算适中，继续向北走，情况就开始发生了变化。东汶河岸边的村庄虽然也很大，人烟稠密，但岩石类土壤只能供养有限的人口。沿着东汶河谷直到泰安城，人们外表看上去依然不错，但过了泰安城半天的旅程之后，所见到的当地居民就显得像乞丐了。

豫州山谷的沉寂粘土提供了比较有利的居住生活条件，登上一座山岭，可见到河谷和山谷中四散分布的村庄。

从上述旅行中所见不同地区的人口情况判断，山东可能是中国人口密度不很大的一个省份，在山东山区旅行，这一印象能够得到证实，但抵达济南府平原地区以后，就会感觉到人口分布极不平衡。

从济南府平原地区一直向东至潍县，大约 120 英里长的距离，人烟极其稠密。青州府的情况尤其严重。这里的人口密度高于西部山区直至兖州府临清州一带各县，也高于黄河以北地区。不算大城镇，乡村人口每德制平方哩 15,000～16,000 很平常。

按照当地的教育标准，人们必定认为山东居民文明程度高，因为我们已经指出山东西部是这里统治民族的摇篮，孔子和他一生的活动使古老道德和政治生活在这里复兴。像莱和胶地的原初居民，则在相当长的时期继续他们与西边过来的华人不同的生活，尽管他们臣服了；然而，这些不同最终都融合了。已经提到的江苏省的差异，在其他省份的边界地区也能看到。这种各省居民外貌、性格、智力、天赋等方面的差异，是华人的特点之一。这部分是由于最初在古代的时候分为许多不同的国造成的，另一方面则可能是由于坚守祖先占据那个地方以后的保守习惯使然。

直到现代，巴勒斯坦居住在同一块土地上的不同部落依然保持着各自出生地的特别喜好，中国也是这种情况。在像江苏和河南这些省份，人们一生都一直住在一个地方，偏好农业和手工业的习惯把他们束缚在他们的出生地。与此相反，江西和陕西的居民以及宁波、广州的城市居民，则喜欢在大城镇生活；他们的商业和贸易能力使他们轻而易举地比其他地方出生的人有优势。这种优势帮助他们在生存竞争中赢得胜利，使他们得以从事有利可图的职业，诱导他们大批离开家乡。然而，他们并没有忘记他们的出生地，每个人都尽力回老家找一位妻子，最终死后埋在家族墓地里。一些由于职业关系在新地方定居的人，其后代认为他们是其祖先出生地那里的人，对他们原来祖居的地区或村庄的所有情况都非常清楚。

在山东大城市中，就像在省会一样，能见到许多来自其他省的人。除了山东人的一些区别性特征之外，有些宁波和广州人仅从外表就很容易辨认出来，那些北方省份的人就不大容易在个体上进行区分。一个有经验的人，一眼就能分出烟台本地人和来自福建的那些从事海上生意的人，那些福建人随着贸易沙船大批来到了烟台。然而，我必须局限于总体观察山东人的人种类型，这一类型将他们与其他省的人区别开来。

"要定义他们的特性"，李希霍芬男爵说，"在人类学上是一项困难的事情，以现在的资料基础很可能任何人都不想做这件事。"总体上说，山东人肤色比南方人黑一些，他们的眼神沉稳集中，他们没有肥胖趋向，广东人一般有这个趋向，山东人形体高，结构紧凑苗条。

山东人普遍知性，宜走官场之路，许多人一生做学问。他们基本没有经商的资格，因此既不迁徙也没有大批移民。过剩的人口大多流向了满洲，他们逐渐把满洲变成了他们的殖民地，同时也带去了他们本地的文化。

他们以勤劳、热爱秩序、可靠和行为端庄著称。山东人吸食鸦片的不太多。他们看重本地学识成就，在像博山这样的地方就表现为喜好特殊产业。

山东几乎没有艺术教育，但他们的房屋以及其他建筑显示他们在建筑学方面的了解要比中国其他省份人的平均水准高一些。他们用石头和砖建造房屋，很坚固，房屋有大小适当的窗户，从远处眺望，各个村庄给人以布局合理、舒适的感觉。然而，进入村庄之后，到处都是灰尘和难闻的气味，但村庄里的街道铺设得通常要比大部分欧洲乡村好一些，规划更正规一些。另一个可以见到的特点是山东的庙宇相对要比中国其他地方少一些。希望保持家庭内的隐私，但却对村里的事务感兴趣。每一个村庄都有一块有树遮蔽的空地，男人们傍晚聚集在那里，一边吧嗒着烟袋，吐着烟，一边商讨村庄里的公共事务。居民的大部分时间从事农业和果树、蔬菜栽培。

很明显，有些地区养蚕业发达，而其他一些地区则采矿业兴旺。大部分人根据总体交通运输条件确定自己的生活方式。船运很少，这在四处是水、有许多便利港口的省份是很奇怪的事情，究其原因，可能是缺乏造船的木料所致。

内陆交通

除了大运河，山东内地水上运输很少，没什么地位，黄河是唯一提供不完善运输条件的河道。

黄河河床很宽，沙质，在不多的涨水期，小船可以在下游的水面上行驶，即使沿海地区，各地也很少利用水上交通。大部分出口运输都是在更远的港口进行。关于内陆交通，山东完全是中国北方类型。大小道路四通八达。骡子、马、驴都用来拖拉或驮载货物，人力手推车或地排车，承担大量的运输业务。使用人力和畜力运载货物，是山东和中国南方的基本差别。

人力使用方面，在南方是肩挑，而北方则使用手推车。

家畜中骡子最受重视，西北各省尤其是陕西和蒙古边界地区普遍饲养骡子；整个北中国到处都能见到大量骡子。在像从陕西省西安府到四川成都的大道上，向南运送货物就不用南方当地的运输工具。骡子最常见的是用来长途运送货物，驮 200 斤（270 磅）货物。每天行走 90～100 里（30 英里），即使是从四川省府成都到北京 6,000 里（约 2,000 英里）60 天的旅程，也是一直走，几乎一天也不休息。

骡子也用来拉中国式的两轮大车。在大道上，这种大车载重 200 斤（270 磅），有时候用 5 匹骡子拉[7]。这样的大车每天行程 40～50 里（13～17 英里）。长距离运输很少用马，马多用于短距离运送货物。

有时候，短距离行程也用公牛来拉这种农村大车。妇女走亲戚也乘坐这种车。

---

7 疑误，骡子拉的大车，即使是在胶轮出现之前，载重也远不止 200 斤。不然，一匹骡子就能驮 200 斤，哪里能用 5 匹骡子去拉一辆只载重 200 斤的车呢？

　　山东以南不用驴运送货物，山西和直隶用的也不多。

　　在西北各省利用率极高的骆驼，在山东利用的不多。北中国内地大路长途货运价格每华里（$3\frac{1}{3}$华里=1英里）每担（100斤或$133\frac{1}{3}$磅）3文至$3\frac{2}{3}$文钱。本地运费每华里收费5～6文。当然，价格随当地供求关系波动。山东内地有三条主要交通要道，即大运河、黄河以及经过潍县去北京的大路。大运河是最重要的通道，因为它使山东同南方扬子江流域的九江和北方的北京连接起来。南部的通道最重要，因为山东属北方省份，需要与南方进行货物交流，此外还有一大好处是可以在大运河沿岸各地买到相对便宜的海外进口货物。不同地区的进出口货物量不平衡，举例来说，不同地方征收的厘金数额不等，对大运河本身以及有些地方是不利因素，但近来厘金有所降低，对大运河岸边的清江浦是有利的，但对烟台和天津则是不利的。大运河岸边的一些城镇已经成为贸易中心，当然会促进同山东的贸易。

　　黄河新道尽管还不是利用率最高的水道，但依然是重要的运输通道。以济南府港口著称的泺口是黄河较大集散中心之一。

　　运河岸边的贸易中心城镇，道路四通八达。最重要的是王家营通过沂州府和泰安府抵达省城被称之为官道的大路。它通过黄河岸边的齐河县伸展至大运河岸边的德州，从德州一条通向天津，一条过河间府至北京。这条路是从北京至南京的最直接的通道，一度修筑和维护的很好，并建有漂亮的桥梁、驿站、瞭望塔和其他官道设施。不过，因为人们选择运输速度较慢但价格低廉的运河运输，长距离运输官道用的就少了，官道主要是作为地方性运输通道之用，结果，这条官道上的大城镇，除了偶尔通过的情形之外，就很少发挥大贸易城镇的作用了。

　　第三条交通线上的中心是重要城镇潍县，这里的交通四通八达。向西，通向济南府，途中一条支路通向周村，另一条支路通向博山县城。潍县的另一条主要通道经莱州、黄县抵达烟台。连接潍县和东南方向的胶州之间的道路，以前是一条很重要的大道，这条大道现在仍是极有用的一条交通大道。还有一些像通向青州府的支路，从那里经穆林关、过峄县抵达沂州府。其他道路通向西北大平原上各处城镇。当然，还有一些各城镇之间互相连接的不太重要的道路，有一些通向南方海岸港口。这些韦廉臣和马安在他们的旅行报道中都作了描述。

海岸与海港

山东道路网络将不同城市、市镇和乡村同海岸港口连接起来。进出口贸易即依靠这些交通动脉进行。

大运河在相当程度上也有交通动脉的功能。山东北部毗邻直隶，由于地面平坦，难以直达北直隶湾。

黄河口是最重要的出口，近来的旅行者都认为艾略斯（Ney Elias）[8]是第一位对这里进行考察的人。他沿黄河大堤下行，发现直至利津城，两岸都是广阔的良田。利津以下，依然有村庄，但再行不远就出现了沼泽、盐碱地，没有树木，不宜耕种，几乎无法居住。那里有专门建造的盐池用海水晒盐。铁门关离黄河口 20 地理哩（geographical miles），[9]是著名的航运码头。铁门关至海地区，广布沼泽，长满了芦苇。在一座小山的中央，有座孤零零的蓝衣庙（temple of Lanyimiao）。向前再行 4 英里，他见到了河道里一处沙丘，发现河水深 $3\frac{1}{2}$ 英尺，据说有两条河道深 5 英尺和 7 英尺。南来的沙船在河口外太平湾停泊，因为上行危险，河岸间距狭窄，河水浅，潮汐低且微弱，因此货物即在那里装卸。黄河里的小船尽可能靠近海岸，在浅水处装卸货物。

在太平湾出口的货物主要是盐、棉花、枣和煤。进口货物主要是纸、木材、黄豆、糖、海带、一些英国棉布、铅。盐是这里最重要的出口货，同时也销往内地。现在的黄河口，以前是大清河口。小清河入海口在稍南一点，据说那里没见到有港口。

山东渤海海岸出现第一个多岩石的海岬以后，开始有一些半遮蔽的泊锚地和比较良好的海港。莱州府有泊锚地，黄县西边的龙口湾同辽东半岛有相当多的贸易。而后见到的是登州府，东南季风时，中国船只在那里停泊。附近的庙岛群岛，也是安全的泊锚地；在烟台开放对外通商以前，战船有时在这些岛屿处避风浪。

烟台

烟台是山东北部海岸最重要的海港。以前，这里似乎一直是同辽东贸易的中心，主要贸易是向本省输入农产品，贸易量不断增长。同时，来自福建的沙

---

8 艾略斯（Ney Elias），英国人，1868 年对黄河铜瓦厢决口后的新河道进行考察，三年后在英国皇家地理学会公报第 40 卷发表了《1868 年赴黄河新道旅行笔记》。

9 1 地理哩等于 7.4127 千米。

船，运来南方的产品。不过，烟台现在的重要性主要体现在它的外贸上。现在烟台是欧洲货物在山东的集散中心，所有东亚的货物都是由欧洲的船只运送来的。

棉织品和鸦片是主要进口商品。此外，还有五金和铁制品，以及日本的海菜。出口商品微不足道。[10]

威海卫

烟台东行 45 分钟处的威海卫海港[11]，要比烟台港的遮蔽条件好一些。然而，由于太靠近山东海岬，难以与烟台竞争，但据说这里是仍旧禁止同朝鲜进行贸易的沙船的主要停泊地。

据说在山东海岬港湾中，石岛港非凡出众。位于石岛港湾的镇子（威廉臣以石岛海湾的名称称呼该镇为石岛镇），有 12,000 居民，建有多处大货栈。石岛位于陆峭的群山脚下，但山岭之间有一条良好的通道。在中国地图上，这个镇子标示为"斥山寨"。

山东东南海岸有数处不太重要的港湾。金家口海湾是一个深水海口，但这里的贸易已经衰落了。

胶州

山东半岛南端最后一个海港胶州，值得特别关注。

胶州一直是个大贸易中心。宽阔、遮蔽良好的港湾，可停泊很多船只，港湾内水位很深，中国沙船可靠近城镇停靠。这里是北中国最好的海港，不仅山东地区可从这里进行对外贸易，广阔的华北大平原都可从这里进行对外贸易。

只要朝鲜可进行贸易往来，也可从这里同朝鲜进行贸易。

胶州的另一大优势是它位于山东东西部山脉山谷中。山东半岛其他所有港口，除了董家口外，都坐落在高山脚下，内陆交通有障碍，不利于向港口运送货物。从胶州向北的道路都是平地；即使山东东部山区中心地莱阳，马车也很容易抵达；西南方向的沂州府，正如我们在韦廉臣的书上所了解到的那样，那里的山都不高。此外，胶州具有适合内河航行的优势。连结胶、莱两地的胶

---

10 作者这里说烟台外贸在出口产品方面"微不足道"，指的是 1870 年以前的情况，此后，出口货物品种和数量均不断迅速增长，在 1898 年德国租借胶州湾以前，一直是山东唯一对外贸易口岸。

11 以当时的交通条件，无论是陆路还是水路，均不可能，疑误。

莱河很可能是由一条运河贯通两条河流连接而成；其中一条经胶州湾入黄海，另一条河口则位于北直隶湾。康熙皇帝设想出拓宽这条狭窄水路的计划，使这条水路足以跑开中国沙船，以便运送南方的稻米和茶叶到北方来，从而避开山东海角周围危险的水道。这一宏伟、构思良好的计划实施过，但却从未完成，这很可能是由于尽管片麻岩有崩裂，可岩脉太坚硬，难以开凿。胶州依然像以前一样富有和重要。胶州城四周环绕 30 英尺高建筑良好的城墙，城门外广阔的城郊外建有第二道城墙。城里的建筑很好，许多房屋的围墙大部分都高 30 英尺。城里有相当多的纪念性装饰，许多房屋都有显示这个家庭里这个或那个人曾经担任过官职的标志，以此证明是有某种程度的文化。

在古代忽必烈汗建成大运河之前，胶州就必定由于这里大量南北之间的贸易而具有比较重要的地位了。在我看来，这也是阿拉伯人 9 世纪从广州（Kaufu）到达的最北边的地方。

胶州明显衰落了，原因有二。其中一个就是海港淤积了沙子，这是由于人口极大增长，山岭上的树被砍光了，雨水冲刷下大量泥沙，拥堵了河口，海湾里形成了沙洲、淤泥岗，水位变浅了。这也使得海岸不断增高。

英国海军部绘制的出色的胶州湾地图显示，淤沙虽然迫近了先前泊锚地入口，但尚未使整个海湾丧失作为海港的资格。假如烟台开放通商没有卷走另一个方向整个贸易的话，胶州的重要性并不会因为淤沙问题而丧失。此外，外国货物在山东销售非常好，南方的中国货物也到烟台贸易，商人们习惯于到那里采购货物。

现在的问题是，胶州开港是不是不如烟台，几乎没有人提及，人们似乎谨慎地避免谈论这一问题，现在即使问胶州重新开港的问题都是不明智的。很显然，胶州开港将是对烟台的致命打击。

考察一下烟台和胶州这两个地方的情势，我们发现各有利弊。烟台临海地区容易到达，而胶州的港湾则不易抵达；然而，胶州有完美的避风浪条件，烟台港西北则完全没有屏障。从烟台到内地各处的交通，几乎所有方向都是昂贵和麻烦的，但莱山北部和莱阳东部地区从烟台运货可能就比较容易。不过，这种微弱的优势多半是个错觉，因为莱山北部和莱阳东部同时与其他一些小港口保持联系，从烟台和胶州很快就可以抵达这些小港口。

莱州府、平度州、莱阳县、海阳县南面的山东农业地区，陆路到胶州的费用甚至要比到烟台便宜。

　　进一步考察，我们发现在为山东西部更多人口提供物资供应方面，烟台和胶州是最可能同松江府竞争的港口。[12]在松江府开港最初一些年间，其进口货物远低于预期。这种情况部分是由于大运河在扬子江故道干涸之后一直没有彻底修复，部分是由于厘金极大提高了物价。因此，那时烟台处在非常有利的竞争位置：进口商品远销济南府以西地区。但是条件逐渐发生了变化，尤其是当1868年松江有了广泛的水道交通体系以后，烟台的贸易即一直处在衰落状态。

　　山东较贫穷的东部地区依然依靠烟台进行贸易，但较富裕的西部却不再依靠烟台进行贸易了。烟台贸易繁荣与否的晴雨表是同潍县间的交通及贸易状况，潍县是山东中部最重要的一个城市。大量商人住在那里，他们以前是从胶州采购货物，但现在是从烟台采购。烟台到潍县的距离相当远，到莱州府这段路况很差；因此，这条路线几乎全程都要雇佣昂贵的骡队驮运。一些货物从黄县可以用马车运送，但由于路况差，这种运输几乎赚不到什么钱。货物到了潍县后的价格已经很高，所以只能在潍县稍微向西一点的地区同大运河运来的货物展开竞争。

　　如果胶州重新开港，将把潍县推向贸易前沿，并进一步向西拓展，同时与沂州府建立联系，这些是烟台港所做不到的。

　　目前情况下，胶州的中心地位以及其道路交通总体上所具有的优势，必定被认为是一个更好的港口。如果考虑到将来的发展变化，烟台劣势会更明显，当务之急无疑是建立一个军港，以此为起点在华北修筑一条铁路。很可能松江将是一个选择地。不过，除了松江，应该留心其它地方，选择一座位于邻近煤矿同时又易于与华北大平原北部地区交通的城镇。胶州是唯一可能达到这些期望的所在。

　　在烟台与济南府间修筑一条铁路的事情已经有很多议论了，但是，修筑这样一条铁路非常困难，至少前四分之一的距离是这样的。这一地区高低不平，地貌不断地上上下下，高下相差100英尺。反观胶州至潍县间的地貌情形，则是非常有利于修筑一条铁路的。铁路从胶州修至济南府，费用实际上是不同的，这样以来，铁路就把所有的山东山区北部边沿地带的产煤区同胶州都联接了起来。

　　修筑这样一条通过人口稠密、物产丰富地区的铁路，不仅建筑费用不会太

12　松江府（Tshounkiangfu），指当时通商口岸上海。

高，而且能够收获廉价和优质的燃料，因而极大地降低营运费用。沿途的煤炭，也将方便和廉价地供应在胶州设立的任何制造厂。这样一条连接济南府的铁路，不仅西向可抵达人口稠密的河南省，甚至北向可抵达北京，建立广泛的交通网络，北京在冬季与海上交通断绝，铁路将具极大优势。此外，这样一条铁路以及其他交通方式所构筑的广泛的交通网络，将使山东的煤炭拥有成千上万的用户。棉花、铁矿石，以及北中国其他产品将有一条方便的出口通道，而且进口货物也将易于廉价地输送至数省的重要集散地。

胶州作为港口开放之后，建造一条现在计划建造的铁路，即可兴建采煤业。当然，在烟台的投资届时将会丧失。从长远利益考虑，在胶州设立一个外人居留地将是非常有利的，与此相比的任何缺点都微不足道。

尽管中华帝国从衰落中崛起可能在人才、原材料以及工业方面有损欧洲利益，但其在危机逼迫下迅速崛起是不可避免的，考虑到这一事实，列强将不得不各自在中国邻近新生的时代为自己获取最大可能的好处。

第六章　山东的通商口岸

SIR J. H. STEWART LOCKHART, K. C. M. G.,
Commissioner of Weihaiwei.

威海卫行政长官二等圣米迦勒及圣乔治勋爵洛克哈特

烟台 佚名

芝罘，中国人称之为烟台，1858 年《天津条约》规定对外开放通商，为山东主要通商口岸之一。芝罘这个名称源于港口断崖边上一个叫芝罘的小村庄。烟台开放通商之前，一直是个默默无闻的小渔村，但现在这里是道台驻地，有英国、美国、法国、德国和其他国家的领事馆，形成了一个包括中国内地会学校学生在内的数百人的外国人社区。"外人居住区"（The Settlement）和毓璜顶（Temple Hills）主要居住外国人，但外人居住区和毓璜顶之间及周围地区，也居住着大量中国人。烟台自开港以来，一直稳定迅速发展，中国帆船贸易量很大，对外贸易从 1872 年的 97,000 吨，价值 145,000 英镑，增长到 1898 年的 2,000,000 吨，价值 4,00 多万英镑。进口货物主要是毛织品、棉花、布匹、铁；出口货物有豆饼、豆油、豌豆、生丝、茧绸、花边、草帽缏、花生、核桃。优质水果在当地买卖。也有大量食用海藻出口俄罗斯和满洲。烟台港每年春季还向海参崴和西伯利亚输出 100,000 多苦力，这些苦力在冬季到来之前返回山东。烟台除了与天津、上海以及其他港口经常的贸易往来之外，与旅顺和大连也有定时每天往返轮船航班，大量苦力往来于烟台和大连及旅顺港，每天有 40 艘轮船进出。

目前，烟台港在恶劣天气遭受波涛汹涌的海面威胁，给航运带来危险，浪费了大量时间。不过，最近已考虑设计建造防波堤，烟台港有望不久即变得在任何时候都安全便捷。还计划在烟台和潍县间修筑一条铁路，该路修造之后，烟台的贸易无疑将有极大增长。烟台与天津、旅顺、威海卫、青岛和上海之间也有电报通讯。

烟台比较重要的建筑有天主教堂、圣公会教堂、联合教堂，毓璜顶上除了美国长老会建筑、中国内地会非常漂亮的学校和疗养院外，还有启喑学校、传教士之家等。1876 年，英国政府代表威妥玛先生和中国政府代表、那时的直隶总督李鸿章因 1875 年 2 月 21 日马嘉理在云南蛮允地方被杀害举行谈判，签订了《烟台条约》。马嘉理先生前去做布朗上校使团的翻译，在八莫见到了布朗先生返回途中被杀害了。

对外国人而言，烟台由一个公共事务委员会（General Purposes Committee）管理，负责整修道路、堤坝和照管照明以及其他公共服务设施。最近，这个经适当选举的六个外国人组成的委员会，增加了中国方面指定的六个人，得到了加强，这种由中外双方共同管理的实验，在中国还是第一次，正以极大兴趣进行观察。

威海卫　威海卫行政公署秘书　R. 沃尔特（R. Walter）

威海卫大约位于北直隶湾南岸山东海岬和烟台之间。整个租借地区约 285 平方英里，拥有包括北纬 37°17' 至 37°34'、东经 121°57' 至 122°34' 之间的大部分地区，威海卫是山东最东端的海港。这块租借地距烟台海路 40 英里、陆路 60 英里，距上海 450 英里、旅顺 80 英里，距长崎 520 英里。

现在英国管理的条状乡村地区，以前分属于西部的文登和东部的荣成两个中国行政县，而除了这一条状地带，英国在东经 121°40' 以东海岸及附近任何地点均享有军事和战略权利，并有权"以公平价值择用地段，凿井开泉、修筑道路、建设医院，以期适用。以上界内，所有中国管辖治理此地，英国并不干预，惟除中、英两国兵丁之外，不准他国兵丁擅人。"这一势力范围 1,500 平方英里，但至今没有采取措施宣示英国在这一区域内的权利。

租借地至今没有可靠的人口统计，据测算为 150,000 人。一般说来，这一地区为崎岖的山岭和多岩石的小山，平原被这些山岭和小山分割成了山谷与河道。威海海岸的一个显著特点是陆地各处都是海洋冲刷的样子，形成了很多延伸到陆地一英里或更远的大型浅湖或称大港（chiang），[1]夏季芦苇和野草疯长，每年洪水高峰期，成为野禽和其他鸟类的栖息地。

所附地图清晰地给出了租借地条形地带的半圆形概念。笔者非常感谢租借地政府财务助理敬（H. B. Ching）先生在威海卫为本章花费大量时间绘制了这幅地图。

史略

威海卫的早期历史，庄士敦（R. F. Johnston）先生在他最近出版的《龙与狮在华北》（*Lion and Dragon in Northern China*）一书中已经做了令人钦佩的勾画，将要阅读该书的每一个人都渴望看到对那里人民的举止、风俗习惯的精确描述。庄士敦先生告诉我们，世界的这个地区蒙昧时代就居住着非华人的蛮族，"他们未必就不是在人侵的华族稳步推进面前被驱赶至西、南、东各个方向去的居住在中国中原地区的原始居民，换言之，如果我们更愿意相信这里的所谓蛮族是原初民族，则他们承受着华族扩张不可遏制的压力。"直到北齐天统四年，公元 568 年，始建文登县，县城为知县驻地，现在文登知县依然拥有英国租借地内威海中国城（Chinese city of Weihai）的管辖权，即拥有英国租借

1　港（chiang），方言，音 jiǎng，山坳、凹或山沟。

地内这座小城的主权。庄士敦先生仔细检阅了威海卫、文登、荣成、宁海的志书，不过，这些志书似乎除了记述灾荒、地震、洪水、蝗灾之外，并没有多少其他内容。

明代，山东东北部遭受日本海盗严重侵袭，明政府于 1398 年在山东沿海各地设立了许多军屯卫所，威海卫就是其中之一。虽然 1735 年军屯卫所撤销了，但威海卫的名字却保留下来了。

威海城建于 1403 年。1735 年撤销卫所之后，威海城重归文登县管辖，设巡检——低级地方官员一名，负责治理。现在威海城城里，仍然是由巡检管理，正如上面指出的，威海城是英国租界内的中国城。值得指出的是，这座城离威海卫行政长官公署爱德华港（Port Edward）官邸一箭之遥，有坚固的城墙，城内居民 1,500 人。

英国船只访问威海卫的最早记录，似乎是 1816 年皇家海军阿尔塞斯尔（Alcesle）三桅快速战船和天琴座（Lyra）单桅帆船曾在这里的港口停靠。

1870 年，中国政府开始在现代意义上认识到了威海卫的战略价值。此后不久，开始在刘公岛建设海军基地，1889 年开始在岛上和陆地周边的小山上建防御工事。1894 年，爆发了中日战争，中国舰队在鸭绿江战败，1895 年 2 月，在进行了英勇的抵抗之后，最终被迫在威海卫港内投降了。勇敢的中国海军提督丁汝昌自杀身亡，威海卫暂时为日军占领了。

1897 年，列强开始要求在华北"租借"领土。作为两名德籍传教士被杀的补偿，德国索取了"租借"胶州湾 99 年的权利。

俄国渴望得到辽东半岛，但《马关条约》规定把辽东割让给日本。由于俄国和法国向日本施压，最终日本没有割占辽东。俄国"租借"了旅顺和大连，为期 25 年，英国随即在国内公众舆论压力敦促下，以"俄国占有旅顺同样的期限"租借了威海卫。1898 年 7 月，英国和中国订立了租借威海卫的专条，威海卫成了英国的属地。《订租威海卫专条》全文见附录一。

不能过分坚持说威海卫不是英国的殖民地；威海卫以英国的租借地闻名于世。

海港与贸易

刘公岛东西长约两英里，最宽处与对面威海卫的距离，东西海域约 1 英里，从而形成了一个广阔的海湾，这个海湾有两个入口，即东口和西口。

西口约 1 英里宽，巨型船只可以安全进出。除了东北方向在冬季汹涌的海浪易于通过东口涌入之外，海港其他四周均有屏障，东口冬季涌入的海浪给行船造成了巨大困难，偶尔会完全切断刘公岛与陆地之间的交通。

英国皇家战舰（H.M.Ships）停泊在刘公岛的南面和西面，商船以前习惯停泊在刘公岛外，但去年发现距岛两英里水上距离的岸边港口爱德华港，提供了良好的泊锚地，现在商船就到那里停泊了。

欧洲主要商号以前在刘公岛上设办事处，现在已经迁到了爱德华港，轮船可以在距海岸 200 码处停靠。威海卫是个免税港口，但尽管如此，贸易却不怎么兴旺。这种状况部分原因是缺乏本土制造业，更多地则是由于威海卫与山东富庶的内地之间没有铁路交通，不能保证货运的稳定。

威海卫港主要出口货物是花生、花生米和咸鱼（1909 年花生出口 2,360 吨，花生米 6,000 吨）。以前从附近盐场进口食盐，复出口至香港，但去年由于香港食盐价格跌落，这里的贸易便不怎么兴旺了。

1909 年，进口 567 艘轮船，入口货物 481,000 吨，此外还有相当数量的本地帆船，帆船贸易没有统计数字。访问威海卫的主要运输公司为中国航运公司（China Navigation CO.，即太古洋行——Messrs. Butterfield and Sire，该行须履行与政府签订的运送邮件合同）、印支航运公司（Indo-China Navigation Co.）。夏季，威海卫与烟台、天津、上海间的航班非常规律，南方来的航班每个星期天和星期四都有，北方来的航班则在每个星期天和星期五。但是，12 月至翌年 3 月间，航班就很不规律了，威海卫在这段时间里是个既难去也难离开的地方。

主要进口货物有来自朝鲜的木材，设在烟台的美孚石油公司油库的煤油，以及烟台进口的棉纱、纸、糖和棉布，满洲每年都向这里进口大量粮食。

威海卫港灯塔照明设备很好，这里的灯塔最初是由清帝国海关建造的，英国租借威海卫以后，这些灯塔转到了英国威海卫行政当局名下。在一名海军工程指挥官的精心管理下，这里灯塔管理的整整有条，服务非常好。

地方产业与产品

1. 农业

威海卫农民经营农业出类拔萃。这里的土地肥沃，尽管对于许多农作物来说，这里的土层太浅了。每一寸土地都用来耕作了，农村的一大特色就是大小丘陵都建了层层梯田，用于耕作。主要农作物是小麦和大麦，9 月播种，翌年 6 月收割；玉米和谷子，四月播种，当年 9 月收割；黄豆，6 月播种，当年 10

月收获；另外还有白薯、荞麦、花生。近年来，大量向欧洲出口花生，农民们发现，这种作物尽管太耗费地力，但却大大有利可图。无论是否大规模种植大豆用来出口，人们很容易认为，威海卫大豆看上去似乎没有理由不能够在欧洲市场上同满洲大豆竞争。

蔬菜有大量种植，包括胡萝卜、红萝卜、甜瓜、南瓜、白菜、葱、大蒜等，欧洲人更喜爱的蔬菜，像土豆、菠菜、芹菜等，都在菜园子里大量种植。

自英国租借威海卫以来，这里的收成一直非常好，毫无疑问极大地改善了人们的生活水平，最近几年尤其明显。

2. 渔业

农业以外，这里人们的主要行业是捕鱼。当地舢板，每年花很小的费用向行政部门注册。捕捞的鱼主要有黄花鱼，每年春季收获量很大。鳞刀鱼在夏初捕捞，中国人更喜欢这种鱼，但欧洲人不怎么喜欢。冬季大量捕捞和食用面条鱼；偏口鱼，即一种鳎目鱼，也非常好。其他可提及的鱼有大口鱼，或者叫大头鱼——鳕鱼的一种。海里的礁石上有少量的蛤，或者说是牡蛎，而春季有很多蟹类和小龙虾，味道鲜美（食用一定要适量）。

在夏季的几个月里，一小队日本捕鲨船来到这里，日本人把鲨鱼切碎，在偏远的海滩上晒干。鲨鱼肉在当地出售，鱼翅运回日本。

3. 养蚕业

这里种植有 80,000 亩优质矮橡树，用来饲养野蚕。这种矮橡树在丘陵低处山坡上生长茂盛。收取的蚕茧，送到烟台的中国大缫丝厂。一度曾希望外国公司在威海卫设缫丝厂，但是，由于威海卫归属英国期限的不确定性，资本家们既不愿投资设缫丝厂，也不愿建无疑有广阔前景的豆油厂。

可以提及的小行业是威海城内的珐琅制品生产。近些年来，珐琅垂饰、纽扣、项链和帽扣等极受欧洲妇女欢迎，利珀泰公司（Messrs. Liberty and Co.）销往伦敦市场，售价很高。威海卫陶瓷茶壶，镶嵌金属人物或龙，可作非常好的礼品。

4. 水果和林业

1903 年，威海卫租借地政府得到了香港植物绿化司主管邓恩（Dunn, Superintendent of the Botanical and Afforestation Department of Hongkong）先生关于威海卫园艺绿化的报告。邓恩先生的报告着重强调租借地适宜种植水果、栽培葡萄、植树造林，他建议从英格兰聘请有资质的园艺师。根据这一建议，

租借地政府划拨了一小块土地用作实验苗圃基地,结果证明可以非常成功地
生产出苹果、梨、李子、草莓、葡萄等水果。关于造林问题,在过去几年间,
刘公岛已经种满了杉树,同时在陆地的公路两旁种植了洋槐、杨柳树、悬铃树,
长势良好。在丘陵上造林的总体计划,将极大改善租借地的面貌,并对降雨产
生有利影响,但涉及的费用将是一个依赖英帝国允诺的补助金的租借地政府
所难以承担的。

为了鼓励中国人种植水果,编写了一本小册子,并译成简单的汉语,广泛
散发,对果树修剪、施肥、繁殖等各个方面进行一般性的基本指导。

为种植水果而组建欧洲公司,从商业角度上看几乎没有疑问会是成功的,
但在目前租借地期限尚不确定的情况下,资本家们不倾向于把他们的钱投到
这里。

刘公岛

刘公岛外的军舰

THE BUND AND PIER, PORT EDWARD.

爱德华港外滩和码头

THE CHINESE REGIMENT MULE TRANSPORT.

中国军团（华勇营）骡队

PRESENTATION OF AN HONORIFIC TABLET TO A DISTRICT HEADMAN FOR SERVICES RENDERED TO THE GOVERNMENT IN CONNECTION WITH THE WRECK OF THE S. S. GINSEI MARU.

向协助租借地政府处理"金星"号轮船沉船事件的总村董敬献牌匾

5. 矿业

威海卫的山脉地层由变质石英岩、片麻岩、结晶灰岩床构成，地层被火山岩石和花岗岩脉分割打乱了。

这里有黄金，中国人长期以来即拥有淘金技艺。1902 年，威海卫金矿有限公司（the Weihaiwei Gold Mining Co., Ltd）成立，1905 年，该公司开采出一些矿石，提炼后价值 17,000 两白银；但发现在支出了基本费用以后不投入巨资便不可能再开采金子，于是便停业清理，不再继续做了。

气候与卫生

威海卫的气候，可以肯定地说是中国最好的，在许多方面优于英格兰。几乎没有极端的爆冷暴热天气。确实，夏季几个月热，冬季几个月冷，但夏天的热是干爽的，冬天的冷有明媚的阳光补偿，而且空气清新湿润。夏季最高气温很少超过华氏 95°，冬季最低温度很少低于华氏 9°。

威海卫的阳光很可能比声名远播的里维埃拉（Riviera）还要充裕。季节变化很规律，中国人擅长预言季节变化，准确程度令人称奇。

每年的 6 月到 9 月，上海、天津、北京甚至香港人定期来威海卫避暑，过去十年间，威海卫成了我们英国在华舰队的夏季司令部，这说明海军当局完全认识到了把这里作为疗养地的优势。是的，欧洲来访者在夏季易患痢疾，但无疑不能因此怀疑这里的气候，那是因为粗心大意忽视了注意讲究卫生的问题。

据说罗斯伯里（Rosebery）勋爵曾把威海卫描述为二等（或者是四等？）温泉疗养地，但如果他来过这里，他就会改变他的观点。长长的大片黄色沙滩，零散点缀着几处别墅，山间小道和宁静的山谷，毫无喧闹噪杂气氛，这一切使得威海卫成为度假胜地。高尔夫球玩家、运动者们、玩网球的、玩板球的都会发现有大量机会沉溺于他们喜好的运动；欧洲人开办的旅馆、威海卫土建公司（Weihaiwei Land & Building Company）在海边建造的各种各样的别墅，能够提供极好的膳宿条件。中国人的健康状况也从侧面证明了这里气候优美。威海卫的农民和渔民大都健康地活到 80 多岁。没听说过有瘟疫，华北经常流行的天花，在这里很少有，租借地政府每年春季免费接种疫苗，约 3,000 或 4,000 人接种，这一地区农村将逐渐根绝天花。

个别村庄偶尔会发生一种轻型亚洲霍乱病，但几乎从未成为流行病。在村庄里张贴用简单本地语言写出的详细说明书，作用良好，租借地政府的医生总是随时准备到有疫情的村庄去进行医疗。

简言之，威海卫似乎是远东不多的几个可以常年视为"白人家园"的地方之一（附录二提供自 1905 年以来的年降雨量——包括降雪，以及是年以来的最高和最低气温）。

威海卫行政

1908 年 6 月 24 日[2]，威海卫上空升起了英国国旗，是年（应为 1898 年——译者）7 月 1 日，期待中的协定[3]在北京签字。当时的行政掌握在一位海军指挥官（现在的上校）冈特（Gaunt）手中，随后由海军陆战队上将道华德（Arthur Dorward）阁下兼理军事和行政，后来在 1902 年初，选定香港殖民秘书圣米迦勒与圣乔治三等爵士洛克哈特（Stewart Lockhart, C. M. G.）先生——即现在的二等圣米迦勒和圣乔治爵士詹姆斯·H. 斯图尔特·洛克哈特（James H. Stewart Lockhart, K. C. M. G.）阁下为英国殖民部威海卫租借地的第一任行政长官。这一任命特别适合像詹姆斯阁下这样具有长期在香港亲切接触中国人、拥有注册总署署长（Registrar-General）资历并且最近又有了新拓展的九龙租借地行政经历的人。

威海卫新行政机构的作用很快就在税收方面显现出来，1900 年税收为 4,077 两白银，1909 年增长为 80,000 两白银（关于税收和支出情况见附录三），同时，一直在修筑、拓展和改良道路，鼓励教育，改进了医疗和卫生条件，正常开展了司法工作。

这位新行政长官的第一项法案是把租借地政府驻地从刘公岛迁移至对面的陆地行政长官官署，地址在马祖（Ma-tsu），为纪念爱德华国王加冕，改名为爱德华港。后来的经历充分证明这次活动中心迁移合情合理。刘公岛主要是海军驻地，上面只有少量开店铺的中国人和一些苦力，这些苦力主要为每年夏天到威海卫的船只服务，行政管理工作大部分集中在陆地，租借地内陆地有 300 个村庄，150,000 人口。

根据 1901 年 7 月 24 日颁发的《1901 年枢密院威海卫法令》，威海卫行政长官由国王陛下任免。根据这一法令，新任行政长官有权制定需经殖民部批准的管理租借地的法令，设置租借地高等法院，租借地高等法院的所有民事和刑事案件均可向香港最高法庭上诉。也可设置行政区地方法庭。

2　原文如此。这里的 1908 年，从以下行文和历史事实看，为 1898 年之误。

3　当为《订租威海卫专条》。

作为租借地的最高法律施行者，在中国地方官员施行惩治措施不够得当时，威海卫行政长官要与英国政府、中国高层当局以及邻近地区的英国驻华领事保持联系，协调解决。他掌控租借地的支出，监督预算，全面管理租借地内重要行政事务。他要亲自定期向租借地内地方首脑讲明拟新颁行的法令条列，认为这些准备颁布的新法令条例应该向租借地内人民解释清楚。

司法工作

威海卫的英国地方长官类似于中国的知县，作用就像"父母官"那样什么都管。这里行政管理的一大特色就是保留了由来已久的村长即"村董"（ts'un tung）或称"会首"（h'uai shou）制度，这些人通常是村里主要家族的年岁最大或最有影响的人，在有些情况下，村董实际上是世袭的。这些人的职责非常琐碎，并没有严格的规定，包括每年征收和向政府交纳土地税，报告自杀、突然死亡或他们村子里的传染病、帆船失事事件，等等。他们还负责对年轻村民之间的争吵进行仲裁，安排村里的戏剧演出和其他喜庆活动。简言之，这些老人就代表他们的村庄，是政府和村庄之间的中介，政府的政策尽可能建立在古老格言"自在不为"的基础上，也就是说，只要人民遵守法纪，政府尽可能不干预人民的习俗。各个村庄常常制定关于小偷小摸、赌博等自己的"村规"，这些村规常常是呈报地方官认可，但却不必经地方官批准。自制的村规一般包括对违反者进行小笔罚款一类的惩罚，说明如果不服就把违反者送官惩治。

一般的村懂是没有报酬的，但无疑是有一些像在作出仲裁之后享受请吃这样的好处。为了便于对租借地的管理，把300多个村庄划分成了26个区，每个区设一位"总村懂"。这些人由租借地政府发给小量薪水，就与租借地福利有关的所有问题接受咨询。26个区中有17个归住在温泉汤区的官员和法官进行监督指导，温泉汤实际上是租借地的中心；剩下的9个区和刘公岛归住在爱德华港的地方法官监督指导。这样的安排，节省了住在远处的诉讼人到爱德华港听审的时间、麻烦和费用，再者，由于爱德华港是这一片的中心，住在爱德华港的地方法官很容易徒步到各个村庄，当场审理一些案件。

教育

公正地说，威海卫应该为现在的校长比尔（H. L. Beer）先生大约十年前建立的威海卫欧洲人学校而感到自豪。这所学校设立之初，只有 3 名走读学生,而今天已经有 50 名寄宿生,有自己的童子军团,作为英国私立学校(English public schools)的预备学校或是培养在远东经商人才的学校,实施高水平的杰出教育。庄士敦先生在他《龙与狮在华北》一书中说:"很难在亚洲找到一处更健康的适合学校的地方了,这里当然是中国沿海最好的地方。健康、粉红色脸蛋的"小蛮夷们"幸运地在这里接受教育,当然是对优越的威海卫气候很好的宣传。

租借地政府在爱德华港建了一所免费学校,有 3 名中国教师教授中国儿童。这是一所日校,平均在校生约 50 名。学习科目有英语(仅高年级设置)、算术、历史、地理和中国经典。租借地政府已经编写了一部简易卫生学课本,在学校进行正规讲授。这所学校的目的是要给学生以充分的教育,以便使他们能够进入现在遍布山东各地的中国中等学堂。

事实上,租借地内每个重要的村庄都有自己的学堂,这些学堂仍然实行中国旧式教育。然而,新教科书、新教育方法已经逐步涌现,孟家庄(Měng Chia Chuang)、袁家村(Yuan Chia Ssu,荣成市属)设立的学校尤其明显。去年,租借地政府免费分发了 400 本与爱德华港中国学校一样的简易卫生学课本,通过设立奖学金制度采取措施激励教育,基金由征收戏剧演出税提供,各村庄自愿每次演出戏剧征集 1 吊(约占演出费用的六分之一)钱。这是一种最正当的公众捐献形式,纯粹自愿而不是由法律规定强制征收这一事实,说明这里的人民开始认识到了教育的重要性。

附录一:《订租威海卫专条》

(略)

附录二:1905 年以来威海卫年降雨(含降雪)量

年	英寸
1905	40.23
1906	25.31
1907	37.85
1908	33.42
1909	33.54
1910	36.18

气温

年	最高	最低
1905	华氏 93°	华氏 12°
1906	华氏 93°	华氏 10°
1907	华氏 92°	华氏 7°
1908	华氏 92°	华氏 11°
1909	华氏 94°	华氏 11°
1910	华氏 91°	华氏 2°

附录三：1906 年以来威海卫政府收支

年	收入	支出
1905-1907	76,777 美元	160,973 美元
1907-1908	80,331 美元	173,340 美元
1908-1909	83,277 美元	168,740 美元
1909-1910	83,499 美元	145,852 美元

每年由帝国基金（Imperial Funds）提供补助金弥补赤字数如下：

年	数额
1906-1907	4,500 英镑
1907-1908	10,000 英镑
1908-1909	10,000 英镑
1909-1910	4,400 英镑

附录四：中国军团

不说一下威海卫中国军团，介绍威海卫就不完整，威海卫中国军团的建立和成功，充分证明了英国军官在对待亚洲人方面的天赋，也证明了当给以适当的领导、培养和薪水时，中国人本来是有军事才能的。

那些想见到对威海卫中国军团准确描述的人，最好是读一下当时的英国海军陆战队少校、现在的陆军中校巴尔内斯（A. S. Barnes）写的《与中国军团一起执行任务》一书。该书对中国军团在围攻天津、攻陷北京战役中的英勇行为，做了引人入胜的描述，也记述了 1900 年初中英勘界委员会安排划定租借地边界遭遇大群愚昧盲从的农民攻击时，威海卫中国军团在解决当地麻烦过程中的可贵贡献。

威海卫中国军团建于 1899 年，主要是陆军上校鲍尔（Bower）在布鲁斯（C. D. Bruce）、沃森（M. Watson）、巴尔内斯（Barnes）少校以及希尔顿·约翰逊（Hilton-Johnson）、顿特（W. H. Dent）、莱亚德（Layard）上尉和其他军官们的帮助下坚持不懈努力的结果，军团士兵是从清帝国军队中特别挑选的。

威海卫中国军团满员时总计 1,200 人，1902 年缩减至 545 人，在为维持租借地秩序作出了卓越贡献、证明了中国人作为士兵的价值及其对长官的忠诚之后，最终在 1906 年解散了。

中国军团中的许多人在苦力移民时作为警察去了南非，其他一些人参加了现在殖民政府在这里保留的小股警察部队，也有一些在中东铁路找到了很好的职位，少数人加入了中国军队，在那里，他们的英式训练使他们得以迅速升职。

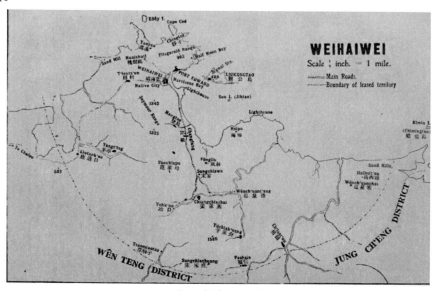

英租威海卫地图

青岛与胶澳德国租借地　佚名

历史

现在的德国租借地，在大约公元前 2700 年，就像整个东部山东一样，居住着嵎夷和莱夷。华夏族从西边推进，逐渐吞并了这些野蛮的部落，但直至今天，旧莱"夷"的记忆，依然以"莱阳"这一地名保留下来。

秦王朝（公元前 255-206 年，据说伟大的秦始皇访问过崂山）末期出现的胶东国，就是过去齐国的一部分（大致为即墨一带）。经过猛烈争斗，韩信、汉高祖（西汉创立者）灭了那时被认为是王室封地的齐国，将其变成了新王朝的属地。公元前 154 年，胶东王因背叛汉景帝而被斩首，于是胶东也就成了汉朝皇帝自己的领地，用自己的儿子为王施行治理。其中四岁封为胶东王的彻，公元前 150 年被立为太子，公元前 140 年登基，这就是汉武帝。通过在西方进行的战争（公元前 125 年，帝国将军张骞驱逐匈奴出塔里木盆地；公元前 101 年并喀什葛尔[4]），武帝开启了汉帝国文化新纪元，这时与西方接近了（其他可以提及的是引进了葡萄、苜蓿、土库曼马；同更远的王国建立了联系）。中国历史学家把武帝统治时期视为中国最辉煌的时期。

公元 529 年，首次出现了胶州这个名称。作为阿拉伯人聚居地潋浦（Arabian Colony Kanpu）至朝鲜的阿拉伯湾海上交通中间港口（位于现在杭州附近的黄达），伊布·霍戴博德（Ibu Khordabdeh，约公元 880 年）谈到胶州时，叙及周围有高山，说见到了大群的野鸭和野鹅，今天这种情形也还经常见到。那时直至后来（1280-1368 年蒙古人治下的元朝）开通京杭大运河，胶州都是潍县这一繁荣商业城镇的港口。1860 年以前，胶州作为山东进出口货物的帆船的泊锚地，来往船只依然很多，烟台在这一年开放对外贸易后，乌海（Wuhai）商人不得不把他们的业务转向烟台。此后，胶州湾很大程度上失去了其重要性，可以说被遗弃了。1897 年 11 月 14 日德国占领胶澳地区后，这一情形才发生了变化。胶澳地区是由冯·狄特立克斯（Von Diederichs）海军上将率领舰队夺取的。

根据 1898 年 3 月 6 日的条约，胶澳地区租借给德国，1898 年 4 月 27 日颁布的帝国法令（the Imperial Rescript）将胶澳地区作为德国保护区。在占领胶澳之初，以前海军上校泽耶（Zeye）和前海军上校特鲁泊（Truppel）为首负责这一地区的事务。1898 年 4 月 16 日，前海军上校罗森达（Rosendahl）作为胶澳租借地第一任总督接管了胶澳地区的行政。1899 年 2 月 19 日，前海军上校叶世克（Jaeschke）继罗森达为胶澳总督，1901 年 1 月 27 日去世。随后德皇任命前海军上校（现在的海军上将）特鲁泊任胶澳总督，特鲁泊 1901 年 6 月 6 日抵达青岛，从那时起直至最近一直负责管理胶澳地区行政。

胶澳租借地 551.6 平方公里。青岛现在（1911 年）有欧洲人 1,621 名（其中 1,531 名德国人），此外还有驻军和 34,180 名中国人。

胶澳租借地内有 126,590 中国人，所以青岛和胶澳租借地总人口为 3,896

---

4 原文如此，与史实不符——译者。

名欧美人和161,140名中国人。1897年德国占领胶澳时，284个村镇，约84,000人。日本人近年来在100至200人之间波动，变化较大。

气候

如同整个中国一样，胶澳租借地位于东亚季风带，夏季从海上吹来的南风带来高温和湿气，冬季陆地的风则带来寒冷和干爽。寒冷干燥的陆地风导致天空少云，因而在这样的季节里很少降雨。

11月后半月极其规律地出现霜冻，有霜期非常均匀，一般平均为65天。

夏季的海风湿度极大，产生云雾，每年的这一季节相对湿度最高，降雨最多（每年的这一季节——7月中旬和整个8月86%的日子，某些时候超过90%甚至100%都是如此）。

不过，这些阴雨天使青岛的气候凉爽了，避免了太阳照晒的高温。结果就是青岛并不像同一纬度的内陆地方那么热。

6、7、8月可说是最潮湿的时日，相对湿度为80%和100%，其他那些月份为60%和85%，湿度适中。青岛最热月份的平均温度为摄氏24.7°，与同时间的加迪斯（Cadiz）气温一样。

9月至翌年5月，青岛的气温相当于德国南部，但太阳射线要比德国南部强。6、7、8月常常是最热的时候。春季（3、4、5月）和秋季（9、10、11月）可说是"黄金季节"，天气干爽，白天暖暖的阳光，夜晚非常清凉。

已故胶澳总督特鲁泊海军上将

青岛全景

胶澳总督府

青岛伊伦娜大街

青岛的秋季特别好,平均温度为摄氏 19.3°,湿度为适度的 58%,是一年中最令人愉快的季节。不过,即使春、秋这两个最好的季节也有缺陷。春季适宜的温度常常由于一场北风而变得十分寒冷,结果这个季节就很少降雨,沙尘太多。秋季也是经常有这样突然的气候变化,造成相对湿度波动 30-40%。

青岛及其住宅规划

占据胶澳之后不久就开始制定建设青岛的规划。德国当局认为最适当的建城地址是崂山至胶州湾的西部山坡,没有比在这一区域建定居点更适当的地方了。

建欧人区(European town)的地方,南部 120-140 豪朗伯(mls.)坡度伸展至青岛海湾的坡地似乎最合适,这一地域夏季完全曝露在清新的海风吹拂之下,而冬季又可免受西北风的侵袭。

青岛西部的中国农村地带,决定作为商业和公用之地;东部,向着现在的维多利亚湾(Augustern Viktoria Bay),在倾斜的山坡上建别墅和海水浴场用房。

沿胶州湾海滨,选择建海港和海港区居住地。在海港和海港区居住地之间的通向海湾的小山顶地方,建大鲍岛华人区(Chinese town of Tapaotau),这样污水就不能流入欧人区,也不会流入海港区。

欧人区

两大社区的建设用地,最初都是租借地政府先从中国所有者手中购买,然后再出售给私人的,因此 1901 年有条不紊地安排好了两大社区的建设用地。规划好用地之后立即开始了建设,一边建造房屋,一边飞速修筑碎石路,社区以外也逐渐修筑碎石路,这些路即使在雨季也可很好通行。去年做了一项实验,在最繁忙的一条路段铺上了一层柏油。由于实验取得了成功,无疑其他路段也将铺上柏油。铺路的第一年,路旁用煤油灯照明,但建了电厂之后,就引进电灯照明了。

房屋建筑选择深廊概念(the idea of having deep verandahs)风格,所有建筑几乎一直遵循这一风格。颁发了一项建筑物条列,获得的建筑用土地上只有一部分土地可用于建造房屋。根据这一条列以及建筑物层数的规定,青岛的房屋一直保持别墅特点。中国仆人住在专门设计在主建筑后面但足可听见召唤的位置建的"小工房"("coolie houses")。厨房大多一直是与主建筑分开建的。

1900 年 10 月，建好了一条 3,,000 米长的主干道。1901 年，仅青岛和大鲍岛经当局批准建造了 367 栋建筑。每年平均建造欧人住宅 17-18 栋。

到 1909-1910 年度，道路扩展到了 60,701 米，部分是碎石路，路旁种了树。于是，12 年前荒凉、光秃秃的毫无吸引力的中国穷渔村，已经变成了有规则的碎石道路、漂亮的房屋、整齐的花园、绿树掩映的人行道、周围山丘绿化良好的城镇。驻军营房，建造精良，卫生条件极好。

华人区

青岛建设之初就决定分建瓯人区和华人区，因此必须拆除青岛上部的村庄，其他村庄的拆迁程序与欧人区一样须由政府规划，所有规划在 1902 年基本全部完成。

作为青岛郊区的大鲍岛，更多的是专门为华商准备的建筑区，所以距大鲍岛中心约四公里界内还有两处村庄，即台东镇和台西镇需要规划。营建之初，进度很快，1901 年所有建筑用土地即出售完毕，拓展青岛计划进入实施阶段。

造林与供水

胶澳租借地内在建了定居点后种了少量的树，没有森林。能够见到的一些树几乎全部是坟地上的松树。至于水源，地表水不能用，用这种地表水会危害健康。在有些地方钻井取水取得了成功，但军营那里没有水井，驻军的饮用水，靠中国苦力运送。

在海泊河进行初步考察发现，那里一块无水地段地层中有足够的可饮用水供蓄水池用。1901 年，建成蓄水池向公众开放。随着饮用水需求量的增长必须考虑新的供水源，最后在李村河建造了自来水厂，自那以来解决了全部供水问题，据推测，在未来相当长的时期内，无需再考虑扩建自来水厂。海泊原来的抽水供水厂不再使用，逐渐废弃了。

李村供水系统目前 37,000 人花费 200 万马克，也就是说平均每人 54 马克。与其他一些大城市人均花费相比，柏林 37 马克，伦敦 61 马克，利物浦 103 马克，巴黎 106 马克，纽约 140 马克，墨尔本 158 马克，相比较而言青岛花费还是适宜的。

系统的植树造林计划始于 1899 年春。首先是在有些地方种植有叶可食用树种，像栗子树、日本或中国的橡树；1901 年开始种植刺槐，这种树根系发达，能很好地固结土壤和保持坡地表层泥土。松柏类主要种植中国松树、日本柏树和松树。

由于成功实施了造林计划，1903 年大雨带来的损害几乎不值一提；两年前雨后水 10-12 小时就流尽了，现在则能保持 4-5 天。植树造林为青岛的卫生环境带来了极大好处。夏天，人们可以在修缮良好、绿荫遮掩的路上行走几个小时，观赏令人着迷的森林覆盖的山岭和山谷。

疾病防治和医疗卫生机构

初期为海军建的临时医院，也为民众治病，那时的建筑就是 9 个码头工人工棚（Docker Barracks）。这个临时医院应付处理紧急病症尚可，但作为正常医院很快就不敷应用了。因此要建一座新医院，地址选在总督山（the Government Hill）和信号山（the Signalling Station）之间南面的山坡上。1899 年，医院部分完工，"工棚"临时医院便废弃了，1904 年医院全部竣工，对整个社区开放。目前，这所医院有 6 座建筑，有妇女和儿童诊所，隔离病房，办公建筑——包括食堂、行政办公室、药房、化学和细菌学研究部等。所有建筑都是电灯照明。该院常设病床 245 张。住院病人 1904-1905 年度最多时 214 人，现在平均每天有住院病人 104 人。

这所医院建设得像一座花园，为病人康复提供了一个有树荫的良好休养地，医院内都是柏油路面，树荫下排放着长椅供病人坐下来休息，环境清净优雅，夏季凉爽可人。

福伯疗养院（The Faber Nursing Home）

福伯疗养院 1906 年投入使用，收费，是为欧洲人和中国富裕阶层开办的。无论谁送来病人，都收治。

狂犬病院（Hydrophobia Station）

1904 年发生了狂犬病，专门为此设立了病院，这个病院附属于野战医院（the Military Hospital）。

麦克伦堡疗养院（"Mecklenburghaus" Convalescent Home）

麦克伦堡疗养院是合资建立的机构，向公众开放。这所疗养院坐落在海拔 450 米处美丽的崂山九水庙（Temple Pass of the Laushan Mountains）地方，建在青岛通向崂山最好道路之一的路旁。疗养院用来作为出院康复病人的疗养地，以及准备游览崂山的人们登山前的栖息地和普通旅店。这里有特别准备的蓄水池，水质极好，水是从一条溪流中抽上来的，溪流在蓄水池下 73 米处。

疗养院以麦克伦堡公爵家族（the ducal house of Mecklenberg）的封地名字命名，麦克伦堡公爵家族一直为德国海军和殖民地的发展积极参与兴办这种疗养院和其他事业，并作出了突出贡献。这座专为军队疗养的建筑建于1909年，非常优美。同年，疗养院总计接收1,140名平民和347名军人在这里疗养。

华人医院和诊所

德国占据胶澳第二年，海军军医办了一所华人诊所。这个诊所是免费的，但收取少量药费和包扎用品费。1904年10月，李村建了一所为华人看病的医院，当年收治病人1,349名，1909-1910年度收治病人2,984名，其中556名妇女、835名儿童。其他一些为华人看病的医院和诊所都是由传教士团体开办的。

食品供应

山东内地的农业和养牛业一直为租借地供应新鲜的肉食和蔬菜。农村的主要粮食产品有大麦、小麦、豌豆、甘薯、大豆（榨油用）、各种米（其中有一种高粱米）和落花生。菜园子里种植玉米、大麻和各种各样的蔬菜。水果种类很多，葡萄味道鲜美，由于人们辛勤种植各种蔬菜，栽培葡萄和时令水果，青岛市场上蔬菜和水果非常丰富。

为了确保这些供应品销售卫生，在青岛边界的大鲍岛入口处建了一个市场大棚（market hall）。

5月，开始有樱桃、豌豆出售，6月是收获月，小麦和大麦熟了，收摘杏子、桃子、李子。7月，有苹果和鸭梨，8月，核桃、柑橘以及好品种的苹果，都有出售。

9月（最大的收获季节），收获大米、小米、高粱米、玉米、豆类、芝麻、豌豆。这个月有葡萄在市场出售。10月，荞麦熟了，摘收佛手瓜、大枣、栗子和花生。

屠宰场

必须有一座根据现代理念进行管理的良好牲畜屠宰场，1906年，建了一座拥有宽敞冷藏库的屠宰场。

屠宰场建起的第一年，宰杀15,000头牛，去年冬季的几个月有些日子，每天宰杀300头。

海水浴

海水浴这一有益健康、令人愉快的休养形式成功发展起来，使青岛成了时髦的夏季避暑胜地。

1902 年，人们看到首批 30 名参观者在维多利亚湾灿烂的海滨洗海水澡，就为他们建了一些小屋和洋房。年复一年，这样的小屋和洋房日渐增多，现在已经有数十处了。

1904 年，新建了一座可容纳 500 名客人的极好的海滨旅馆，来这里的客人中，有大量来自中国沿海各口岸以及日本和马尼拉的讲英语的人。

教育

租借地政府保证德国儿童在新建德国总督府学校接受现代改良教育，结业考试合格，按规定到军队服役一年。德国总督府学校对所有欧洲儿童开放，男、女生均收。

此外，方济会修女办有女子寄宿学校和日校，所授课程相同。

华人教育在大量农村学堂里进行，但教员和学生数都不能令人满意。开办了一些公立寄宿学堂，五年制，讲授课程有初级汉语知识、算术、体育、政治地理、自然科学和德语。

欧人和华人的进一步教育问题，由德华高等学堂（the German-Chinese High School，又作"德华特别高等专门学堂"、"德华大学"）负责（详见下述）。码头那里有一所艺徒学堂，可看作是一种技术学堂。除了公立学堂，各传教团体开办的学堂提供良好的汉语和欧洲知识教育，关于这类学校的情况，其他有关章节记述。

德华高等学堂

德华高等学堂开办于 1909 年 10 月 25 日。这所学堂要实行完全教育，办成有文理基础的综合大学，用德语授课，以便学生将来为公共事业服务。该学堂分两个等级，初级部（预科或称备斋）六年学制，主要课程有：

德语讲授的课程：历史、地理、数学、植物学、动物学、物理学、化学、英语速记、绘画、体育、音乐，毕业班开设哲学基本原理。

中文讲授的课程：经典、语言文学、伦理学、修身、地理、历史。

以上初级部开设的课程，每学期期末考试。

高级部（本科或称正斋——译者）目前主要分三科：

1. 理工科、

2. 法政经济科、

3. 农林科。

以后计划开设医科。

要进高级部学习的学生必须了解：

初级部开设的全部预科课程要通过中国中学堂的毕业考试。

法政经济科学制三年；理工科学制四年；农林科学制三年；即将开设的医科学制四年。

学费，初级部每年 100 马克，高级部每年 200 马克。

膳宿费每月 10 马克。

德华高等学堂有精良的图书馆、实验室和大批教学实验设备。教学实验设备是德国乐于助人、有才智、有远见的工商业界人士捐助的。计划新建建筑可容纳 520 名在校生。这些新建筑包括：一座大教学楼，内设普通教室；四栋宿舍，每栋容纳 125 名学生；一处小公和内务管理等用房。到目前为止，一栋宿舍已经竣工并入住了学生，第二栋宿舍接近完工，教学楼已经开始建设了。全部费用估计为 640,000 马克，其中中国政府投入 40,000 马克。经常费用每年 200,000 马克，其中中国政府今后十年每年支付 40,000 马克。教师目前有 10 名常任德国教师、8 名德国临时教师，5 名中国教师。

胶澳总督特鲁泊海军上将父子与山东巡抚孙宝琦父子

根据协定，中国政府任命了一名总稽查，监管学习理工科的中国学生。

德华高等学堂附设翻译机构，由中德两国学者将必须的教科书翻译成中文，目前还没有为中国学生翻译的德国自然科学书籍。

毕业考试由北京派一名主考官主持。获得毕业文凭者可进中国政府机构任事，或入京师大学堂继续学习。

通过上述方式，德华高等学堂成为尝试中外联合办学的唯一大学。中国政府派出的驻德公使的讲话，代表了中国官方对建立这所大学重要性的认识。

山东巡抚孙宝琦阁下上次参观德华高等学堂时，赠送了贵重的瓷瓶，给学堂增添了荣誉。总的说来，德国人在青岛定居，特别是德华高等学堂的建立，必定为德国科学文化传入中国做出贡献，加强两国人民的联系。

贸易与交通

要建立新型商业中心，原有沿海城镇没有大规模天然水上航道，必须建造现代海港发展航运业；要不断开放内陆，就必须更好地修筑和拓展道路。

青岛海港建设始于 1901 年，1904 年竣工，1905 年完成了第二座码头建设，暂时满足了那时航运业的要求。

现在这样建造的青岛海港，在中国沿海的港口中无与伦比，由两部分构成。大港，同时也是免税港，有一座石坝保护，防御内湾海浪，长 5 公里，即使最大型轮船也可安全方便地进出。港内水深 9.5 米，码头 2,148 米，有船只停靠地和仓库。港池内建有专门的供油轮卸货场所，石油可随即从油轮上抽入储油库。

青岛船坞，电动力，浮动干船坞（16,000 吨），是一座大型现代船舶修造厂，有一架 150 吨重力起重机和接近 1,000 米长的码头，可修理任何型号的船只。船坞雇佣 50 名欧洲人和 1,000 名中国人。

港口附近建了一处定居点，有 30 套独立住宅，都是中国风格的建筑，200 名中国学徒工住在那里。舢板和小型近海轮船，停泊在华人区附近的小港。

大港和小港都联通胶济铁路。

青岛港航运稳定增长，1899-1900 年登记入港船只 192 艘，载货 226,152 吨；1909-1900 年登记入口轮船 368 艘，载货 806,759 吨。

码头管理

胶州租借地政府开办的免税区码头和仓库，由码头管理处（Wharf

Administration）管理。所有人都可以根据码头仓库管理规则的具体规定，利用这里的设施和膳宿服务。舢板有专门安排和规定。码头收取海上进口的船只货物装卸费、运送货物费。

为了促进贸易，防波堤与铁路连通。

征收船只入港停靠使用费。

出口货物价值（墨西哥洋）

	1904-5	1905-6	1906-7	1907-8	1908-9	1909-10
草帽缏	2,786,421	4,410,029	4,609,125	6,644,100	10,089,824	11,125,011
茧绸	105,917	124,807	916,001	1,937,265	1,902,322	2,813,974
黄丝	979,462	556,252	2,159,766	2,364,248	1,861,380	2,203,875
废丝	229,502	507,309	911,761	309,773	269,946	206,660
豆油	1,274,103	1,000,386	1,165,003	169,314	686,350	865,687
花生油	900,366	1,029,568	1,333,034	2,370,296	3,065,211	1,868,423
花生果	-	-	72,384	33,684	2,465,512	4,379,376
甜瓜	168,213	236,977	266,131	188,786	306,043	131,793
牛皮	220,410	105,953	450,300	256,938	542,562	708,514
枣	-	-	54,936	296,001	585,744	373,933
猪鬃	54,849	105,080	107,445	84,018	161,476	188,995
鸡蛋	-	-	-	-	97,996	240,564
动物油	-	-	-	-	-	505,457

进口货物价值（墨西哥洋）[5]

	1904-5	1905-6	1906-7	1907-8	1908-9	1909-10
布匹	6,695,398	8,105,352	7,092,756	5,354,474	6,364,896	6,185,,133
棉纱	4,686,227	6,592,897	8,059,637	5,726,499	6,764,406	7,378,409
煤油	447,156	689,378	1,538,783	1,798,956	2,276,647	1,437,890
五金	1,036,291	884,469	2,188,496	434,678	632,133	1,956,806
染料	137,892	186,746	258,528	1,388,529	1,373,381	1,380,966
针	112,341	132,473	139,145	139,145	207,152	195,386
火柴	553,856	794,311	768,630	768,630	1,237,698	1,327,608

5　表内有＊标志的，为中国国内产——原作者注。

糖	286,113	863,841	1,372,380	1,011,950	1,281,232	1,183,811
原棉＊	826,274	688,293	832,221	344,096	374,351	199,603
纸张＊	2,679,714	2,696,246	4,629,616	2,772,,678	3,012,953	4,402,654
上海棉花＊	151,002	58,473	1,746,441	2,964,048	2,984,869	2,019,107
卷烟＊	-	-	130,200	182,094	207,294	264,710

有三家石油公司——美孚石油公司、亚细亚石油公司、冷吉石油公司（Langket Petroleum Co.）在青岛设立了代理机构，由于青岛海港和铁路的便利设施，青岛港成了供给华北煤油的主要港口。1907年8月1日，亚细亚石油公司和美孚石油公司建起了自己的储油库，当时的第一批3,742吨煤油直接抽进了储油库。

胶济铁路也引进了油罐车装运煤油。

鉴于商业利益的增长，美国政府于1906年向青岛派驻领事一名，翌年又加派了一名副领事。英国和俄国也都在青岛设了领事馆。

胶澳租借地原是免税贸易区，海上进出口货物免税，仅进入中国内地的货物需支付内地税，中国内地运入租借地准备出口的货物支付出口税。然而，在划定租借地边界的同时又设了一条海关界线，因此为方便起见在青岛设立了胶海关，这样内地进出租借地的货物就可以在港口支付必要的税费，从而不必再支付其他的内地税。

由于青岛的贸易包括在内地消费的欧洲进口货物和在中国内地出产的出口货物，租借地政府又同中国政府订立了关税同盟。自1906年1月1日起，进出口货物税收总体上与其他通商口岸一致。海外进口青岛港的货物，不管是在租借地内消费还是运往内地消费，都在进港时征税，出口货物根据海关税则征税，租借地不再征收内地货物的任何关税。换言之，胶澳租借地的海关是中国海关。不过，在免税区内，青岛港比其他约开口岸还是有特殊优势。免税区在海关界线以外。放在免税区的海外进口货物免税，这些进口货物只有在离开免税区时才支付进口税。各种机械和机械设备，一定价值的邮包，所有旅行者的行李，以及所有公益进口货物，都免征关税。

关于租借地内的制造品的税收问题，应补充说明一下。从内地运进租借地的原材料和用这些原材料制造的制成品输入内地，不必通过海关，当这些制成品出口时，只支付这些制成品所使用的原材料税。对从其他国家进口的原材料制造的制成品，只按进口原材料的数额征收原材料税，制成品进入内地则免税。当这些制成品复出口海外时，退还原来已经征收的进口原材料税。

希望胶海关的管理规则促进青岛的工业和贸易，因此要利用内地与租借地间的贸易规则优势，从中国内地获取原材并从这里出口用这些原材料生产的制造品。

海关税收（海关两）如下：

1905	1906	1906-7	1907-8	1908-9	1909-10
545,150	863,430	973,352	877,727	1,099,278	1,193,021

这些收入德国政府分享 20%，作为根据关税同盟中国征收的那部分收入的补偿。

下面列出的是青岛转口贸易总值，不包括修筑铁路和开发矿业所用原材料价值。财政年度从 10 月起算，货币单位是墨西哥洋。

	1901-2	1902-3	1903-4	1904-5	1905-6
外国货物进口总值	4,217,000	8,320,059	11,985,041	16,339,475	22,269,067
中国货物进口总值	2,512,500	4,502,395	5,501,887	6,095,646	6,796,528
出口总值	2,644,500	4,454,268	7,374,334	9,991,472	10,385,375
转口贸易总值	9,374,000	17,276,722	24,861,262	3,242,596	39,450,970

接上表

	1906-7	1907-8	1908-9	1909-10
外国货物进口总值	27,239,943	21,449,510	25,449,510	25,880,172
中国货物进口总值	9,208,650	9,208,650	13,106,771	9,127,375
出口总值	15,143,847	18,416,548	26,449,426	29,268,279
转口贸易总值	51,592,440	49,704,985	65,005,707	64,275,826

上表所列数据表明青岛贸易的发展是令人满意的，李希霍芬（Richthofen）"胶州的价值要在通过改进交通条件开放内地中去寻找"的说法是正确的。

胶济铁路

胶济铁路连接青岛和山东省城济南府。

1909 年，胶济铁路客运 641,279 人，货运 696,280 吨。1898 年 3 月 6 日德国与中国政府签订了《胶澳租借条约》[6]后，一家金融辛迪加出资在内地建

6　《胶澳租借条约》以往均称《胶澳租界条约》，2004 年青岛从德国找回条约原件后，

造和营运胶济铁路。

这家辛迪加 1899 年 6 月 4 日组建了山东铁路公司（the Shantung Railway Co.），资本 54,000,000 马克，总部设在柏林，铁路建造和管理处设青岛。1899 年 9 月 25 日破土动工，1904 年 6 月 1 日修至济南府。铁路主干线全长 400 公里。张店至博山支线 47 公里，经过淄川将那一地区的主要产煤区连接起来，济南府东站铺设了一条连接小清河的支线。

胶济铁路为标准的 1.435 米轨距。主干线有 56 个车站，支线有 4 个小车站。

1911 年初，山东铁路公司拥有 47 辆机车，67 节各种客车车厢，3 节餐车车厢，30 节邮件包裹车车厢，962 节大货车车厢，62 节小货车车厢。

济南府与青岛每天 14 趟火车，其中 2 趟不停站的快车，12 趟客货混合车，此外还有 10 趟货物专运车。

在火车上，见到的司机、乘务员、乘警等乘务人员，都是中国人。

胶济铁路所有的车站，即使最大的车站，也都只雇佣华人运货、管理交通、分发电报。很少几个德国监督和高级官员监督铁路营运，假如发生什么意外情况，他们会立即赶到现场处理。总监督长掌管铁路运营最高权力，他负责两个监控部门和 5 名分区监督。这些官员都住在内地，负责精确执行所有营运规章。津浦路开通之后，济南府西站成了两条铁路的交汇点，运输量大增，将来的发展有了保证。最终将发布联运客票，不仅有中国所有主要铁路线联运客票，而且会有通过西伯利亚与欧洲和西方的联运客票。

汉堡亚美利加航运公司（the Hamburg America Line）的海岸轮船与铁路运输联运，极大地方便了旅客。北德意志劳埃德公司（the North German Lloyd）大型客轮以及其他一些重要航线客轮都有到青岛的定期航班。

在津浦线和津沪线全线竣工后，青岛将通过海、陆主要运输线同全世界紧密连接起来。

山东矿务公司

1898 年 3 月 6 日，在德亚银行（Deutsch Asiatic Bank，又作"德华银行"）的指导下，组建了一家辛迪加，1899 年 6 月 1 日，德国首相授予这家辛迪加勘探和开发矿业的特权。1899 年 10 月 10 日，组建了一家公司（即山东矿务

认为应为《胶澳租借条约》，译者认同这一说法。

公司），总部设在青岛，资本金 12,000,000 马克。

山东矿务公司得到了胶济铁路线上潍县和博山附近、津浦线上东南关（Tunankan）和峄县附近、计划通向沂州府铁路线上的莒州（Kutschou）和沂州府附近的煤田。头两年，山东矿务公司仅仅是做地质研究。根据这两年的研究结果，1901 年 9 月 18 日在胶济线上潍县附近两千米处的坊子开掘一座煤矿。1902 年 8 月 25 日，竖井在 175-178 米深处挖到了气煤层，现在在如下四个煤层段采掘：

第一层　178 米深；

第二层　250 米深；

第三层　320 米深；

第四层　380 米深。

坊子煤矿气煤含 40%煤气，是很好的热动力，相当结实。但不幸的是气煤与泥土混合在一起，易于结成少量流体矿碴，这种流体矿渣形成格栅，不太适合轮船使用，但家庭和工业用，还是极好的。这种煤的开采价格是每吨 2.75 墨西哥洋（相当于 5 马克）。挖掘建造的竖井都用铁和石头加固了。

坊子煤矿目前雇用 45 名欧洲人和 3,000 名华人。所有欧洲人和部分华人在工作地宿舍区住宿。

坊子煤矿的产量如下：

1902-3 年，9,178 吨；1903-4 年，50,601 吨；1904-1905 年，100,631 吨；1905-1906 年，136,990 吨；1906-7 年，164,437 吨；1907-8 年，149,307 吨；1908-9 年，250,214 吨；1909-10 年，273,354 吨。

1904 年 6 月 15 日，胶济铁路通向博山山谷的支线开通，立即在淄川车站附近的洪山开掘提升井（winding shaft）。挖掘提升井过程中有水渗入，必须设法处理水的问题，因此直到 1906 年才打开了第一层矿脉。现在开掘了三座坑道，发现 8 个采煤面。这里出产烟煤，适合炼焦。地层中的煤层多为褶被构造，极大地增加了煤田的产量。采煤容易，竖井口采出的煤每吨费用 1.75[7]（约 3.2 马克）。此外，还需构筑通风井，主要通风井已经开始挖掘。提升井和通风井也都用铁和石头加固。

这里雇用 22 名欧洲人和 2,500 名华人，为欧洲人提供住宿，华人都是附近地方的居民。

7　作者这里没有注明货币名称和单位，根据上下文，应为墨西哥洋"元"。

博山煤田产量如下：

1906-7 年，14,646 吨；1907-8 年，40,899 吨；1908-9 年，72,467 吨；1909-10 年，183,479 吨。

优质煤销售非常好，但不适合炼焦的煤粉，除了烧饭用之外，很难找到适当用场。

山东矿务公司的其他煤田，目前还仅处在勘探和筹划阶段。

胶州租借地的行政

总督是租借地行政首脑，他是首席行政长官和海军最高长官，同时是民政和军政首脑。军政事务主要由总督参谋具体负责，参谋们由参谋长统领。参谋长在任何必要的时候，均可代理总督行使职权。民政由民政长负责包括租借地内经济事务、贸易与商业、林业、普通税收和海关税、警察、畜类病害防治、教会、传教事务、寄宿学堂等等，无论事涉欧洲人还是华人。此外，租借地内还设有财政科、技术科、卫生局以及司法行政部门。

总督享有胶澳租借地行政权和立法权。不过，在某些租借地比较特别的重要问题上（即年度财政预算以及发布新法令），在法律上，他有义务首先将预算案和新法令提交督署参事会（the Government Council）讨论，但却不必受督署参事会决定的束缚。参事会有四名欧人董事（Municipal representatives），均为德国人。华人没有参事会董事，但总督每年任命当地社区四名华商作为"信任人"（"confidence men"），听取他们与华人有关所有事务的建议。近来，这些华人代表一次又一次地被召集参加督署参事会。

德人和华人商会成员实际上并不直接参与行政管理，不过，总督署在许多重要问题上大量征求他们的建议。

纯粹欧人之间或欧人与华人之间的案件，在胶州帝国高等法院（the Imperial High Court）审理，胶州帝国最高法院（the Imperial Supreme Court of Kiaochow）终审。纯华人之间的诉讼案由青岛地方法院（the Magistrates' Courts of Tsingtau）和李村（Litsiin,）地方法院审理，胶州帝国高等法院负责这类案件的一审后上诉，胶州帝国最高法院为终审法院。

第七章　德国在山东

和士谦（C. J. Voskamp）[1]

德国在山东

据说罗马梵蒂冈藏有一副由一位著名意大利艺术家题名"张家殉道者"（"The Martyrs of Changchia."）的大图画。该画描述的是天主教神父能方济和韩理（Nies and Henle）1897年秋在山东省张家庄被杀事件。安治泰（Anzer）主教和当时这一地区的主管官员报告和解释的这一事件的细节和原因，必须共同予以研究。然而，这一罪行成了立即展示"德国在山东"的"武力威胁"政策的理由。

据说安治泰主教曾自夸50年内整个东亚都将皈依"罗马天主教"，很多人的著述都记述了这一点。或许可以认为他是一位与古代教会宣称要战斗的尚武国君类似的人物，右手提剑、左手握十字架，是一位外穿教士袍而内里结束停当的勇士。

1891年，安治泰主教将他在中国传布天主教置于了新教徒德国皇帝的保护之下，因此就阻断了先前法国的绝对影响。之前，法国一直可在中国同任何官员及中国政府处理与天主教有关的相关事务；此后，正像人们见到的那样，矛盾出现了，法国政府一直还在自己辖区控制和管理罗马天主教。

假如研究一下中国相关事件的历史档案，无疑会发现一些1897年11月14日德国战舰占领胶州的令人关注的细节，1900年联军进入北京后，发现总理衙门已遭到严重破坏，许多丢弃的重要国家文件大量披露了这一重要事件。

1　和士谦，德国信义会青岛差会传教士。

例如，很多文件记录了当 1894 年完全战胜清政府武装的日本军队要向北京进军、清政府几乎是悲屈请求怜悯之际，德、俄、法三国给日本施加压力。利用这一机遇，德国获得了清政府像美国在菲律宾、其他列强在中国那样获得一个据点的允诺。1898 年 3 月 6 日，租借胶州并连带铁路及矿区的条约在北京签订。

中德条约含有人们通常所了解的五大内容。

中国皇帝希望与德国皇帝保持和平，提升大清国国力和在远东的影响，准予德国以租借的形式获得胶州 100 里的土地。租期确定 99 年，德国政府有权建造炮台和船坞，以便提升其新得到的运煤港的利益。铁路和矿区由德国人垄断经营，铁路主干线修至山东省省城，附带修筑四条重要支线；开发潍县附近的坊子和博山地区矿产。

自那时以来，由于日本打败俄国，远东格局发生了变化，中国政府和人民的爱国精神觉醒，德国的希望有所修正，但尽管如此，青岛依然将使自己成为华北重要的商业中心。

关于义和团的深刻教训，也已经有人做了大量论述。然而，只有山东的新教传教士预见到这场风暴的到来，但他们的警告被人们当做笑料。新教传教士清醒地认识到了罗马教会带有政治方案和计划的政策在山东引发的残酷的敌对情绪，这种情绪在义和团可怕的屠杀中达到了顶点，摧毁一切外国事物的浪潮席卷整个华北大地。

不过，在所有这些事件中，我们依然必须看到上帝之手的指引，他通过这些磨难把中国引向了一个新的更有前途的境地，通过教育和由此提升的道德，给了成千上万苦难的中国人以希望，中国或许会得到基督教的大量恩惠。

然而，毫无疑问，所有访问者都高度赞赏占领胶州以来 13 年间所做的难以计数的善行，赞赏德皇对胶州的影响。

花费约 800 万马克，建了内港，主要海港的各项设施均已安排就绪。

建起了坚固的炮台，以及大量军事仓库、机械厂等设施。建造了军营，可为 5,000 名军人提供食宿，青岛是远东地区欧洲列强拥有最强大防御工事的地区之一。

在德国占领以前，很少有人知道山东的这一地区。胶州（距胶州湾 20 英里的一座当地不起眼的城镇）是在成为现在德国的殖民地之前东方人对它的称呼。青岛是现在港口的称呼，原本是胶州湾内一个小岛的名字，胶澳是整个租借地的名字。

　　40 年前，几乎没有外国船只进入这里的港口，据说早前曾有一位轮船的船长因为轮船的汽笛惊吓了当地居民而遭到了骚扰。在胶州生活的一位瑞典传教士夸耀说他是第一个在青岛度夏的欧洲人，那里安静，是个世外桃源，有很多野兔和其他动物，可以狩猎，他就是靠狩猎维持生活的。

　　今天，我们见到了一座欧式城市，平坦而又宽广美丽的街道和宽敞的人行道，一直通向胶州湾海口。整个城镇都是电灯照明，完善的供水系统将海泊溪谷的优质水送到了家家户户。中国人说那里风水好，确实，由于有充裕的纯净水，青岛是很好的疗养胜地。青岛周围所有肮脏的大小村庄都拆除了，这将使青岛地区更加有益于健康。

CELEBRATING THE BIRTHDAY OF THE GERMAN EMPEROR IN TSINANFU, 1910.

1910 年青岛庆祝德皇生日

TIENTSIN-PUKOU RAILWAY BRIDGE ACROSS THE YELLOW RIVER, IN COURSE OF CONSTRUCTION, 1910.

1910 年修建中的津浦铁路横跨黄河的大桥

在中国政府管理下，这些村庄以走私犯和海盗窝点闻名于世，拆除了这些村庄后，走私犯和海盗不见了。原来那些村庄的位置，大多建起了美、欧风格的精美房屋。漂亮的旅馆、货物琳琅满目的商店、威武的练兵场、漂亮的道路，彰显着青岛的特色。花费数百万马克在这一地区的小山上植树造林，街道两旁绿荫密布，修造了很多漂亮的公园和可爱的花园。

或许我们应赞美为租借地孩子们开办的总督府学校（the High School），该校拥有漂亮的教室，由 8 名教师管理，开设根据德国一般教育标准规定的十年制课程。也应赞美德华大学（the Deutsch Chinesische Hochschule），该校在中国这一新区域的影响日益增长。新建了一座德国教堂，有高高的塔楼，是由德国的亲王和贵族们捐建的，宽大的医院，拥有所有现代设备，由一流的德国医生掌管，他们研究华人中的流行病。总督府位于青岛的中心。所有这些都值得我们赞美，尤其是当我们想到当地人和外国人享有一样的平等公义的待遇时。

法院，可以看作是清除邪恶力量的指挥部，就像一把铁扫帚，一直在清扫丧心病狂的邪恶分子、盗贼和海盗，这些人作恶多端，讲起来令人毛骨悚然。

德国士兵（因为普遍征兵制）来自各个阶层，无论军官或士兵都纪律严明，举止良好（在街上很少见到喝醉酒的军人），随着他们的到来，给租借地带来了安全，这一点甚至中国人也非常赞赏，正如一位老居民所言："自德国政府到这儿来以后，庄家没欠过收，很久了，老天一直风调雨顺，收成好，老百姓安生、知足。"无疑，由于这一地区管理好，人民满意、富裕。

美丽的大海和山景为青岛增加了无穷魅力。清凉的晚风中观看海滩，海浪慢声细语，柔和的月光照射在水面上，一片银色，令人赏心悦目，大量海生物低声吟唱，微风轻佛，波浪有节凑地拍击沙滩，真是令人着迷。

租借地北边矗立着巨大的崂山屏障，山峰险峻奇异，无论谁在这些荒野奇峰中漫步，在水晶般的溪流岸边小憩，呆在热情友好的道观或住在麦克伦堡疗养院，都会欣赏到崂山的美丽风光，大饱眼福，流连忘返，长久难以忘怀。这里的旧庙宇唤起人们回想当年秦始皇——中国的拿破仑曾登上崂山之巅崂顶，远眺"蓬莱"[2]。秦始皇之后，有一位遥远省份的总督参观崂山，[3]写下了"山海凌云"几个大字镌刻在岩石上。

青岛通向山东省城济南府的铁路，建成于七年前。铁路公司股息逐年增长，现已达到6%，令最尖刻的批评家们都感到吃惊。据说胶济铁路工程质量优异，设施齐全，几无与伦比，在远东地区无出其右者。铁路以钢制枕木铺设，寿命长，很多年都不用更新，整个路基非常坚固。车站设施齐全，秩序井然，优雅方便。

机车是动力强劲的美式机车，司机是此前专门训练的华人。铁路全线赢得了极高的声誉，为德国带来了荣誉。一条横贯拥有34,000,000人口的山东的大动脉，为沿线的城镇和难以计数的村庄带来了新鲜活力和生气。

上述事实在各方面给华人以深刻印象。有些人觉得这是些奇技淫巧，予以蔑视；另一些人仅仅表示疑虑，但全省总体上受到了教育，开阔了视野，具有敏锐商务眼光的人们很快觉悟过来，迅速在各方面显示出了优势。

青岛的中国海关在和蔼的税务司阿理文（Ohlmer）先生的管理下，为中国政府和德国租借地财政带来了巨大收入。最近，修建了一条中国人管理的铁路，但材料和工程技术人员是德国和英国的。这条铁路连接济南府和天津，因而就可通过西伯利亚铁路连接欧洲，将青岛租借地同母国连接起来，于是现在人们在青岛购买一张火车票，可乘上抵达柏林的莱特车站（Lehrter Bahnhof）的火车。

这条主干线很快将左右扩展修建分别由中国人、德国人或其他国家的人管理的支线，这样以来将会有什么结果？这意味着将为商业拓展新领域和通道，有了开辟新传教区和开展良好工作的可能，使中国更紧密地连结在一起。或许可以说，这条铁路的修建，正如普鲁士国王腓特烈·威廉四世（Frederick William IV, King of Prussia）在半个世纪前见到第一列火车时所说："两轮运货马车将永远不再用了"。

德国租借地为中国人带来了什么？德国租借胶澳地区十二年以后，德文报纸对此进行了自由充分的讨论，关于德国人可能犯下的一些错误问题，没有比他们自己更严厉的批评了。

2　原文为"islands of the blessed"，指希腊、罗马神话中的"极乐岛"，此处当指中国传说中的"蓬莱仙岛"。

3　指晚清曾署理四川总督、实任两广总督的岑春煊。

人们提及了这样一些问题:

"哪些希望实现了？哪些方面达到了预期目标？"租借地成功了还是失败了？"答案正如艾德 (Eitel) [4] 博士在香港所说的:"尽管有许多错误和问题，租借地在许多方面有了发展，现在能满足它内部发展的需要。"

很自然，德国和其他国家的教师们强调要为中国人开办学校，认为要把这些学校交由懂汉语、研究过中国经典、带着他们国家养成的坚定信念，认为只有进行严格管理才能办好学校的人们来掌管。

昏暗肮脏的农村学校正在消失，过去农村的教师常常是些中国典型的老派人物，留着长长的指甲，常常抽大烟，用中世纪的方法教导学生，这些教师已被那些有着更好素养、穿着得体、跟上时代步伐，至少是受过更好教育的教师所取代。

海军造船厂、铁路公司、治安法庭，当然还有传教团体，甚至于军营，一开始就开办学校，都非常成功。德国殖民工作始于学校教育。中国富人现在要求让他们的孩子上德国人开办的学校，甚至于为了能得到允许愿意把他们孩子脑后的辫子剪掉、穿上外国样式的衣服。德国学校剪辫易服这样的条件已经明智地降低了，并允诺要为华人开办一所中学，由德国和中国教师共同实施教学。中国政府自己也在努力解决教育问题，允许兼顾中国旧学和新学，只是不允许进行宗教教育、施加宗教影响。

张之洞公开宣称，如果新式中学办得好，将改变中国的高等教育体制，按照德国的计划办学。德国议会批准了 640,000 马克经费，创办租借地大学，每年费用拨款 200,000 马克，其中中国政府允诺今后十年内每年支付 40,000 马克，因为中国政府这项拨款允诺，德国政府允许租借地教育理事会增设一名华人会长管理中国经典的教授，北京学部的代表出席他们的毕业考试。

在济南参加租借地大学入学考试的学生数很快就达到了 100 名之多，其中有现任山东巡抚的侄子。

4　德国人，初为巴色会 (Basel Mission) 传教士，1862 年来华。1865 年转入伦敦会，1879 年辞去传教士职务，先后担任香港政府学校视察兼任香港总督私人秘书、《中华评论》(China Review) 编辑，著有大量关于中国的文章和著作，其中较重要的有:《客家人的历史》(History of the Hakkas)、《佛教讲演录》(Three Lectures on Buddhism)、《风水：中国自然科学的萌芽》(Feng-Shui: or the Rudiments of Natural Science in China)、《中国佛教手册》(Handbook of Chinese Buddhism) 等，对研究西方人眼中的中国民俗、宗教等颇有价值。

　　租借地大学前景光明，很有希望，中国学生总是佩服这里先生们的学问，对他们热忱、严谨的教学态度表示感谢，先生们都很友好、自律。

　　"德国在山东"与柏林会（the Berlin Mission）、东方妇女布道会（The Morgenlaendische Frauen Verein）、同善会（*General Evangelical Protestant Missionary Society*（Weimar Society）的工作不能说完全没有关系，但这些在"山东基督新教"一章中有更详细的叙述。

　　德国政府在一本蓝皮书中是这样评价这些新教差会的贡献的：

　　"传教士们对他们所在传教区的人们的影响，肯定是一件幸事。由于他们和蔼的教导和建议，许多中国人的偏见消失了，许多与军事占领一个地区相关的难题以及开放这个国家经济的问题，因宣教工作者们平稳而又谦和的活动，而得以缓解。"

　　在香港开放之后，英国商人要求一个深水港和自由港，德国也已经在她的租借地内建起了深水港和自由港。当地人的生活方式以及殖民生活方式，从"痛苦的经历到忍耐，从一成不变到充满希望"。

　　胶澳租借地是以令人痛苦的生命代价换来的。墓地的石碑使他们活在人们心中。

　　时间将说明德国是否会一直采取冒险政策。问题从一开始就很清楚，德国不仅仅是要获得一块土地，而是要分享山东和华北开放的经济和商业，要使青岛成为一个自由贸易港口，成为基督教文化和文明的中心。

第八章　大清山东邮政局

邮政司多诺万先生（J. P. Donovan Esq.,Postal Commissioner.）

济南府多诺万先生和邮政局职员

济南府邮政局职员

POSTAL STAFF, CHEFOO.

烟台邮政局职员

　　所有国家邮政体制的起源、组织和发展的历史，都令人感兴趣，但或许没有一个国家在这方面能比得上中国。中国很可能是世界上建立邮政体制最早的国家，尽管《圣经·历代志（下）》第三十章中记述希西家写信给以色列和犹大众人时，提到过"译卒就把王和众首领的信遵着王命传遍以色列和犹大"。这里的"译卒（posts）"的意思就是"信使（runners）"，这些信使就是经过专门训练用来传递快信的人。约伯（Job）把生命的短暂同信使们的迅捷做这样的比较："我的日子比跑信的更快"。[1]中国的邮政体制像我们所知道的驿站，或者说是政府速递业务，比上述《圣经》中提到的信使早得多，要追溯到公元前1122-225年的周朝，因此，至少有3,000年历史了。中国周代的这种驿站制度类似于色诺芬（Xenophon）[2]记述的居鲁士（Cyrus）在波斯创建的制度，他在进行塞西亚（Scythian）远征时，为了快速获得消息，试验一匹马一天不喂草料能跑多远，就以这一距离为准设立一个站点，安排一些人在那里一天到晚都预备着一些马匹。我们从马可波罗（Marco Polo）那里了解到一种设计极其精心、超越希腊或者罗马文明的邮政体制，这一邮政体制就是他访问中国时所见到的。根据这位威尼斯旅行家的记述，那时中国每25或30英里就有一个驿站，全国有这样的驿站10,000个，每个驿站备有300或400匹马。在亚述、波斯、罗马帝国甚至直到亨利八世时期的英国，设立传递信函的信使也还完全限定在国家用途范围内，只有官方急件才由这样的信使传递。不过，在伊莉莎白时代的英国，无疑像"便函"（bye-letters）、私人信件，虽然不被认可，但交

1　《圣经·约伯记》第九章第25节。

2　色诺芬（Xenophon），苏格拉底的弟子，雅典人，历史学家。

付一笔费用也是能够捎带的。

然而，传递官方急件并不是中国设立驿站的唯一目的，驿站还有迎送国家公务人员的目的和作用，这就能解释这些驿站为什么要预备 20,000 匹马了，帝国的使臣们在驿站受到最豪华的迎接和招待。据马可波罗记述，这些驿站的建筑很大，非常漂亮。房间家具设施齐全，悬挂丝绸，供应适合各级别官员的一切用品，甚至皇室贵族也能按照他们的方式在那里居住生活。前述波斯设立的官方信使制度，希罗多德记述了一些地方这种制度的特点，说这些地方有 111 处信使站，每天的路程是从这一站到下一站，每站都建有宽大漂亮的建筑，配备各种方便的生活设施。不过，在中国，到各地办事的官员需要持有官方授予的"火牌"，以便在所到驿站获取马匹和人员，而在晚些时候的欧洲，信使站制度却易于产生流弊。据说欧洲在 17、18 世纪，人们假装外出为君主办事，实际上却是为自己办事，假装为君主办事就可以在信使站获取马匹。这些实际上办私事的人获取马匹之后，常常是过度乘骑或过度使用，而这些人还经常忘记支付雇用马匹的费用。1885 年，奥地利麻格兹（Markirch）邮政局长莱博（Læper）先生对这种情况作了描述。他说，在奥地利邮政局设立初期，"各地邮政局长们无法防止旅行者们令人不能容忍的行为，不能防止他们超负荷使用马匹，不能防止他们让马匹拖拉不合理负载箱子、盒子等等过重物件的车子，拖拉这样的车子，往往不能按时到达目的地，……各地邮政局长经历的最糟糕的情形是，一些骑士或信使往往强力要求带走超过他们需要的马匹，超载的车上还乘坐两三个仆人，捎带的行李太多，却往往随意支付一点费用，经常是不到应交费用的一半。"

在中国，也有像快马速递业务一样有组织的徒步信差机构，这些徒步信差是政府雇佣的。这些信差腰间束一条带子，带子上系有铃铛，以便在抵达递信站点时引起各站点类似文书一类人员的注意，这些文书一类的人的责任是留意每个信差抵达或从这里出发的具体时间。无疑，这是驿站制度的一部分。

尽管在漫长的历史进程中，驿站制度已经发生了很多变化，但直至今日仍然存在，每年国家要为此花费 300 万两白银，其中山东大约每年分担 20 万两。驿站这种国家速递业务一度要比今天高效，这从信使的速度可以判断出来。必要的时候，他们每天必须行进 100 英里，从北京到广州 1,200 英里，要 12 天抵达，而政府的官员们同样的距离则允许花三个月的时间。

一些介绍中国情况的作者对上述中国精心设计的邮政感到惊讶，相对说来，直到前些年，这一体制都不是这个国家的公众邮政；不过，数世纪以来还有与政府速递业务并行的私人信行（Letter-Hongs），传教士们和其他居住在中国内地的外国人对信行业务都很熟悉。虽然这些私人信行中有一些如人们所熟知的"轮船信局"（lun-chuan-hsin-chu），可能是现代企业制度，但大多数信行无疑都是古老的运作模式。据说最大、最繁荣和最富有的一家轮船信行是由长江航道轮船上的两名水手设立的，这两名水手是拉塞尔公司（Messrs. Russell and Co.）的雇员。中国本土的私人邮政信行做得很好，在帝国境内很多地方经营收取递送信函、银行钱庄汇票、银两、包裹等业务，每个包裹费用 20 到 400 文钱不等，虽然收取费用高、速度缓慢，但得到了委托人的普遍认可。时至今日，《中国人的品性》（*Chinese Characteristic*）的作者 1890 年所说的对中国的一些认识大致仍不为过，他说："在西方人心目中，中国文明的不便之处，仔细想来主要有三点，这就是缺乏邮政设施，糟糕的道路状况，以及不便流通的货币体系。"当然，中国有私人信行，信函、包裹等可以通过这些私人信行"从国内某些地方递送到另一些其他地方"，但是，这些私人信行的作用局限性极大，相对于整个帝国广大地区来说，私人信行所能涉足之地，是微不足道的。

从 1904 年邮政秘书报告以及其他资料了解到，按照西方模式在中国建立帝国邮政是赫德（Robert Hart）爵士早在 1861 年提出来的，是年他提出了这一建议，并经常与帝国高级官员们讨论。据说有一次，总税务司（I. G.）向已故李鸿章阁下谈及按照西方模式建立的帝国邮政体制的优越性时，这一体制的财政前景深深打动了李鸿章阁下，他表示希望他能做中国的第一任邮政大臣。功夫不负有心人，1896 年，上谕命开办国家邮政局，组织和管理均由赫德爵士负责，他的中国进步和主张改革的朋友们都感到非常高兴。文明的进步有赖于交通设施，与交通设施密切相关，大清邮政局如果说不是最主要的，也将是在整个帝国传递和散播有用知识的一个工具，并将在贸易发展中扮演重要角色。看到大清邮政秘书自大清邮政 1897 年正式开办以来的年度报告的人们，会看到新式邮政体制在全国范围内有了多么显著的发展，邮政递送信件、包裹、汇票的数量有了巨大增长，人们一致认为，实现了设立大清邮政之初的预期目标。大清邮政局不仅在递送信函、分发全国各地许多出版社出版的价格低廉质量杰出的文学作品方面做得很好，而且传送帝国各地创设的很多报社出版发行的大量报纸，报纸以前在中国非常罕见。在西方，随着新闻报刊的创设，人们开始讨论教育问题、政治问题以及信仰问题，在中国，也不会例外。

即使现在，一些不同的地区中心出版发行的报纸，也开始在商业、社会和政治方面发挥着极好的影响，而大清邮政提供的服务设施，保证了邮费低廉，读者们日益享受着大清邮政递送快捷的好处。关于这一问题，下面引述大清邮政秘书1905年报告中的一段话，很有意思。他在报告中说：

> 报纸在其他国家是知识分子转变和公众进步的标志，从现有中国保持的报纸发展和传播记录看，以后可能会传播更有意义、更有用的资讯。半个世纪以前，新闻业在这个国家尚不为人知，1894年同日本的战争使这一局面开始出现了变化，一些通商口岸有很少几家中国机构胆怯地尝试发行报纸，这些机构或多或少都有外人编辑或外资赞助人。现在我们列出的报纸发行列表，含有数以百计的发行者，大部分每天发行数千份报纸。报道的内容很多都是有争议的问题，洋溢着一种新的民族生活本能，其中大部分内容是有关教育的，对民众极为有益，具有启迪民智之功效。帝国境内也出现了一些官方办的报纸，应中国政府的要求，大清邮政必须免费递送这些官方机构出版的报纸，并要为三家官方报纸收集订户。大清邮政为之收集订户的三家官方报纸是：南京发行的《南洋官报》、天津发行的《北洋官报》以及帝国商务部（the Board of Trade）[3]主持发行的《商务报》。

麦考利（Macaulay）勋爵说："我们英国邮政局是文明的一个辉煌胜利成果，有一个人的名字总是与那个绝妙组织的改革与发展联系在一起，他将活在每个国家中，因为每个国家都将感激他的天赋、睿智和产业，这个人就是罗兰·希尔（Rowland Hill）爵士。"赫德爵士在为大英帝国履行其他一些重要职责的过程中，试图为中国尽他的义务，确如人们所说的那样，他做到了："在中国，现代邮政业从设计到建设，以致近年来取得的最大成功，都归功于他，目前发展情况已经超越了当初最乐观的预期，不仅能自行维持运转，而且正在开始——当然是间接的——为帝国国库带来收益。"因此，当《泰晤士报》（Times）驻北京记者莫里循（Morrison）博士写下这样的文字："中国熟练地引进和扩展邮政业，永远都应感谢赫德爵士，他在中国整整服务了五十年，"确实实事求是，毫无夸张成分。

以上说了这么多，现在必须介绍给我指定的任务内容上了，即要介绍大清

3　清政府商务部创设于1903年。

山东邮政局。1897 年，像其他通商口岸一样，开始推行邮政业务，因为那时山东只有一个通商口岸，即烟台，烟台海关邮政局（Chefoo Customs Postal Department）改为烟台大清邮政局。后来，1899 年 7 月 1 日，大清山东邮政局在青岛开办信函邮递业务，同年同月，设立了济南邮政局。此时，山东邮政划分两个邮区，1899 年之前，青岛附属于烟台邮区。是年，青岛成为独立邮区，不再隶属于烟台，这样山东就划分出了三个邮区。下面摘自"1904 年大清邮政年度报告"的一段话，对为什么要做这样的划分做了最好的解释：

> 各邮区的规模最初是考虑该邮区内的道路距离、人口密度以及区内可以利用的通信方式来决定的；不过，各邮区界限一旦确定下来，邮政局长们就要拓展他们各自区域内的内地一些地方由总局确定的交通路线，这一拓展各邮区内地道路交通路线的工作始于 1901 年，一直在不间断地进行。这一工作的目的一直是以各通商口岸为中心，通过开辟和建立一些最重要地方的直邮路线，将各省省城与帝国邮政总局连接起来，尽可能多地将各府城、县城都连接起来，通过各通商口岸或北京，把所有无城镇地区与外国信函的抵达地上海、天津或广州都连接到邮政线路中来，从此，中国邮政交通就与邮政联盟各国和外部世界连接起来了。

按照上述规定，山东境内的通邮路线以烟台、青岛和济南为三个中心，一直在拓展，截止到 1910 年，全省共设立了 367 家邮政分局和代办所，这些邮政分局和代办所的具体位置，可见山东省邮政舆图。正如人们将见到的，不仅每个县城都有一处邮政局或代办所，而且大部分集镇也都设立了代办所，这些代办所除了寄送和兑付汇票业务以外，可以处理其他一切邮政业务，像正规邮政局一样收发寄送邮件。

大清邮政邮件的分发传送方式，陆路依靠邮差——努力工作而又忠心耿耿的公仆，他们一年四季始终如一，忠诚勤恳，日夜穿行于城乡或旷野，几乎没有规律的行卧休息时间，途中有雨淋、河水、抢劫等等风险。而一旦被发现没有及时投送邮件，除非他能给出令人满意的理由，否则就要被解雇。1904 年的年度报告的一份说明书对这一制度作了很好的解释：

> 按照西方模式建立的完成邮政业务要求的方法——由邮差递送信件，像在中国这样幅员辽阔的国家，一直不是一件容易的事情。中国辽阔的土地呈现各种不同的地理特征，公路被完全忽视了。邮

差通常走古老的贸易通道，即使绕更远的路程也要走这些古老的贸易通道，因为这些通道对邮差来说，比较安全，能够比较方便地抵达环绕一些集镇和村庄建立的邮政分局设立的服务站点。这些站点通常限定在 100 华里（33 英里）的距离，邮差可以根据计划规定的日子递送信函。不过，在主要道路上必须尽可能加快速度，轻便邮件每天递送一次，沉重邮件每两天或三天递送一次。有些地方轻便邮件由徒步邮差日夜兼程递送，另一些地方则由快马邮差递送，快马邮差每天规定行进距离为 200 华里（66 英里）。邮差是大清邮政雇佣的，穿着制服或佩带徽章。

我们从邮政秘书 1905 年年度报告中，也可以了解这一邮政制度在山东的运行情况：

> 山东胶济铁路本年竣工，从青岛沿海地区至省城 12 个小时，配备复杂的徒步和快马邮差制度，山东全省各地现在的邮政业务十分出色。山东大清邮政局业务现在已经发展为陆路迅捷传递信函到济南、北京的业务，当然，也是更为可靠和更为安全的。日夜邮差三天到顺德（Shunte）[4]，而铁路则只需一天，以前海路到天津或秦皇岛，常常延误。

实用科学的惊人发展、蒸汽和电力的应用、铁路的大规模修筑局面终于在中国出现了，这正如我们有些人 1876 年在吴淞铁路上乘坐火车时相信中国将会出现的情形一样。1793 年，当达尔文（Darwin）博士[5]挥笔写下如下预言文字的时候，几乎无人会思考或梦想出现这样的景况：

> 不久的将来，你将驾驭蒸汽，催动远处缓慢行驶的驳船，或驱动车子飞速奔驰，抑或鼓起宽阔舞动的翅膀，驼载着战车在万里长空翱翔。

铁路将对世界文明产生多么美妙的影响啊！以罗斯金[6]的观念来看，铁路将使世界变得更小。人们如果了解下述事实，可能是一件很有趣的事情：在达尔文博士在他的《植物园》（The Botanic Garden）中写下上述那几行字一个世纪前，

4　顺德（Shunte），清代顺德府，今河北省邢台市。

5　这里的达尔文，是指著名英国博物学家达尔文的祖父伊拉斯谟斯·达尔文（Erasmus Darwin,1731 年 12 月 12 日-1802 年 4 月 18 日）。伊拉斯谟斯·达尔文是一名医生和诗人。

6　罗斯金（John Ruskin），英国作家、评论家和社会改革家。

北京的耶稣会士们就已经在非常合理地为康熙皇帝实验制造机车引擎，以便中国拥有世界上第一台机车引擎。关于大清邮政未来的成功，将与铁路密切联系在一起，任何时候、任何地方的邮件，都可以利用铁路来运载传递，胶济铁路和津浦铁路已经在山东发挥了巨大作用。人们熟知欧美国家的流动邮政局，在胶济铁路线上，我们办了与欧美相较小型的流动邮政局，邮件在青岛至济南的火车上分类，这样火车一到济南，信件和明信片就可以立即分发递送至内地一些地方，如果不是在火车上就分拣分类，这些邮件就不可能马上分发递送。因此，人们将会看到这里和其他国家一样，铁路与邮局合作，通过分送邮递函件加速知识传播扩散和教育普及的情况。利用天津到济南的铁路，往返伦敦的信函六天就可以抵达。当计划中的青岛至沂州府、烟台至潍县、济南至顺德府（Shuntehfu）[7]的铁路竣工之后，大清邮政将获得极大便利，山东民众将获取极大利益。尽管邮差服务非常优秀，也非常规律，但由于道路问题，偶尔会有耽搁延迟的情事，尤其是在雨季。

　　下面根据 1906、1907 年年度报告制作的表格，展示了山东大清邮政业务的发展情况。西比斯利（A. E. Hippisley）先生在 1907 年年度报告中写道：

　　　　在山东，胶州和烟台依旧取得了良好发展，而济南由于同本地私人信行竞争，现在实际上盈亏相当。邮政局所开设了 175 处，仅比 1896 年增加了 13 处。收发信件由 4,500,000 增加到了 6,000,000 件，增加的部分主要是在省城济南的业务。发出汇票价值增长 50%，引起制钱兑换墨西哥洋比例从 1,035 钱增至 1,300 钱。地方投送次数，济南（省城）和郊区增加到每天四次。陆路邮差路线 6,565 华里（2,188 英里），开通了 4,560（1,520 英里）日夜邮差路线，每天 240 华里（88 英里），济南至北京的投送邮件时间缩减至三天，济南到济宁的投送时间为两天以内。这一快速邮递服务 1908 年扩展到了全省范围。

　　皮里（T. Piry）先生在 1908 年年度报告中写道：

　　　　山东三大邮政区都显示取得了良好进步。烟台邮政区内逐步增设邮政局所至 50 个，信件从 1,750,000 件增加到了 2,500,000 件，包裹从 14,000 增加到了 16,000 个。烟台邮政区是一个盗匪出没很难设立邮政服务的地区，现在全部由该区内的其他商铺代理邮政，每个

7　指今河北邢台市。

赶骡人都是私人邮差。省城济南，管控该省内陆地区，地方邮政机
构建立越来越多，邮政分局从 92 个增加到 152 个，信件增加到了
6,000,000 份，包裹增加到了 55,000 个，该邮政区实际上能够自负盈
亏了。胶州邮政区，靠近德国在山东的租借地，在内地开展了很好
的工作。该邮政区设立了十个邮政分局，大幅度提高了收入，快速
的铁路运输，为青岛和济南间的邮政提供了很大帮助。

下面的附表列出的山东大清邮政局和各分局以及代办处 1904-1910 年邮
寄的信件和包裹数、汇寄和兑付的汇票价值数额，展示了山东大清邮政截至
1910 年底所取得的发展和进步情况。

1904-1910 年山东大清邮政设立邮局数、收发信件包裹数、汇兑汇票价值金额

年份 项目	1904	1905	1906	1907	1908	1909	1910
总、分局	42	44	44	45	47	49	52
代办处	64	118	118	130	205	293	347
收寄邮件	3,624,868	4,741,561	6,474,913	8,398,983	11,530,026	14,689,600	17,519,892
包裹	28,667	58,273	74,391	95,290	117,388	170,529	207,147
汇兑	海关两	海关两	海关两	海关两	海关两	海关两	海关两
汇出汇票	22,486.94	58,710.40	118,458.84	167,000.00	164,000.00	200,000.00	187,266.47
兑付汇票	10,299.77	28,056.59	51,897.05	110,000.00	173,000.00	223,000.00	232,248.16

1907 年山东估计人口 38,240,000 人，是年山东大清邮政收发邮件
1,924,000 件，每 1,000 人中有 50 份邮件。当人们想到 1873 年时，英帝国每个
人 3 份邮件，而现在是 78 份邮件；美国现在 67 份，德国 55 份，丹麦 41 份，
奥地利 38 份，荷兰 31 份，比利时 29 份，法国和瑞典 26 份，挪威 20 份，就
会清楚山东大清邮政的发展潜力有多么巨大。在义务教育制度普遍引入中国
之后，女孩与男孩一样受教育，其所产生的影响也会和其他国家一样。要精确
估计中国能读书写字的人以及文盲在总人口中的比例，是一件极其困难的事
情，因为根本没有这方面相关的统计资料。在这方面，中国各省的情况是不同
的，正如人们所熟知的，南方各省的教育比北方开展得好，人口密集的城市比
农村开展的好。有人认为中国"每十个男性有一人识字"，也有人说"中国人
中有一半识字"。说有一半的中国人识字，在有些省份和好的时代，有可能是

真的。据《礼记》（公元前 1,200 年）记载："古之教者，家有塾，党有庠，术有序，国有学。"但根据我的调查，山东恐怕不是这种情况。山东很可能每 100名男人有 15-20 人、100 名女人中有 3-5 人受过足够教育，能够顺利地阅读或书写。丁韪良（W. A. P. Martin）博士曾明确指出："在西方字母文字情况下，阅读能力意味着一个人能够用笔表达自己的思想并能理解其他人的书面语言。在汉语情境下，尤其是古代经典和书面文字，阅读能力则不能这样认识。一个小店铺的掌柜，或许能够写数字和算账，而不用写其他任何文字；一个少年上了几年学，他可能准确无误地读出一本书上的所有文字，但却不理解书中每句话的意思。"这种说法是符合实际的，然而，丁韪良的这一说法大约是三十年前写下的，自那以来，中国的教育体制已经发生了很多变化，无论是城市还是郊区，小学、中学或高等学堂的教学方法都有了很大改良。过去半个世纪中，中国教育方面的种种变化，最大和对大清邮政影响最大的是各级学堂学习课程的变化。1901 年 8 月 29 日发布的关于教育改革的上谕，无疑已经在古代和现代教育史上引发了最伟大的革命，正在商业、智力、政治上产生深远影响，已经表明这是大清邮政事业进步和发展的最重要的因素之一。虽然在中国写信并不像其他任何别的事情那样，与西方国家一样频繁，据有位作家说，会写信对中国人来说是的一种优势，但或许中国出版发行的《尺牍备览》（Ready Letter-Writers）一类的书比任何国家都多。妇女和女孩教育，耽搁很久了，据说这是因为中国的男人担心实施女子教育，女子能学会写信。现在实施的女子教育正在产生非常好的影响。据一位权威人士说，过去反对女子教育的男人们，现在有人却说，"给我们的妇女放足，让她们能读书识字，使她们成为我们的同伴，以适合她们作为妻子和母亲的职责，因为家乃国之根。一个国家一半人口不识字受压制，这个国家怎么能有智慧和繁荣？"无疑，中国人口中有一半是成年妇女和女孩，人们即将看到女子在新教育运动中有何种潜在的可能性。数年前，尽管少数人享有特权，中国没有一位女子可能要求教育权利，不过，在古代，女子一般要比前些年享有更多受教育的权利。然而，现在像端方（Tuan Fang）阁下等督抚在全国开办女子学堂，并且取得了像其他已经进行女子教育改革的国家一样的进步，人们开始担心中国的"新女性"将不再恪守"妇道"（Woman's Sphere），而是声称要参与政治，这样一来，一旦获得自由，就会走向堕落。事实上，正如一位女子教育者所言，中国的男人必将退守到这样的境地："我们必须坦率地承认，中国的二十世纪将是女子的世纪，在新中国，将没有什么比受过教育、有公益精神的妇女有更大影响力了。过去一直流行的说法是东方的妇女受压迫受压抑。更确切地说，中国妇女这种情形比任何东方国家更严重，而现在，除非男人们自己振作起来，否则他们会发现自己将成为被压迫的阶层。"无论如何，当中国妇女开始"迅速轻松地进行心灵交流，一声叹息传遍印度河谷"时，肯定将为邮政收入做出极大贡献。

顺便注意一下推罗西顿（Tyre and Sidon）国王谒巴力（Ethbaal）的女儿耶洗别（Jezebel）是件很有趣的事，耶洗别是有史记载的第一个写信的人，《圣经》中提到她是一位具有独特个性的唯一写信的女子，尽管她提笔写信是为了欺骗。她"以亚哈（Ahab）的名义写信并使用他的印章，将信送给了那座城市的长老和贵族"。[8]她一直被人们比作阿伽门农（Agamemnon）的妻子克吕泰涅斯特拉（Clytemnestra）、俄国叶卡捷琳娜（Catherine）大帝、法国美第奇家族（Medicis of France）的凯瑟琳以及麦克白夫人（Lady Macbeth），麦克白夫人能对她的丈夫这样说：

> 优柔寡断！把匕首给我。沉睡之人和死人不过像图画；只有小孩子的眼睛才害怕画里的魔鬼。

根据1905年邮政秘书的年度报告里的政策规定，重新划分邮区，山东大清邮政由驻省城济南的邮政司管理，烟台和胶州成为副邮区。上述报告对这一调整的理由作了解释：

> 随着邮政业务的发展，重新划分邮区、对管辖权予以调整是必要的。问题很明了，海关最初设立邮政业务，在既有的路线设立邮政局，这些路线是对外交往和对外商业所熟悉的路线，有外国轮船交通，而现今邮政业务扩大了。像邮政部门这样的纯粹中国机构，必须认可中国长期以来的行政区划，邮政业务最终必须以省城而不是通商口岸为中心。设置邮政司，扩展对内陆省份的管辖，是朝着正确方向迈出的重要一步，明确了未来发展的特点。

山东省大清邮政雇用职员如下：

视察员 ………………………………… 4（济南3，胶州2，烟台1）
翻译人员 ………………………………… 15
外语职员 ………………………………… 84

8　耶洗别写信事，见《圣经·列王记上》第二十一章，作者这里引用的并不是原话。

分拣员 ················· 33

投递员 ················· 153

邮差 ················· 266

杂役 ················· 12

————

总计 ················· 577

除了上述人员以外，山东大清邮政还有不是直接雇用的 315 名代办员，这些人和上述人员一样，从大清邮政管理部门领取薪酬，遵守大清邮政管理部门的规章和纪律。

以上所述，几乎就是一份山东大清邮政服务的纪录汇编，从中可以概见山东大清邮政 1897 年以来的进步和发展情况，了解信件传递的方式和拓展方针。现在我要尽可能用最简洁的方式表明我的看法，我认为大清邮政官局已经为山东人民带来了某些间接教育效益。

首先，大清邮政官局刺激了山东人对地理学的兴趣，激励他们研究地理，增长了他们对自己的国家和其他国家的知识。世界上或许没有一个国家出版过像中国这么多地理学方面的著作。伟烈亚力（A. Wylie）先生在《中国文献记略》（*Notes on Chinese Literature*）中说："中国地形学著作的规模和系统全面性，或许是举世无双的。"收集 10,000 册包含方志、地理学、统计学、地形学资料方面的书建立一座图书馆，是比较容易的，中国最早关于地理方面记述的作品，很可能是《书经·禹贡》。然而，尽管如此，令人难以想象的是直到前些年，中国人的地理知识还很荒唐和模糊。一些中国圣人定下了一条像米底人和波斯人（Medes and Persians）一样的规则，说天是圆的，地是方的，作为有使臣名望的宾（P'in）不能让其外出旅行走得太远，以免走到地之尽头，掉到空里去。和其他很多地方的古人一样，他们关于地球表面和地球在太阳系中的位置的观念是很粗糙和不切实际的，不过，这并不令人感到奇怪。即使是一些最有才智的希腊哲学家，最初他们中一些竞相猜测探求真相的人，也不具备我们今天关于地球的知识。尽管这些哲学家已经有了地球是圆形的观念，但这一观念笼罩在错误的不切实际的阴影中。希腊人在荷马时代（Homer's time）的地理知识，比七个世纪以前的埃及人的地理知识局限性更大，他们关于其他国家的看法，即使不比中国古人那些关于其他国家的观念更不切实际、荒谬和模糊不清，也是和中国古人一样的。中国古人那时对于其他国家的无知，源于他们与其他国家隔绝，因为他们不开设地理学课程。因此，他们关于地球的形成及其区域划分的知识几乎为零，也就不足为奇了。

邮政资费自由流通，邮政通告公开发行，**大清邮政舆图**的发布，不仅刺激了人们探询中国各个地方的地理位置，而且激励人们去探询西方国家的地理位置。自大清邮政设立以来，商务印书馆和其他出版机构出版发行的大量地理学书籍十分畅销。中国人完全了解了过去三个世纪的地理大发现的情况之后，他们将会明白地理科学在促进知识进步世界发展方面所起到的重要作用。据说"一位农民的脑子里多了一个新的事实，他经常增加的是他的收成，而不是他的地产。"这一国家适用的原则，现在成了个人生活的原则。中国人所获得的他们国家和其他国家的地理知识，将引领他们渴望学习其他有用和实际的知识，大清邮政官局就是促使产生这一局面的主要机构，大清邮政官局及其在整个帝国的诸多分局和代理，每天都在传送地理学知识给那些渴望了解的人们。

明恩溥（A. H. Smith）博士在他的著作中，以独特而生动的笔触展示了中国人对时间是多么的漠视，描绘了一些挥霍浪费时间的典型人物，而富兰克林（Benjamin Franklin）认为，时间是构成生命的材料。不过，在理论上，中国人从小就被教导要明智的利用好时间，比如《三字经》中就告诫少年儿童说："勤有功，戏无益。戒之哉，宜勉力。"而在《千字文》中则谓时间是无价之宝，教导人们说："尺璧非宝，寸阴是竞。"

中国有大量警句、箴言，也是教导人们不要浪费时间，诸如："春宵一刻值千金"[9]，以及"一寸光阴一寸金，寸金难买寸光阴，"[10]等等。

然而，我们大多数人的痛苦经历是，尽管中国人是这个地球上最节俭的民族，但他们却既不像西方人那样利用时间，也不像西方人那样珍惜时间。不过，由于有规律地严格准时地收发邮件，以及派出的邮差要带着标示抵达和离开

9　语出苏东坡《春宵》诗，原诗谓："春宵一刻值千金，花有清香月有阴，歌管楼台声细细，秋千院落夜沉沉。"这里的"春宵"指的是春天的夜晚，并非常被人们误解的新婚之夜。

10　语出《三宝太监西洋记》（常简称《西洋记》），原话是"可叹一寸光阴一寸金，寸金难买寸光阴。寸金使尽金还在，过去光阴哪里寻？"不过，"一寸光阴一寸金"一语，明代之前已多有用者。如唐代的王贞白就读于庐山五老峰下的白鹿洞时，便写了"一寸光阴一寸金"这一名句，元代同恕《送陈嘉会》诗中亦有云："尽欢菽水晨昏事，一寸光阴一寸金"之语。但在民间广为流传的则是"一寸光阴一寸金，寸金难买寸光阴"警句。

每一个站点的路线清单按照规定的时间到达和离开，这方面的情形正在发生变化。我们发现中国人正在开始珍视时间就是金钱这一事实，邮政局和铁路正在联手促成这一局面的形成。这方面的一个有力证据就是，官员们和商业阶层人士正在开始利用"快递"制度，现在有时出现普通信件延迟投递的情况时，更多的是由普通中国人报道这一问题，而不是像过去那样是由邮政局报道的。这表明中国人不仅赞赏信件传递有规律和便捷了，而且像其他国家的人们一样，越来越认识到随着世界上最遥远地方之间的交通设施的迅速发展，商业所有领域竞争激烈，时间就是金钱，因此，他们必须像节约其他东西一样节约时间。

其次，组建和设立大清邮政之时，中国公务员的另一分支机构正在创设，现在这一机构正在训练大量的年轻人，他们最终将作为管理人员成为一些部门的主管、组织者和专家。由于选拔考试制度尽管有缺点和不足，仍然是中国最好的制度之一，实行选拔考试制度，最贫穷出身的孩子或许能够通过自己的毅力和努力，获取最高的荣誉和最尊贵的职级，在这一制度下，需要人才的大清邮政局招收职员已经不是难事了。虽然考选制度早在中国舜帝时代（公元前2255-2205 年）就有，但直到 1869 年才传入英国，据说舜是由于他的才能和美德被推上王位的。1869 年，格莱斯顿（Gladstone）先生战胜重重困难和异议[11]，采用了这一制度。采用这一制度，主要经由到过中国的最杰出、最有远见的领事之一密迪乐（Thomas Taylor Meadows）先生的推荐[12]。在英国和其他国家，像在中国一样，通过考选这一途径跨进国家公务员队伍的门槛这一办法，已经证明在各方面都有着不可估量的益处，许多有能力的人通过考选制度进入了受人尊敬的公务员行列，而这些人在任命、捐纳等制度下，是进不了公务员队伍的。在大清邮政官局，与它的姊妹机构中华帝国海关一样，这里的中国职员无论是通晓外国语言文字的还是不通外国语言文字的，都是通过对他们的智力、道德和身体条件进行考选才得以担任的，不经过考选，他们不可能一步步获得升迁。当经过考选进入公务员服务领域后，便被教导在他服务的领域内的相关职责，他很快就意识到了他是这个庞大队伍中的一员，必须按时与他

---

11 格莱斯顿（Gladstone），英国政治家，曾四度出任英国首相，其引用中国考选制度是在第一次出任首相的第二年。

12 密迪乐（Thomas Taylor Meadows），多次来华，任过中国多地领事，号称"中国通"。密迪乐 1868 年于牛庄领事任内去世，他建议英国采用中国的考选制度，应该是在其去世之前，只是在格莱斯顿出任首相后才得以成为现实。

人一道和谐合作，以便使机器运转不出故障。大清邮政是一架在这个庞大帝国传输文明因子、商业信息和有用知识的巨大引擎，注定是这个国家的涵盖范围最广阔的重要、成功的部门。邮政事业每年都经过仔细考虑和邮政总局同意有所改进和制定新计划，把西方国家的邮政事务模式引进中国。这些计划给中国邮政职员带来了新知识，中国邮政职员大多是受过教育的人，因此他们获得的知识将会是他们个人、国家和民众最有价值的东西。中国邮政职员中有不少人曾通过旧体制下的科举考试，取得了功名，由于他们刻苦学习、具有耐心和毅力，从而成为大清邮政局遵守规章、条例和纪律的优秀雇员。"旧的秩序改变了，新的秩序正在形成。"但是，我们发现在旧体制下有大量对大清邮政局的工作和发展非常有用的人才。我并不打算详细介绍大清邮政局的行政管理、工作和组织情况，我只是要指出在邮政服务领域有培训人才的空间，这些在那里接受培训的人数年以后将成为一些邮政部门的负责人或成为他们自己同胞的领导者。在大清邮政局，像其他公共服务业一样，人们甚至现在就可见到具有各种专业能力和知识的人，其中很多人都做出了杰出的贡献，具有应对紧急情况的热情和意愿。格莱斯顿先生在谈到他自己国家的邮政系统时曾经说道："我不想给予我们作为管理者的国家很高的评价，但是，如果仅从邮政局做出评判的话，那或许我们在这方面是一流的。"一些相对小的事物，英国的组织制度确实看上去是完美的，将来有一天，中国的大清邮政局的组织制度，也会是完美的。

再次，随着大清邮政官局的设立，不可避免的改良将是中国道路状况的改善。任何一位像笔者一样在这个国家广泛旅行的人，必定会对这个国家的大道和乡间小路曾经的印象有很大的改观，现在这些道路的情况比数年前好多了。大多数在中国旅行的人和介绍中国的作家们都认为，中国最初建造的那些大路在工程设计和建造质量等方面都和古罗马人的一样。山东曾经有很好的道路，尽管许多道路由于年久失修，雨季比沼泽地好不了多少，干旱季节尘土纷扬令人很不愉快。所有了解这个国家的人都会同意能干、知识渊博、观察敏锐的韦廉臣（A. Williamson）博士的意见，他写道：

> 几乎没有什么能比这些帝国的道路令人更能感受到帝国古圣先王的宽阔胸襟、能力、警惕性、活力和这个帝国的盛世伟业了。马可波罗和耶稣会士们在他们的著作中夸张地赞美这个帝国那时的桥梁、山间通道、优美的城市，会与他们自己国家的这些事物形成强

烈的反差，我们一点也不感到奇怪。

然而，接下来他悲叹这些道路的现状，与其过去的盛况进行比较，并补充说明现在花费很少的心思和金钱就可以修复。估计中国因为缺乏良好的道路运输货物，每年损失 180,000,000 英镑的收入，因此，从贸易的利益考虑，这一问题必须尽快予以解决。在大不列颠和爱尔兰，改善道路状况是邮政业发展的结果，碎石路和柏油路都是在邮政局主持下雇工修建的。一个多世纪前，英国的道路如果说不比今天中国的道路更糟的话，也和中国的一样糟糕。旅客在城镇间的道路上行走很慢，也有危险，马必须拖拉着适应这些道路状况的沉重笨拙的木车，十分痛苦和困难。但现在的情况已经完全不同了，弯弯曲曲、崎岖不平的道路不见了，代之而起的是笔直、平坦的大道，举凡近些年到过大不列颠和爱尔兰旅行的人，都对那里不到 100 年间交通条件所发生的变化赞叹不已。希望中国尽快修建碎石路或柏油路，根据科学原则修筑道路，新修建的道路要坡度小、够宽阔、有完善的排水设施和平整坚硬的路面。

在这篇简短的文章中，我没有谈及大清邮政所遭遇和克服的种种困难，但在结束这篇文章之前，我必须谈谈几乎没人注意的赫德爵士和大清邮政秘书谈到的一个国际问题。赫德爵士在 1901 年 5 月号《评论双周刊》（*Fortnightly Review*）上的一篇文章中写到："大清邮政官局必须应对两大难题：在中国内部，私人邮政机构遍布各地，政府暂时只能不予干涉，以免损害小民生计；而在各通商口岸，列强在中国土地上开办了客邮，这些客邮的存在引发了冲突，尽管目前它们还有用处。"邮政秘书在"1904 年大清邮政工作报告"中写道："另一困难，对中国来说也是一个特殊难题，这就是各通商口岸设立的外国邮局。目前设立的这些邮局数在不断增长，事关帝国行政管理，不可小视。最初有两三个国家在上海设立邮局，上海是外国邮船的终点站，那时候这里需要与国外进行国际通邮，现在也仍然需要。然而，自那时以来，外国邮政逐渐扩展至其他口岸，法国、英国、德国、日本在各通商口岸设立的邮政局，正在做着大清邮政官局自己足可以做的工作。它们不仅缩减了大清邮政官局国内转口信函传递的合法份额，而且在一些并非是外国需要的地方扩散客邮机构，引发人们的怨恨，妨碍职能与它们如此相像的机构的推设。"

当中国与欧洲、美国以及日本一样严格实施国内民众递信业务垄断经营时，本土私人信行或者合并到大清邮政官局，或者取缔，客邮也有望撤离。一些人可能不知道，中国邮政法（Postal Law of China）已经规定实行垄断制，

1896 年发布的开设大清邮政的上谕中含有这层意思。根据这一法规，注册邮政机构之外，任何其他人等——贸易商、私人个人、铁路或轮船雇员人等，均不得收集、携带、传送本应由大清邮政收寄之信函、报纸、邮件等，违者，每份邮件处以白银 500 两罚款。尽管据说作为国家垄断的邮政业，是否不能像中国这样面对本土众多私人信行，允许由公众设立一些分支机构竞争而提高业务能力，还是一个悬而未决的有争议的问题，但是，世界上所有国家最有能力、最杰出的法学家和政治经济学家都一致认为，任何个人或私人联合企业兴办邮政事业，都不可能像国家兴办的邮政那样便捷、经济和高效。布拉克斯东（Blackstone）[13]在论述递信专营时写道："规定递信专营绝对必要，因为只有独占权才可能支持这样的服务机构，许多竞争对手和各自独立的邮政部门，只能相互破坏。"因此，考虑到那些如何严格刚性地实施邮政垄断的国家在中国的土地上建立客邮机构，中国人将会憎恨这些客邮机构，就毫不足怪了。

　　上述赫德爵士提到的第一个困难，对我们来说没有意义了，因为山东现在已经几乎不存在这一问题了，希望另一大困难也在适当时间消失，这是所有业界中人甚至中国圣人制定的黄金法则（Golden Rule）的对立方都衷心希望的。尽管还有这样或那样的困难，正如我以上所介绍的，大清邮政正在突飞猛进地发展，实现了赫德爵士 1896 年写下的预言："总有一天，大清邮政将遍布帝国各地，并得到人们的充分赞赏，中国民众将会在这一过程中看到它的发展及其为他们带来的日常便利，它将是中国政府的一个有用工具，为这个人口众多、勤劳、允满爱心的国家带来持续不断的收入。"

---

13 布拉克斯东（1723-1780），英国法学家。

山东的宗教

第九章　天主教山东传教史略

方济会士、鲁北教区主教申永福

（the Right Rev. Bishop. E. Giesen O. F. M.）[1]

舒尔茨（W. M. Schultz）博士　译

申永福主教

济南府天主教大教堂

1　申永福，荷兰人，1868 年出生于阿姆斯特丹，1886 年在马斯特里赫特（Maastricht）
　　入方济会。1894 年来华，在山西南境教区传教。义和团运动期间曾两次受伤，在
　　教区中国天主教徒保护下得免于难。1902 年来山东，任天主教鲁北教区主教，直
　　至 1919 年去世。来济南伊始，即利用庚子赔款，主持兴建义和团运动期间被毁的
　　天主教堂，历时三年多，于 1905 年建成华北地区最大的天主教堂——济南洪家楼
　　天主教堂。

十字军东征时期，强大的海外宣教运动促使方济会和多明我会的传教士们来到了中国。传教士们对蒙元帝国的格外关注，始于蒙古人（1241 年）包围西里西亚李格尼兹（Leignitz）。然而，他们这次关注蒙元帝国却不是要进行讨伐战争，而是要努力使蒙元帝国基督教化，以使这些鞑靼人不再进行狂热的战争劫掠。

1245 年，若望·柏朗嘉宾（Johannes de Piano Carpine）带着教宗的委任状，作为传教士赴蒙古。稍后，另一位方济会修士罗伯·鲁威廉（Wilhelm Ruysbruik）奉法兰西国王圣路易斯（St. Louis）[2]之命，踏上了这一令人振奋的旅途。此后，方济会的传教士们连续不断地前赴后继到东方来。其中值得特别一提的是若望·孟高维诺（Giovanni da Montecorvino），他于 1249 年抵达大都（北京），受到元朝皇帝铁穆耳（Timour）最友善的接见[3]。1299 年，北京已有6,000 名信徒，建起了一座漂亮的大教堂。

1307 年，若望神父得到了欧洲来的几位同工的帮助，开辟了数个教区，其中可以肯定的是有现在叫做泉州的刺桐城（Zaiton）[4]。1328 年，若望神父去世。

那时，基督教在整个帝国传播，很多大城市都有许多信徒。例如，大运河岸边的临清（Lin ch'ong）；至少真福和德理神父（the blessed Father Odoricus of Pordenone）在 1325 年之前就访问过那里。

这位成功的宣教师无论在什么地方呆上一段时间，总能建立基督教社团或扩大和加强早经建立的社团。1325-1328 年，他在北京工作，然后步行经西藏返回欧洲，是第一位到过那片土地并访问首府拉萨的欧洲人，使欧洲了解了那里的情况。

此后元代的统治者们对基督教都很有好感，据说最后一位皇帝甚至受洗成了信徒。然而，明王朝建立后，则对基督教持敌视态度。

1370 年，最后一任大主教威廉·伯拉多（Wilhelm of Prado）率 20 名方济会士启程前往北京，途中遭遇了极大困苦。

---

2 即圣路易斯九世。

3 这里说的 1249 年若望·孟高维诺见到了铁穆耳显然是 1294 年之误，1294 年忽必烈去世，铁穆耳刚刚继位。另说他 1893 年抵达大都（今北京）受到当时尚在世的忽必烈汉的接见。

4 当时泉州城池扩建时，曾遍植刺桐树，是以各国商人和航海家称之为"刺桐城"（Zaiton）。

后来在 15 世纪, 被任命为北京主教的那些方济会士是否到任很值得怀疑。对基督教的严重迫害连年不断。传教士越来越少了, 许多基督教社团日渐缩小或干脆彻底消失了。直到 17 世纪初, 方济会和随后的多明我会才再次在中国布道。经过许多艰难尝试, 耶稣会最后取得了成功。他们在山东一些城镇建立了基督教社团, 迄今已知最著名的第一位耶稣会士是龙华民（Nikolaus Longobardi）神父, 他在 1636 年赢得了山东省城几位官员和官学生们的信任。

1650 年, 方济会神父利安当（Antonio Caballero）与汤若望（Adam Schall, S. J.）商量在中国传教的问题, 根据汤若望的建议决定前往济南府。耶稣会确实在山东建立了基督教工作的基础, 但已经数年没有教士进行精神监管了。经由汤若望的推荐, 济南的一位官员对新来的利安当相当友善。翌年（1651 年）8 月, 这位官员和他的两位朋友为利安当买了一处房屋, 以便他有地方住下来和设一个教堂。同年, 他有了一位同工——文都辣（Bonaventura Yhanez）神父。两位神父热情工作, 取得了极大成功。1659 年, 他们报告说施洗了 1,500 名信徒。精神上得到了极大满足, 文都辣神父决定于 1663 年回欧洲征募新人, 并争取获得财政上的支持。在他离开之后, 信徒继续增加, 1665 年, 总计达到了 2,000 人。

就在这时, 在汤若望神父的敌人的煽动下, 大迫害开始了。利安当神父与一位耶稣会神父被关进了济南府的监狱（1665 年 1 月）, 他们经受了几次审讯, 同年 3 月被押赴北京。在那里, 他与其他 25 位传教士一起受审时经受了磨难和侮辱, 并被投进了一处最令人厌恶的牢房。根据一道谕旨, 除了四名在钦天监供职的以外, 所有传教士都放逐广州（1665 年 9 月 13 日）, 历经 6 个多月的旅程, 这些传教士到了广州（1666 年 3 月 25 日）。

到了广州之后, 只是名义上的监禁, 他们被关在一所教会的建筑里。利安当神父于 1669 年在那里去世, 享年 67 岁, 他死于辛劳困苦。

年轻的康熙皇帝亲政之后, 传教士们又逐渐恢复了他们的工作。到康熙末年（1723 年）, 基督教社群已遍布山东各地。随后康熙开始迫害基督教[5], 耶稣会士和方济会士继续秘密进入山东, 许多基督教社群保留了下来。

这一时期, 在山东的方济会士冒着巨大危险继续劳作, 他们叫什么名字,

5　这里记述显得过于粗糙,"康熙末年（1723 年）"的说法也不确。康熙因礼仪之争, 于 1721 年下达禁教令, 一年多后就去世了, 也就是说 1723 年康熙已经去世了。真正严格的禁教政策, 实际上始自雍正朝。

何时去世，均不可知。然而，有少数特别的人物的姓名和卒年还是保留了下来了。在大运河岸边临清工作的北京大主教伊大仁（Bernardino della Chiesa），1759 年去世[6]。他曾与同工和代牧康合之（Carolus Horatius a Castorono）在直隶、陕西、山东各省劳作，康合之神父信心坚定，传教之余，著有一部非常有用的汉语词典。

在山东东部和中部地区，西班牙神父们的工作尤其出色。洪家楼有五座西班牙神父的坟墓，其中一座的墓碑碑文叙述了他们的出色工作。据碑文所述，魏列纳（Jounes a Villiterra）神父 1721 年来山东，1744 年去世，米玛诺（Emmanuel a San Capistrano）在济南，其他三位方济会神父在 1760-1770 年间在这里工作。1765 年，西班牙神父们给西班牙国王的一份上书告诉我们，那时有 114 名信徒受洗，教士们在城里有一所房子；先前方济会在城里也有一座教堂，但就在那一年，一位中国官员和他的家庭占用了，拒不搬走；济南周围的乡村有大量基督徒，这些教士在山东教牧关顾 2471 名方济会信徒。

郭伯尔纳笃（Bonaventura de Ssmo Corde Jesu，又作桑伯纳）神父是上述三位西班牙神父中最著名的一位。由于健康原因，他在山东服务两年后回到马尼拉。身体甫一康复，即乘船到了交趾支那（今越南南方——译者）。他一到那里，立即被逮捕，遭到了严刑拷打审讯，随后放逐到澳门。然而，到澳门后他随即乘船回到山东，在这里尤其是东部地区辛勤劳作，直至 1797 年去世。他是 18 世纪在山东去世的最后一位西班牙人。

18 世纪末，耶稣会的活动一度停顿；革命浪潮几乎席卷整个欧洲，无尽无休。结果，很少有传教士到中国来。先前能够派大量传教士到中国来的修会，现在必须为它们的生存战斗了。直到 1840 年，中国的直隶、山西和江南[7]仍有少数天主教教士，个别几个访问过山东，但也都很短暂，只是路过而已。

1839 年，重新划分中国教区，山东成为宗座代牧区，罗类思（Ludwig von Besi of Verona）为代牧。他在山西被祝圣为代牧，从那里带来一位中国教士。同一年，江类思（Aloysius Moccagatta）神父也到了山东。由于江南教区事务需要，罗类思去了那里，在他离开江南教区后，依然是那一教区的主教。从那

6　不确，应为 1721 或 1722 年。

7　指清代早期的江南省，省城南京，大致相当于今天的江苏、安徽和上海地区，下同。应当指出的是，江南省在康熙六年即始分为江苏省和安徽省，乾隆中期确定了相当于今天江苏、安徽两省范围，但本文作者使用的"江南"一词却始终沿用了清朝早期的江南省概念，这可能与天主教教区的划分有关。

时起，直到 1880 年，天主教在山东只有方济会在开展工作。

罗类思主教去江南后，江类思神父在中国教士的大力帮助下，开始访问山东的基督教各社区。据他们 1842 年底报告，山东的教务情况如下：受洗信徒 5,020 名；一年内施洗了 47 名异教徒，吸收了 67 名望道友，为 148 个婚姻举行了庄严的基督教仪式，为 109 名临终者施行了终傅圣事，这一年，他们还开办了五所学校。

那时候，学习圣秩圣事（holy orders）的学生要送到"圣母无玷圣心修道院"（General Seminary in Shanghai），该修道院属耶稣会。罗类思主教回欧洲前，把山东的学生派送回了本省。继罗类思担任山东代牧区主教的江类思在禹城附近建了一所拉丁语神学校（Latin and Theological school）。1851 年和 1852 年，江类思主教愉悦地任命了一位学生担任司铎。后来的两位新司铎——胡（Matthaeus Hu）神父和徐（Franciscus Hsu）神父，都是他建立的神学校的首批毕业生。

1850 年，包括主教在内，只有三位教士，相对于全省 5,736 名受洗信徒来说，显得太少了。然而，与前十年一个教士虽然十分忠诚但却很少而且要秘密地访问基督教社区的情形相比，这已经很值得庆幸了。十年以前，基督徒经常被衙门拉去审问，投进监狱，长期苦闷坐牢。一些基督徒被流放到伊犁和蒙古，另一些则被罚大笔罚金，或被异教徒抢劫，异教徒抢劫基督徒不受限制和惩罚，基督徒受这些苦难，都是因为他们不放弃自己的信仰。时至今日，一些老基督徒家庭里的老人，还能讲述他们年轻时看到和听到的这些事情。1854 年及稍后一段时间，山东以及这里的宣教区，遭到了太平军难以言说的洗劫。1860 年的一系列暴行中，临清繁荣的商业中心遭到了毁灭性的破坏，那时英法向中国宣战，中国政府悬赏百姓，杀一名欧洲人赏 300 两银子。幸运的是，就在这一年英法联军攻陷了天津，随后签订的和约允许所有传教士完全自由活动。但是，令人欣喜的和平很快被 1861 年回来的太平叛乱者所打破[8]。有一位叫莫里纳（Molina）的神父，在泰安府（T'ainganfu）附近的王家庄（Wang Jia Chuang）被他们杀害。梵东尼伯爵汉尼拔（Annibal, Count of Fantoni）神父的生命数次受到威胁；一些传教士相继落入他们之手，遭受毒打，被洗劫一空。

1862 年，应英国驻烟台领事弗格森（Fergusson）一再要求，派出一名教士去照料自 1860 年战争后在烟台定居的欧洲人。稍后，教会在烟台得到了一

8　这一次所谓太平军实际上是捻军。

块土地，并在欧洲朋友的帮助下建了一座教堂，这座教堂现在仍在使用。后来，方济会修女 1867 年也到了烟台，天主教事业欣欣向荣地发展起来。现在那里有育婴堂、医院，日校以及为欧洲人子女开办的寄宿学校。

在这期间，济南府历经多次谈判，于 1863 年索回了城里以前属于教会的房产；离西门不远的陈家楼旧墓地，也归还了。归还墓地时，鉴于盗匪依旧猖獗，决定将神学校迁至济南城里。

叛军连续不断地在山东以及邻近地区抢劫屠杀了 8 年之后，终于在 1868 年被山东巡抚丁保桢阁下的军队镇压下去了，百姓欢欣鼓舞，庆幸不用再过提心吊胆的日子了。

传教工作现在比较平稳。济南 1866 年始即有了教堂。罗马教廷任命辅理主教顾立爵（Administrator Cosi）为山东代牧区主教，前主教江类思迁山西代牧区担任主教。

下面是天主教山东代牧区 1879 年的统计数字：

受洗信徒 15,000 名，望道友约 5,000 名。1879 年，408 名异教徒受洗，113 个婚姻举行了庄重的基督教仪式；有 81 所学校，大小 119 处教堂，收养弃婴或父母送来的儿童 215 名，雇用 19 名欧洲教士从事传教和教育工作。

安治泰（Anser）教士 1880 年抵达烟台，并向在济南的雇主教报到。后来，他被选为主教。雇主教指定他常驻洪家楼，以便学习汉语，了解中国的风俗。稍后，雇主教委托他和他的同工福若瑟（Freinademetz）负责山东西南教区。圣言会（the Missionary Society of Steyl）先前已培育了雄厚人力，不断派遣新同工来山东，所以在 1885 年最终将整个山东西南部即兖州府、沂州府、曹州府三个府和济宁州划归了圣言会教区，这个代牧区称为鲁南代牧区，专门由圣言会管理。

漫长而狭窄的山东东北部地区，最后在 1894 年划分为东、西两个代牧区。东部包括登州府、青州府和莱州府。这次划分，东部代牧区的主教是常明德（Schanz）阁下。剩下的泰安府、济南府、东昌府、武定府和临清州，称为鲁北代牧区。

直到 1898 年，基督教传播一直未受扰乱，是年毓贤担任山东巡抚后，山东西部开始动荡不安。毓贤调任山西之后，强力的袁世凯阁下遏制了对基督徒的迫害；但他没有能够阻止许多地方焚烧本地基督徒的教堂和住宅，也没能够阻止焚烧一些地方教会的房屋，有 200 多名信徒被杀。

和平秩序恢复之后，开始重建教堂和社区。传教工作比任何时候都更加富有成效，1909 年山东天主教的情况如下：

代牧区	欧洲教士	本地教士	基督徒	慕道友	每名教士平均照管基督徒
鲁北代牧区	27	17	27,472	18,103	624
鲁东代牧区	24	5	9,031	13,961	311
鲁南代牧区	55	13	51,941	42,051	764
总计	106	35	88,444	74,115	（平均）566

关于鲁北代牧区，1908 年复活节至 1909 年复活节期间，一些具体情形如下：

4 所教授中国经典的学堂，学生总计 120 名。

128 所教授宗教内容的学堂，有男生 1,127 名，男教师 74 名；女生 1,190 名，女教师 66 名。

此外，雇用有 274 名布道师传布基督教，152 名男性，122 名女性。

7 座育婴堂，收养 262 名弃婴。

这一年间，计有 1,612 名异教徒举行了神圣的洗礼仪式，成为同道。

鲁北代牧区总计 27,472 名信徒，分布地区如下：济南府 7,357 名，东昌府 6,669 名，武定府 3,320 名，泰安府 7,039 名，临清州 3,087 名。

第十章　山东基督新教（上）：
　　　山东基督新教殉道者

碑文（几乎不可辨识）

纪念 1861 年 10 月捻军杀害的美国圣
公会宣教士巴克尔

使人和睦的人有福了

　　　马太福音第 5 章第 9 节

花雅各牧师

花雅各（James Landrum Holmes）牧师

花雅各牧师 1836 年 5 月 16 日出生于美国现在西弗吉尼亚（West Virginia）普雷斯顿（Preston）县。自孩提领洗时起，他就铭记自己到中国做传教士的义务。1858 年 6 月，他毕业于哥伦比亚特区的哥伦比亚学院（Columbian College），毕业前，他已接受了弗吉尼亚州里士满（Richmond, Virginia）南浸信会国外宣教部（the Foreign Missionary Board）的委任。

同年 7 月，他与利特尔（Sallie Little）小姐结婚，8 月，偕新婚妻子乘船启程赴上海，翌年 2 月抵达目的地。1859 年 5 月，花雅格夫妇为在登州府定居到了烟台。然而，因英法联军之役尚未结束，他们又被迫返回上海。战争一结束，花雅各先生尽快回到烟台，在这里花了一段时间租赁整修房屋，然后返沪搬家，于 1860 年 12 月在海雅西（J. B. Hartwell）牧师一家的陪同下来到烟台。

1861 年 2 月 8 日，花雅各记述说："中国全国开放福音布道，海雅西弟兄已赴登州整修他租赁的房子，可望于数周内搬过去。烟台似乎是我在山东最重要的据点之一。"

倪维思（Nevius）夫人在她《我们在中国的生活》（Our Life in China）一书中，有如下一段关于花雅格先生的话："美国内战一爆发，那些总部设在南部各州的传教士们立即发现他们处在了一种十分复杂难堪的地位。他们不得不或回南部各州去，或从事世俗事务……花雅各先生就是选择了从事商业的传教士中的一员。他是一个性格特别可爱的人，人们都愿意与他相处。花雅各先生长相清秀、有才干、热心待人、举止优雅，这对中国人极具吸引力，他特别适合在中国人中工作。"

1861 年，捻军席卷山东。是年 10 月，花雅各先生同美国圣公会（the American Episcopal Mission）的巴克尔（Parker）先生去了捻军军营。8 天之后，发现了他们遍体鳞伤并被焚烧过的尸体，因为不允许在别的地方下葬，最终葬在了芝罘湾灯塔岛上。花雅各夫人莎莉·利特尔·花雅各，出生于美国弗吉尼亚州法魁尔县阿布斯威尔（Uppersville, Fawquier County），15 岁时就决心做一名传教士。花雅各夫妇各自的母亲均已孀居，她们把自己的儿女奉献给了上帝。花雅各夫人 1862 年 7 月加入了美国南浸信会登州布道站，在那里忠诚地工作了约 20 年，后因环境所迫离职了。在写这篇短文时，她仍生活在美国西弗吉尼亚。

穆拉第（Lottie Moore）

巴克尔（Thomas Middleton Parker）牧师

烟台美国圣公会（the American Protestant Episcopal Church）工作始于 1861 年 4 月。这是长久以来的愿望和计划，希望把烟台作为在北方拓展工作的中心地。巴克尔牧师夫妇、神学博士史密斯（Smith）牧师夫妇，就是为此目的来到烟台的。

1859 年，他们与已故施约瑟（Schereschewsky）主教及汤姆森（Thomson）会吏长一起出发，12 月 21 日或 22 日到达中国，因此他们在中国仅仅一年半时间。到烟台后，他们发现美国南浸信会的花雅各牧师夫妇已经到了那里。花雅各夫人事实上是进入烟台的第一位外国妇女。

这些传教士们艰难地寻求租赁房子，他们发现几乎不可能找到汉语教师，当地人民很好奇，但并不友好，周围到处发生叛乱。来过几封令人愉快和感觉勇气可嘉的信件，但却没有能开展什么称得上是令人鼓舞的工作，当然，学习汉语花去了他们大量时间。

巴克尔先生与花雅各先生 10 月遇害。当时一伙叛军（指捻军）威胁烟台，所以夫人们迁到了一个村庄，希望她们在那里可能会是安全的，史密斯先生留在那里保护她们，花雅各先生和贝克尔生则去会见叛军，试图说服他们不要进攻烟台。他们似乎并不觉得担心，因为叛军总是声称对传教士最友好，但他们一到叛军营地，或是立即被杀，或是被拖到叛军首领面前后遇害。贝克尔夫人因丈夫遇害而心灰意冷，随即返回美国。花雅各夫人和斯史密斯夫妇继续留在烟台附近的村庄里，他们显然开始看到了某些希望，但第二年史密斯夫人患了霍乱，数小时就去世了。史密斯先生又呆了一年，然后就带着孩子返回了美国。烟台的工作就这样结束了，虽然惠主教（Williams）又访问过烟台，但他认为这里远不适合作为重新开辟工作的中心地。

上海安妮特·伯克·李士满（Annette Burke Richmond）

卜克斯（Sidney Malcolm Wellbye Brooks）

1898 年被按立为会吏，1899 年 12 月 31 日殉难。

卜克斯先生 1874 年出生于英格兰伯克郡阿宾顿（Abingdon in Berks, England）。他是杰出艺术家詹姆因·卜克斯（H. Jamyn Brooks）先生的儿子，先后在吉尔德福德文法学校（Guildford Grammar School）、哈默史密斯戈多尔芬学校（Godlphin School, Hammersmith）读书。1894 年入圣奥古斯丁学院（St. Augustine's College）进行与英国圣公会（the Anglican Church）有关的布道工作训练，1897 年接受了赴中国北方传教的任务。在圣奥古斯丁学院学习期间，他不仅显示出从事宗教工作的诚挚愿望，而且对足球有极大兴趣，并指导恢复了坎特伯雷市足球俱乐部。学完了学院的普通课程之后，他离开英格兰远赴中国，1897 年圣灵降临节傍晚抵达烟台。不久以后，他去了北京，并于 1898 年和伯纳（Burne）先生一起被派立英国圣公会会吏之职。此后不久他离开北京到了英国圣公会在山东的一个布道站平阴，与他的同事马焕瑞（H. Mathews，又名慕达理）先生合作负责那里的工作。1899 年圣诞节期间，他到泰安府他的姐姐、英国圣公会布朗（Brown）先生的妻子布朗夫人那儿过了几天。就在这时，义和拳骚乱谣传四起，令他深感不安，遂决定比原计划提前返回平阴。返程途中，大约离平阴还有 40 华里的样子，被一伙暴徒抓住了。暴徒们撕去了他的外衣冻他，把他从一个地方拖到另一个地方。当折磨他的那些人休息的时候，他找机会逃跑，跑出了一段路，一伙人骑着马追了上来，仗剑将他砍死，把尸体扔到了路边的沟里。这一令人悲哀的事件是山东义和拳骚乱之始，若非政府立即采取行动更换了巡抚，毓贤调任山西，山西对传教士的可怕屠戮也会在山东发生。

REV. S. M. W. BROOKS.
Martyred 30th Dec., 1899

卜克斯牧师

随后，比卜克斯年长的同事马焕瑞先生前去收尸，用棺木盛殓，安葬在平阴英国圣公会的公共墓地。济南领事馆审理了这一案件之后，中国政府支付了一笔赔偿金，在卜克斯先生被杀害的地方树了一座碑，并在平阴城里建了一座华丽的圣司提反（St. Stephen）教堂，以志纪念。

关于卜克斯先生一事，马焕瑞先生这样写道："他的一生是灿烂、恒久无私的一生。对我们来说，他的工作似乎刚刚开始，但上帝比我们看得更清楚，谁能说他的死不比他活着更增上帝荣光？"

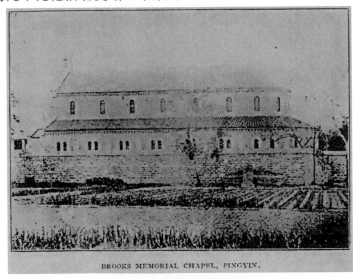

平阴卜克斯纪念教堂外貌

卜克斯纪念教堂内景

第十章 山东基督新教(中)：
先驱与老战士

REV. CHARLES GUTZLAFF,
Missionary to China, 1831-3

郭士立牧师 1831 年 3 月到中国传教

Rev. C. R. MILLS of American Presbyterian Mission, Tengchowfu, who arrived in China with this party in February, 1857.　　Miss LUCY MILLS, sister of Rev. C. R. MILLS, who afterwards became Mrs. J. DOOLITTLE.　　Rev. G. R. GAYLEY of American Presbyterian Mission, Tengchowfu.　　Miss SARAH MILLS, sister of Rev. C. R. MILLS, wife of Rev. G. R. GAYLEY.　　Miss ROSE MCMASTER, first wife of Rev. CHARLES ROGERS MILLS.

由左至右依次为：登州府美国北长老会梅理士牧师，1857 年 2 月到中国；梅理士牧师的妹妹露西小姐，后来成为卢公明夫人；登州府美国北长老会牧师盖利；梅理士牧师的姐姐盖利夫人；梅理士第一任妻子罗斯·麦克马斯特。

郭士立（C. F. A. Gutzlaff）牧师

据目前所知，第一个登陆山东的基督教新教传教士是久负盛名的郭士立（Carl Friedrich Augustus Gutzlaff，又作郭实腊、郭施拉、郭甲利），时为 1831-1833 年。他 1803 年出生于普鲁士朴尤兹（Pyutz）。他的父亲人品高尚，是朴尤兹镇里一名裁缝，1825 年去世。他的母亲在他还不到三岁时就去世了。郭士立在朴尤兹镇学校读书，受到了一般的拉丁语基础教育。他少年时代体质虚弱，但智力超群。他家里很穷，不能供他接受更多的教育，十四岁那年，他开始在朴尤兹镇做学徒学制皮带。然而，白天工作一整天之后，他仍在夜晚坚持学习到很晚。他的勤勉努力和能力，得到了普遍称赞。1820 年，普鲁士国王偶然访问斯德丁（Stettin）[1]，郭士立那时十七岁，他和另一位青年献给国王的一首诗，使他得到了有益于其日后发展的关注。最初，他被送到了郝利（Hulle）

---

1 即今什切青——Szczecin 旧称，波兰西北部港口城市，什切青省省会。波兰历史上在 1772、1793、1795 年三次被普鲁士、奥地利和沙皇俄国瓜分。

的孤儿院，随后，在他表示有做一名传教士的愿望后，就被派到了柏林一所政府出资的宣教师神学院（Missionary Seminary）。在这里，郭士立同时学习六门语言，他认为这对以后传教工作会有帮助，他怀着炽热之情忘我学习，牺牲了自己的健康，患了很严重的疾病，这使他不能如愿进入柏林大学学习。荷兰布道会（Dutch Missionary Society）听说了他的能力，期望派他作为该会的代表赴马六甲中国宣教神学院（Chinese Mission Seminary），但这一委派未能立即进行并最终放弃了。后来，他被派往苏门答腊，1827 年 1 月 6 日到达巴达维亚（Batavia，今印度尼西亚首都和最大商港雅加达旧称）。

1828 年，他意欲前往暹逻〔泰国旧称〕并获得批准，是年 8 月 23 日到达曼谷（Bangkok），他在这里的传教工作取得了极大成功。他在第一次赴暹罗旅行返回新加坡时，同当时作为当地一所女校校长在那里工作的伦敦传道会（London Missionary Society）的纽厄尔（Newell）小姐结了婚，但纽厄尔小姐不幸于 1931 年去世。郭士立先生刻苦学习暹罗语，他的妻子和他一起翻译了许多小册子，编写了一部交趾支那词典（a dictionary Cochin-Chinese），把圣经某些章节译成了五种方言。从这时起，郭士立先生即努力想到中国，在中国人中开展宣教工作。1831-1833 年间，他在中国沿海旅行了三次。

第一次旅行，他在胶州登陆，记录了如下一些事情：他发现山东本地人比南方各省居民正直，尽管南方人极其不敬地把他们看成是下等人。他见到了印度和欧洲商品以"尚可忍受的价格"在胶州集市上出售。

郭士立先生在他的第二次中国沿海旅行中，于 1832 年 7 月 14 日在威海卫登陆。他写道："这里的渔民冷淡、不友好，大多数情况下，拒绝接受或是送回分发给他们的书籍或小册子，尽管也有人有足够的勇气留下。这里的人民似乎非常贫穷，的确，整个山东都是贫穷地区。如果给以很好的训练，他们会成为优秀的战士，因为他们是我见到的所有中国人中最勇敢的。"

当地官方不允许他到内地，也不允许他同当地人民贸易，因此他们一行人去了朝鲜。在他第三次中国沿海旅行中，没有抵达山东沿海。

郭士立先生翻译圣经，出版发行汉语《东西洋考每月统计传》，著有各种有用知识的书籍。

1835 年，他被任命为英国为争取和平的委员会和进行谈判的联合秘书，因为了解当地人民并熟悉他们的语言，他做出了有价值的贡献。由于中国当局既不允许商人也不准传教士经各港口到内地，郭士立先生于 1844 年建立了一个训练当地福音传教士的机构，总计派出了 48 名培训人员在他们自己的同胞中工作。

郭士立先生 1851 年 8 月 9 日在香港逝世，年仅 48 岁。慕尼黑图书馆收藏有他全部中文著作。

上海南行 67 英里处的轮船航道上有一座郭士立岛，就是以这位远近闻名的传教士的名字命名的。该岛有一座灯塔和一个电报局。

神学博士高第丕（Tarleton Perry Crawford）牧师与高第丕夫人

高第丕（又作高弟佩、高乐福、高泰培、库劳福）1821 年 5 月 8 日生于美国肯塔基州沃伦县。不知什么原因，他的父母没有给他起名字，年龄稍长，让他自己为自己取名字。他为自己起的名字体现了他古怪的性格，这一性格使他在以后的生活中谈话常平添风趣。他选择了无论是朋友还是敌人都很佩服的在美国革命中服务的英国将军，以及参加 1812-1814 年战争的美国海军准将的名字作为自己的名字。高第丕先生在本县的学校接受了基础教育。1848 年，他入设在田纳西州默夫里斯伯勒（Murfreesboro）的联合大学学习，于 1851 年以甲级优等生荣誉毕业。同年三月，他同阿拉巴马（Alabama）的福斯特（Martha Foster）小姐结婚，五月，他们作为传教士启程赴中国上海。1852 年 3 月 30 日，抵达上海。直到 1863 年，他们一直在上海布道站工作，是年，由于高第丕的健康原因，他们转赴山东登州府。他们在上海工作的最重要的成就是使翁炳伞（Wong p'ing-san）信奉了基督教。高第丕先生后来记述说翁炳伞是他在中国的"第一个信徒。"翁先生在为高第丕夫人开办的一所女校教书时对福音发生了兴趣，他在老北门浸信会教堂（Old North Gate Baptist Church）作了许多年忠诚而有效的牧师工作。这家教堂位于北城门外，在法租界内。

1861 年，海雅西（J. B. Hartwell）牧师在登州定居。在这一时期，由于美国内战，高第丕先生自力更生。他写道："我们的工作除了没印刷书籍以外，所有方面都和从本部领取资金一样进行"。由于海雅西先生发现必须返回上海两年，高第丕先生接管了他在登州的工作。1865 年，南浸信会已发展了 23 个信徒。有两所学校，其中一所是寄宿学校。海雅西先生回到登州后恢复了牧师职位，高第丕先生在戚家牌坊（C'hi Chia P'ai Fang）开展新工作，1866 年，组建了以圣会堂（Monument St. Church）著称的第二个教会。后来，第一个教会在上庄（Shangtswang）重组，许多信徒就住在那里，其他一些住在登州的信徒与戚家牌坊教会联合起来。

早在到上海工作后不久，高第丕先生就决定要有不带薪的助手，除了他的个人教师以外，他一直坚持这一原则。这些年间，他最忠诚的工作伙伴是高第丕夫人。她一年四季不失时机向中国人传播福音。她最成功的工作大部分都是为男人做的，几乎没有传教士赢得象高第丕夫人所赢得的当地基督徒那样的尊敬。有一位信徒说，"她的心充满爱"。如果我们主的爱在任何人的心中和生活中复活，那个人必定是高第丕夫人。华北浸信会（The North China Baptist Mission）很大程度上得益于高第丕夫人培养的两位牧师在黄县和平度忠诚、有效的工作。黄县的臧（Tsang）牧师是受她影响的一位登州寄宿学校的学生，平度的李牧师则是在她的劝导下走上了信奉基督的道路。高第丕夫人在她居住登州30年的时间里，挨家挨户地走访居民、教导来访的人、为学校学生上课、劝导妇女做公益事务，每年春季和秋季到乡村旅行。1875 年，高第丕夫人走访了 131 个村庄，由此可以看出她是一个一刻不停工作的人。那时，她负责照顾一所寄宿男校的孩子们。各种各样的责任都落在一位传教士妻子的肩上，显示了她对这些工作的热爱、耐心和忠诚。

1893 年，高第丕博士和高第丕夫人撤离登州，翌年开始在泰安进行艰苦、卓有成效的工作。在注意农村工作和进行城市访问的同时，组建了一家教会。义和拳爆发中断了他们良好的工作，在烟台和威海短暂停留之后，高第丕博士和高第丕夫人返回了美国。1902 年 4 月 7 日，高第丕离去，从此与上帝永远在一起。

REV. T. P. CRAWFORD, D.D. 　 MRS. T. P. CRAWFORD. 　 REV. J. B. HARTWELL, D.D. 1905.

　　　高第丕牧师　　　　　　高第丕夫人　　　　　　海雅西牧师

几个月之后，高第丕夫人回到了泰安府，她不停地辛勤劳作，城里一些有身份的人家接受了她。在这最后一些年间，她在吸收年长的人信奉基督方面成效显著。尽管年龄大了，精力衰退，她还是兴致勃勃地不停地工作，赢得了人心，在当地基督徒中构筑了最虔诚的信仰。最后，1909 年 8 月，劳累的双手卷曲了，忠诚的心停止了跳动。又一位"受感召和选择的忠诚的"人，享受上帝天堂的幸福去了。

登州府穆拉第

神学博士海雅西（Jesse Boardman Hartwell）牧师

1835 年 10 月 25 日，海雅西（又作海大卫）博士出生于南卡罗来纳州达灵顿（Darlington）。他是虔诚的父亲多年渴望、祈求、祷告来的孩子，他父亲本人丧失了向不信教的人传播福音的机会，于是开始祈求上帝降给他一个儿子代他去国外布道。在海雅西之前，他们家生了六个女儿，他父亲继续祈求，"上帝啊，给我一个儿子做国外传道士吧。"他的虔诚终于有了回报，海雅西降生了，夫妇二人欢天喜地。

海雅西很小的时候即信奉了基督，对于自己的未来，他除了要像他父亲和祖父那样做一名福音传播者之外，别无他求。在他的心里响起了马其顿人呼召的时候，他于南卡罗来纳州格林威尔的弗曼大学毕业（Furman University，Greenville, S. C.），进入那里的神学院学习，1858 年 1 月，南浸信会国外差会本部委任他为到中国的传教士，同年 5 月被按立为牧师。1858 年 9 月，他与年轻的妻子从纽约出发，1859 年 3 月 12 日抵达上海。

他在上海的最初两年间，勤奋学习，自由地同当地人民交往，令人羡慕地学会了上海方言，而连续不断地全负荷工作，使他的健康每况愈下，医生告诉他必须到北方去恢复健康。

然而，在离开上海之前，海雅西先生与高第丕（Crawford）先生和花雅各（Holmes）先生到苏州作了一次值得纪念的重大旅行，访问那里的太平军以便查证：

一、太平军自称拥有并要作为他们政府基础的基督教的真正素养；二、他们计划对在中国的福音传道士所传播的基督教采取的态度；三、在他们中间设立差会的前景。

他们几个人在一家王府里呆了一夜，非常坦诚地同太平军领导人进行了商谈。这次旅行的一些细节非常有意思，这里不便叙述，但值得特别注意的是他们曲折地谈到了基督教英雄、中国的戈登率领的"长胜军"，说天佑"长胜军"。

1860 年冬天，海雅西先生一家和花雅各先生一家一起组建了山东省第一个新教差会。

1860 年 12 月的最后一天，他们抵达烟台。花雅各先生决定把烟台作为他的活动基地，海雅西先生则在登州府设立了布道站。

1862 年 10 月，登州府组建了浸信会第一个教会，有 8 名成员。同一天，其他三名成员受洗，教会成员总计 11 名。据目前所知，这是上海以北第一个新教教会组织。

海雅西先生布道工作十分努力，他在蓬莱和黄县城里及其乡村地区宣讲基督教义，还经常到蓬、黄两县以西、以南地区布道。

他春夏秋冬一年到头夜以继日不停地反复宣讲福音。

其他一些人加入了登州布道站，有南浸信会的，也有北长老会的；有些人自己编印书籍，创办学校。海雅西先生开办了一所男校并担任这所学校的校长，他的妻子开办了一所女校，但海雅西先生把他的时间、才能、精力和心血都用在了传播福音上。正如他自己常说的，他无论在哪里都从未像在讲道坛向临终的人们宣讲万能救主之爱这么愉快。海雅西先生很快远近闻名，得到了人们的爱戴，人们一个接一个地被说服信任耶稣救赎，这些人反过来又去向其他人宣讲，结果，随着时间的推移，一个强健、诚挚、不停工作的登州浸信会教会便呈现在人们面前。

那些早期的皈依者视海雅西为具有一颗牧师的心的父亲，信赖他，把他当作依靠，这正是十二年不知疲倦的先驱工作的结果。

1871 年，他不得不带着他四个没有母亲的孩子启程回美国。第二年他即返回中国，这正是我们所期待的。

美国各州之间的战争[2]以及随后的家乡教会停止援助，迫使海雅西先生赴上海寻求支撑他的家庭和登州差会的路子和办法。起初，他在上海租界工部局（the Municipal Council）做译员，后来，又做一些其它工作，同时他也始终不忘找一些时间在那座伟大的城市中做布道工作。

他的经历丰富多彩。上帝一次次虽然很晚，但却总是适时地指明了路子，

2　应为 1861-1865 年的美国南北战争。

给了他得以供养家庭和赖他维持的布道站的几星期或几个月的工作。

由于他坚信战争会结束的,他会设法返回登州,因此他总是不能答应做一份长久的工作。

最后,内科医生伯顿(George W. Burton)博士——一位这时已回到美国但先前了解并同海雅西先生在上海工作过的牧师,听说了在中国的情况,从私人积蓄中寄来了足以支撑一年的费用,并要求海雅西看在上帝的份上接受这笔费用,立即返回登州。这位仁慈的医生年复一年地捐赠,一直持续到 1871年海雅西返回美国。

他在中国的第二个服务期被他妻子的疾病所打断,1875 年他又一次返回美国。在接下来的十八年间,他一直呆在自己的祖国,先是走遍了整个南方,为国外差会本部讲关于中国和在中国的工作问题,后来,回到加利福尼亚担任浸信会环太平洋中国人布道会(Baptist Missions to the Chinese on the Pacific Coast)主席。他在太平洋沿岸许多城镇建立了分会,年复一年地在所有这些地方访问、培育、教养工作人员和皈依者,在旧金山建起了漂亮的浸信会中国教堂(毁于 1906 年的大火和地震,又由其他人重建),该教堂至今是美国的中国浸信会主要建筑,是一个对它的创始者和建造者勤勉、诚挚、有效工作的永久性纪念。

海雅西博士在这一职位上长年累月勤勉、卓有成效地工作着,很明显他高兴做这些工作,但同时他又难以言喻地想回到他曾长途跋涉过的华北大地。

他继续不断地工作着,总是小心翼翼地遵循上帝的旨意,等待着上帝的引领,他坚定地相信上帝会在恰当的时间为他打开重回中国之门。

1893 年,在里士满(Richmond)的国外差会本部长期迫切的要求下,海雅西先生与妻子和年幼的孩子回到登州,帮助组织由于一些传教士令人悲哀地脱离本部组建福音会(Gospel Mission)而少得可怜的工作人员。从人们力所能及的角度说,这些人那时必须对海雅西做大量工作敦促他返回中国,他们说海雅西是他们所了解的和能够在这关键时刻介入纠纷并解决问题的唯一人选。

有趣的是当地老基督徒欢迎他们长期离去、深深敬重的牧师返回时的极尽欢庆的场面。有些人说他们十八年间不停地祷告,祈求上帝派他回来。

他的力量源于何处,这种强烈的情感来自哪里?他了解自己,了解基督徒,了解上帝。他热爱中国人,中国人知道这一点。他在讲坛上的力量在于牧师的魅力和娴熟工作。中日战争时我们的一位老布道师说，在海雅西先生十八个星期中对着一屋子不知道明天会是什么样子的人（他们的城市已经遭到了两次炮击）宣讲福音时，"听众似乎都是富裕的城里人。商业完全停顿，人们纷纷来到了教堂，他们很可能在此之前从未进过教堂。海雅西先生布道铿锵有力，又十分亲切。他是个天才，他把人们吸引到了他的周围。他强烈的同情心和炙热的情感似乎是他的天才的一部分。"

　　新世纪初，海雅西先生深切地感到需要更多的本地工作人员，需要本地工作人员更有效地工作，于是他在登州自己的教堂里开办了季训班（Quarterly Class），培训本地工作人员。不久，人们敦请他到平度去为那里的基督徒做他在登州为自己的教会一直做着的同样的事情。稍后，黄县也提出了这一要求。这一计划扩展和膨胀到了一个人难以完成的程度。差会要求蒲其维（Pruitt）先生在这些班里讲授《旧约全书》，海雅西先生讲授《新约全书》。从这一活动中诞生了华北浸信会神学校（Training School of the North-China Baptist Mission），该校最初设在登州，后来落户黄县，改名为布什神学院（Bush Theological Seminary）。这一名称是以亚拉巴马州莫比尔市（Mobile, Ala.）的布什（J. C. Bush）阁下的名字命名的，布什先生为了纪念他的已故父母，捐赠一万美元购买了一块土地，建造了神学院建筑和该院教授们的住宅。

　　海雅西博士现已 75 岁高龄，仍然在神学院生活和工作，教授新约全书和系统神学理论。在工作中度过晚年，指导当地年轻的布道师关于上帝和圣经的问题，帮助他们接受送给他们赢得人民、使自己家园永归上帝和救主不可抵御力量的神的光辉与启示，是他的荣耀和乐趣。[3]

文璧（Jasper Scudder McIlvaine）牧师

　　作者：莫约翰（John Murray）[4]

　　文璧牧师 1844 年出生于美国新泽西州摩瑟县依温镇（Ewing, Mercer Co., New Jersey），1881 年 2 月 2 日故于中国山东省济南府，英年早逝，年仅 37 岁。

　　他是新泽西州芬顿（Fenton）麦克埃尔韦家的儿子，他的父系祖先威廉·麦克埃尔韦（Wm. McIlvaine）是费城（Philadelphia）第一个长老会的首位长老，

3　原编者注：本文作者海爱碧（Anna B. Hartwrll）。
4　译者按：莫约翰，美国北长老会牧师，1876 年来华，在济南传教，1923 年退休返美。

他的母系祖先是 1712 年依温镇老教堂的建造者之一。

他很小的时候就显示出了罕见的精神和智力能力。15 岁时，在弗夫（Prentiss De Veuve）牧师的影响下，公开表明信仰基督，他一生忠实而优秀的工作证明了他的真挚情感。翌年即 1869 年，他入普林斯顿学院（Princeton College）二年级班学习，他是一个忠实、认真的学生。他为了精通所学科目而不是在班里的名次勤奋努力，但正如可预期的一样，他两者都得到了。

他所在学院的一位助教斯图尔特（J. S. Stewart）牧师写到：“他是个具有可爱性格和远大前途的青年。从一开始，他的学问就名列班级前茅，最后以最高荣誉毕业。”

我们一直赞赏他在普林斯顿学院和神学院的亲密朋友福斯特（D. R. Foster）牧师的纪念布道演讲，下面是福斯特牧师纪念布道演讲中的一段话：

> 他是我们班上年龄最小的，纤瘦优雅，基础全面，各科学习成绩均衡。他似乎从不试图超过别人，没人听说他取笑同学，没人认为他浅薄轻浮，他学习深入细致、勤勉认真，所以他的成功是很自然的事。他无论做什么总是恰到好处，我从未见他做礼拜迟到，或匆匆跑着进教室、仓卒预习功课、为应付考试而临阵磨枪。他几乎从不缺席每星期六次的晚祷会，从不缺席学院每天早上包括他本人在内的少数几个同学举行的早祷。他积极热情地参加学院学生们的每一项普通基督教事工。此外，他是少数几个在学院小教堂主日证道会之后还聚会一起祈祷的人之一，祈祷上帝祝福他自己的话语（the Word），尤其是祝福那些他们不辞辛劳帮助拯救的那些灵魂。在他有生之年，见到了他们为之祈祷、不辞辛劳帮助拯救的那些灵魂都皈依了上帝。他无论做什么，从不忘记每天的功课，早先关于他将以班里第一名的成绩毕业的预言变成了现实，任何人对他的成绩都心服口服。这个人就是普林斯顿学院的文璧。

他必定很早就有了做传教士的想法。他的兄弟在一封私人信件中写到：“我很清楚地记得他斩钉截铁地告诉我他必须宣讲福音的地方。”这是他入普林斯顿学院学习那年夏天的事情。

普林斯顿学院毕业之后，由于视力严重下降，他的计划被推迟了一年左右。1865 年底，他入普林斯顿神学院学习。“这种引领他设法准备福音布道的虔诚精神"，他的普林斯顿学院的朋友说，"在普林斯顿神学院学习过程中继续深化、扩展和增长。当他考虑到异教徒的蒙昧时，就越想到异教徒中去，心中对异教徒的热情就越高。在所有没有福音传布的地方，中国是他首先要去的。"在他神学院即将毕业时，拒绝了两份做教师的好工作，一心一意要到中国去做传教士。1868年5月13日，新布伦斯威克长老会（Presbytery of New Brunswick）按立他为福音传教士，同年秋天他到了北京。到北京之后，他立即开始学习汉语，全力以赴。他把汉语视为他在宣讲福音道路上必须战胜的敌人。正如所预期的那样，以他的能力和他的刻苦勤奋，很快即掌握了汉语，并立即予以实践，一旦有了机会和能力就立即开始布道。

当他觉得具备真正传教资格的时候，过去那种奋发传播福音的精神倍增。他感到北京不是一个适合他的地方，他必须"到北京以外的地方去"。最后，他决定到山东省城济南府，这里那时还没有其他新教传教士。他于1871年到达济南，在小酒馆里租了一个房间，开始讲圣经故事。他与当地人一样的装束和生活，但由于太不讲究，以致健康出了问题。他完全花自己的钱，也就是说他从不用差会的经费传福音。他对伊斯兰教徒产生了浓厚的兴趣，并写了一篇论文，说明基督教优于伊斯兰教信仰。这篇作品是他自己用汉字手写的。在治疗普通疾病方面，他也取得了相当成功。但是，这些都是他一生伟大工作——布道的附属工作。拯救灵魂才是他的主要任务。他在城市教堂、乡村集市，或他从一地到另一地的路边，随时随地向不信教的人们布道。他在周围乡村长途旅行，出售大量宗教书籍和圣经小册子。在其他教友来的时候，他希望走得更远。1877年，当时的条件不允许他去山西，但他去了离济南府125英里的济宁州。

他曾花了很长时间在济南府的主要街道上购买房产，但没有成功，最后花费5000美元得到了一块令他满意的土地，立契转让给济南府的长老会。当他奉召荣归上帝时才勉强完成了这笔生意。

在北京和济宁州期间，他患了肺病，但每次病一好就又像平常一样争分夺秒的努力工作。在去世前的几个月，他访问了他在北京的教友，返回济宁州再次回到济南府后即因肺炎去世。最后时刻，他完全清醒，当不能讲话时，他用铅笔写道："我主基督，我相信您的允诺"，"您接受了我的灵魂。"

济南府美国（北）长老会牧师。左上图：文璧牧师、左下图：隋斐士牧师、右上图：济南文璧牧师墓、右下图：莫约翰牧师。

隋斐士（J. Fisher Crossette）牧师

1870 年秋，隋斐士和他的妻子玛丽·梅丽尔·克洛斯蒂（Mary Merrill Crossette）启程赴中国参加差会工作。同船一起到中国的有他神学院的同班同学费启洪（Geo. Fitch）夫妇。隋斐士先生奉命奔赴的工作地是山东东部的登州府布道站。他在登州奋力学习汉语，不久即对汉语有了很好的了解。在登州布道站工作了数年的狄考文博士曾评价说隋斐士先生在汉语方面取得了卓越的

进步。他没有一直呆在登州，当他意识到登州布道站已有足够的传教士，随即
要求到济南府，离开了登州。

　　在到济南府进行了两三次访问并同文璧谈了那里的需要之后，隋斐士先
生和他的妻子决定不再等待从美国来的传教士一起行动，于 1876 年秋踏上了
那时可谓是长途的旅程，历经 11 天跋涉到了省城济南。文璧那时独自"占据
着那一要塞"。隋斐士先生是在济南府定居的第一个传教士家庭。他的全部工
作就是宣讲福音，每天在街区小教堂讲道，在周围乡村旅行布道。他访问了济
宁，以及其它一些布道站，这些地方现在都组织了教会。

　　1878 年，山东西部爆发了大饥荒，隋斐士先生负责管理向集结在济南城
里的 1000 多名难民发放救济品工作。在那段紧张工作期间，由于几乎没有助
手，隋斐士先生患上了饥荒热病（Famine Fever）[5]，他说"死神放过了排队等
待救助的人，盯上了我。"

　　他的病很严重，一直病了很长时间，头痛得厉害。那时济南府没有医生，
一位医生从山东最东端的烟台专程一路赶来看他，这位医生说饥荒热病与其
它热病不同，近似斑疹伤寒。在他康复以后，还一直遭受着神经衰弱的折磨，
到去世也没有完全恢复。但是，在他生命的最后几年间，他不停顿地为中国贫
病交加的人们工作。他花了数年时间在北京为遭受苦难的人们工作，尤其是对
帮助盲人的工作感兴趣。他从北京到汉口长途旅行，帮助英国卫斯理会
（English Wesleyan Mission）开办了一所盲人学校，聘请他妻子以前的学生、
曾经学过布莱叶盲字体系（Braille system，又作布雷尔盲字体系）的吴先生任
教。隋斐士先生在安排盲人学生某些工作之后，他才又忙于自己的事情。他一
直在设法试图帮助那些遭受苦难的中国人，忘我地全身心为他们着想。他是如
此地具有同情心，似乎不能够为自己留下一分钱，事实上他把自己亟需买必需
品的钱都散掉了。的确可以说隋斐士先生热爱中国人，中国人也了解这一点，
直到今天都仰慕他。他告诉在他最后一次到中国时请他吃饭的以前的一位中
国教师说，他不能在成千累万的中国人吃糠咽菜时吃好的。他努力每天遵照主
的指令："这些事你们既做在我这弟兄中一个最小的身上，就是做在我身上了"
[6]。据说北京的监狱看守允许隋斐士先生访问囚犯，而那时他们是不允许其他
外国人访问囚犯的。狄考文博士写道："在中国，没有人受到比中国人给隋斐

5　近似于斑疹伤寒，但与斑疹伤寒不是一种病。

6　见《圣经＊马太福音》第二十五章第 40 节。

士先生更多的爱戴和尊敬了。"

有一天，隋斐士先生在山东西部一条路上行走，遇上了一位高级官员乘坐许多人抬的轿子，由于知道他的名声，这位官员命令轿夫们停下来，直到隋斐士先生过去以后他们才继续前行。隋斐士先生对人的非凡谦恭和仁爱不仅在中国给人们留下了深刻的印象，在英国和美国也是如此。一位波士顿的编辑在与隋斐士会面之后写道："在所有迄今我所见到的基督教人士中，没有人比隋斐士先生更接近我关于救主耶稣基督的理想"。我想也许可以说他为他渴望帮助的中国人民耗尽了生命。[7]

莫约翰（John Murray）牧师

莫约翰牧师 1846 年 10 月 8 日出生于英格兰雅茅斯（Yarmouth）。他的父亲名字也叫莫约翰，是爱丁堡利斯（Leith, Edinburgh）人，他的母亲勘德勒（Martha Candler）是雅茅斯本地人。

1850 年，莫约翰一家离开英格兰老家乘船远渡重洋到了美国。在新奥尔良（New Orleans）登陆之后，他们慢慢地溯密西西比河而上，到了圣路易斯（St. Louis），而后去了河对岸的伊利诺伊州皮奥里亚（Peoria, Ill）。

莫约翰的早期教育是在一所农村学校和伊利诺伊州尤瑞克（Eureka，Ill）的一所私立中学完成的。"我记得少时就曾祈祷、读圣经、参加农村所能提供的安息日礼拜。卫理公会和浸信会牧师轮流到这里主持安息日礼拜，偶尔长老会牧师也到这里来。17 岁时，我的灵性生命在卫理公会教徒的信仰复兴会中活跃起来。但是，在我找到意气相投的伙伴和我在读大学预科的地方——伊利诺斯州蒙默思（Monmouth, Ill.）加入长老会之前，并没有公开表白我的宗教信仰。"

莫约翰先生补充了一段与此相关的小插曲，他说："从幼年起，我母亲就决定要我做传教士。当我们离开英格兰时，一些朋友对她说，'你永远不会在你的儿子约翰身上达成愿望'。但我母亲坚持不懈地祈祷，她有信心，却又不向我提起这件事，这是她的性格使然。当我写信告诉他我的决定时，她告诉我，我的生命早就作为传教士奉献给上帝的事业了。"

在蒙默思学习三年后，莫约翰先生入新泽西州普林斯顿学院（Princeton College, Princeton, N. J.）二年级学习，1872 年毕业。同年秋天，他入普林斯顿

---

[7] 原编者注：本文为玛丽·梅丽小·克洛斯特（Mary Merrill Crossette）供稿。

神学院（the Theological Seminary at Princeton）学习，1875 年毕业。

根据通常惯例，他花一个夏天时间在加拿大和伊利诺伊州做布道工作。毕业之后，他在伊利诺伊州旧摩门教的中心瑙弗（Nauvoo）讲道九个月。随后，由于已经表明自己要做一名国外传教士，1876 年奉委前往中国。

1876 年 9 月 6 日，莫约翰先生与新泽西州克兰布利（Cranbury）的路（Sadie S. Rue）小姐结婚。约于同年 10 月 21 日被按立为皮奥里长老会区会（Peoria Presbytery）的长老会牧师，翌日即启程奔赴他在中国的新工作地。

莫约翰夫妇在长途水路旅程之后，经上海、烟台、天津，于 1876 年 12 月 13 日抵达济南府。

在烟台停留期间，莫约翰先生加入了山东长老会，这次入会仪式是在登陆后仅两个小时举行的。新来的传教士由在济南府呆了一年的隋斐士夫妇陪同，从天津出发赴济南。到达济南后牧师们发现文璧负责这一遥远的内地。那时，济南仅有两三名中国基督徒。由于同事因健康原因离职，在全力学了一年半汉语之后，济南布道站的责任就强行压到了莫约翰先生的肩上，此时他到中国才仅仅两年。那时，教会要为差会学校的学生供应一切。他回忆了一个例子，说有几个学生因为有传言说外国人养肥学生仅仅是为了挖他们的心和眼睛，于是离开了学校。1878 年，他协助进行大饥荒的赈济工作。

当时济南与烟台有少量通信，信件经上海寄来，需一个月时间。内地有三个分寄信点，一个是美国公理会（American Board）在庞家庄（Pangchiachuang）开设的，一个是英国卫理公会（English Methodists）在朱家（Chuchia）开设的，另一个设在济南府。

那时当地人明显地激烈反对外国人。在莫约翰夫妇到济南之前，差会刚刚得到了一处很好的落脚之地。那里有三个院落，可供两个传教士家庭、一个小教堂和一所学校之用。已经支付了六个月的租金，房间用纸糊了，铺了木地板，但突然酝酿起强烈的反对外人的情绪，房主立即来找文璧先生，请求他终止租赁，情愿退回租金并支付所有投入的费用。

1879 年，洪士提反（Hunter）博士夫妇和他们的两个孩子到了济南。1881 年，学生领着一些暴徒到新准备作小教堂和诊所用的屋子破坏并盗走了那里的物品。他们接着威胁说要去举行安息日礼拜的差会所在地。于是，差会请政府出面保护，政府答应了请求，并予以保护。直到 1884 年，济南才组建了一个教会。

莫约翰夫妇共生了五个子女，这五个子女都是在济南出生的。三个儿子和两个女儿，有一个女儿死于返回中国的大西洋途中，葬在了大洋的深处。

莫约翰先生在1896年第二次休假后返回中国时，把莫约翰夫人和孩子留在美国。他去沂州六个月，然后又到了济宁，后来莫约翰夫人到这里与他会合，他们在济宁一直工作到1900年。

莫约翰夫人1902年10月13日在济南去世。她是一位钟情的妻子、富有同情心的朋友和一位忠诚的职工。她去世的太早了，但天父知道最佳时机。

回顾早期的工作，莫约翰先生觉得他独自努力维持工作，办学校、设街区小教堂、组建教会、到周围所有乡村布道，试图做太多的事情，工作不够集中，因此似乎大部分努力都没有结果。他和他的家庭18年间住在城里中国人的房子里，他的工作集中在城里。此后，他把主要注意力放到了农村。

当地情况发生了许多变化。黄河严重影响了周围环境。在黄河以北地区，现在一片荒沙，过去那里有良田和肥沃的果园。河床本身很浅，没有堤防和树。

过去人们对外国人及外国人开办学校的明显的冷漠甚至敌视态度，阻碍了学校工作的开展，即使传教士在财政上提供帮助，大部分人还是不进学校。那时候只能劝导很少的男孩上学，女孩就更是少得可怜。现在，这里大约有20所学校，而且人们日益要求得到更好的学校教育，要求有更好的教师和教科书。济南现有7个教会，各处乡村约有200个基督徒家庭。

人们或许肯定会说："上帝一直在帮助我们"，敦促我们向着更高的目标前进，把工作做得更好。[8]

神学博士狄考文（Calvin Wilson Mateer）牧师

狄考文1836年1月9日出生于宾夕法尼亚州坎伯兰县（Cumberland Co. Pa.）。他是一位普通农民的长子，继承了许多从父亲那里传下来的优点，具有灵敏的头脑和健全的体魄，从小就有一颗非常善良的心，要做一名上帝选民的继承人。在本县学校学习了几年，又在邻近学院学习了两三年之后，入宾夕法尼亚州佳农斯堡杰弗逊学院（Jefferson College, Canonsburg, Pa.）三年级学习，他奋力争取大学教育是为了开发工作才华和培育不屈不挠的意志，也是为了获得对正在奋斗的青年学生强烈的同情心，这些是他一贯的品格。1857年，

---

8 原编者注：本文由道雅伯（A. B. Dodd）夫人供稿。译者按：道雅伯（Albert. Dodd），美国北长老会济南布道站牧师，1903年来华。

他以甲级荣誉毕业。

教了一年学之后，他进入设在宾夕法尼亚州阿格勒尼的神学院（the Theological Seminary in Alleghany）学习。他很早就渴望做一名传教士，但由于内战，教会本部资金匮乏，因此他的第一次布道工作是在俄亥俄州的特拉华（Delaware），在这次布道期间，他与他的第一任妻子邦就烈（Julia A. Brown）小姐结了婚。

1863 年，这对年轻夫妇与郭显德夫妇一起启程奔赴中国。在五个月的海上航程中，他们遭遇了许多艰难困苦，最后在快到岸时，他们乘坐的船在大雪纷飞的冬夜里搁浅了。1864 年 1 月，他们抵达登州，后来很长时间这里就是他们的家。

对所有在北中国的传教士来说，"狄考文"这个名字都意味着学习汉语的一本大书，最初，年轻的狄考文就发现自己面临着语言难题，那时没有人指导，只有一个既不知道教什么也不晓得如何教的教师。

狄考文夫妇都曾做过教师，所以自始他们就认识到了教育工作的重要性。刚到登州八个月，他们就开办了一所小学堂（时称"蒙塾"），当时仅有 6 个学生，出身都极卑下。从这样一个小学堂起步，不断发展壮大为登州文会馆。在早期阶段，他们付出了多大耐心、多少具有自我牺牲精神的艰辛，只有上帝知道。除了管理和教学，维持学堂运转的经费是个大问题，他们还不厌其烦、不辞辛劳地向美国各地的主日学校（Sabbath-schools）发出大量求助信函。登州文会馆成功的另一原因是他们的坚持不懈、忠贞不移和辛勤劳作。在他们第一次休假前的 15 年间，除了奉召到上海负责差会出版社（Mission Press）事务一年时间以外，狄考文一直在在山东辛勤工作。他们夫妇第一次休假是在离开家园十五年之后，休假回来，又接连十二个年头没有休假。狄考文做教师的格言是"坚守岗位"。

随着登州文会馆的发展，增加了令人惊叹的工作量。需要准备即时要用的教科书，计有算术、代数学、几何学、高等代数等等。随后，其它教科书也要准备，诸如道德哲学、电学、布道术等，然而，狄考文本人从未出版过这些书。化学、物理、天文学等需要仪器设备，为此逐渐建起了一个工作间[9]，狄考文

9　当时称为"制造所"，袁世凯随宋庆驻防登州时，在这里训练了很高造诣的技师，这也是后来袁世凯创办山东大学堂时邀请和委托登州文会馆全权办理的主要原因。

亲自训练工人，制作出了教学需要的大部分最精美合用的仪器设备，开办了蒸汽和电力工厂。

开办文会馆的主要目的原本是要培养年轻人传教，所以他们自然要在这方面做出努力。狄考文帮助学生们适应这一神圣的使命，他自己也尽可能经常抽出身来，外出旅行布道。

1904 年，文会馆迁至潍县时，狄考文也随之去了那里。

狄考文声名远播，荣誉随之接踵而至。1880 年，汉诺威学院（Hanover College）授予他神学博士学位；1888 年伍斯德（Wooster）学院授予法学博士学位，而后华盛顿-杰弗逊（Washington and Jefferson）学院又于 1902 年授予他法学博士学位。

他一生中最辉煌的成就是和合本新约圣经的中文官话翻译，这项工作要求学者在所有知识领域都有很高造诣，但由于是与别人合作，所以不能以他的名义出版发行。他怀着虔敬、忠诚的心，极其艰苦地完成了这项工作，试图尽可能给中国人一部符合上帝原意的《新约全书》。他很高兴地看到《新约全书》付梓，并开始《诗篇》的翻译。他认为他的生活很有价值，因为他有机会侍奉上帝。他唯一的遗憾是他临去世时没有完成《诗篇》的翻译。1908 年 9 月 28 日，他在青岛去世，享年 72 岁。

狄邦就烈（Julia B. Mateer）[10]

在宣教区，或者确实地说在一生的所有方面，几乎没有人比狄考文博士的妻子给他的工作以更充分的帮助了。的确，在建立登州文会馆的问题上，以及把交到他们手中的无知的孩子们塑造成坚定、高尚的基督徒方面，很难说是谁的影响更大。

邦就烈（Julia A. Brown）生于俄亥俄州特拉华（Delaware, Ohio）附近一个地方，在这里接受了早期教育。她很不幸，8 岁时母亲去世，15 岁时父亲去世。或许这些早年的不幸使她在后来的生活中对她高兴召来的那些儿子更慈爱、更具母性。18 岁那年，她开始了教学生涯，她在教学上具有罕见的天赋。在俄亥俄州基列山（Mount Gilead）教学期间，同在附近特拉华镇上传教的狄考文订了婚。他们一起计划到国外布道，当听说去国外布道的机会终于来到时，她欢呼雀跃，大声地喊着："啊，我是多么高兴啊"！

---

10 英文名字原书编者写作"Julia A. Mateer"，误，应该是"Julia B. Mateer"。

　　她的一生是愉快为主做事的一生：教学，像母亲一样照料学生们，到乡村长途旅行访问学生们的母亲和其他妇女，负责饥荒赈济，编写音乐课本帮助学生学习唱歌，辅导和鼓励本地牧师，为持续不断前来的见习传教士安排食宿，照料病人和无助的人。虽然她不是很强健，但她总是全力以赴、全身心地在为别人做事。1898 年 1 月 18 日，这位优秀、忠诚的仆人荣归上主。

　　一位当地牧师在谈到她去世时说，"我们失去了我们的倚靠，"直到今天，她那些已经成了中年人、在整个帝国都有影响的"孩子们"依然崇敬她。他们在谈到她的时候，脸上明显流露着热爱的表情，仿佛在回忆她亲切照料的情形。她的丈夫在其 70 岁生日那天写的一封信里说："在我早年的生活中，上帝对我最大的祝福是邦就烈。她与我共同承载每天的负担和心事，文会馆的成功大部分应归功于她。她的去世是我一生的最大损失。""她的儿女起来称她有福。她的丈夫也称赞她"[11]。

神学博士梅理士（Charles Rogers Mills）牧师

　　梅理士的一生，与山东先驱传教工作的历史密切相关，他忠诚奉献了几乎整整 39 个年头。

　　谈谈梅理士先生的家世，我们便不会为他是在中国进行圣战的先驱之一而感到惊奇了。梅理士是新英格兰最早定居的英籍高尚家族的直系后裔。他的第一位北美先祖是西缅·梅理士（Simeon mills），原籍英格兰温莎（Windsor）市，是汤玛斯·纽柏瑞（Thomas Newberry）船长 1630 年组织的一伙到北美的人之一。他们一行最初在波士顿附近的道彻斯特（Dorchester）定居，并于 1636 年与其他约 100 人组建了以汤玛斯·胡克（Thomas Hooker）牧师为首的教会，穿过原始森林向康涅狄格（Connecticut）河流域进发，在康涅狄格新殖民地建立了哈特福德（Hartford）和温莎第一批白人定居地。

　　他的母亲索菲亚·洛克斯安娜·罗杰斯（Sophia Roxanna Rogers），为"五月花号"清教徒血统。她的祖先汤玛斯·罗杰斯（Thomas Rogers）原籍荷兰，是"五月花号公约"的第十八位签名者。通过这一公约，这批清教徒在 1620 年到达科德角（Cape Code）之后向世界宣布了他们的原则声明，根据这一声明，他们计划建立自治州。

　　1856 年 10 月 11 日，一伙兴高采烈的小家庭成员乘"竞争"号快船驶离

11　《箴言书》第 31 章第 28 节，原作者注）。

纽约，翌年 2 月 8 日抵达上海。这伙小家庭成员有盖利（Samuel Rankin Gayley，又作干理、干雷、干霖）和他的妻子萨拉·S·梅理士（Sarah S. Mills）；查尔斯·罗杰斯·梅理士和妻子罗斯·A·麦克马斯特（née Rose A. Mcmaster）；梅理士先生和盖利夫人的妹妹露西·E·梅理士（Luce E. Mills）。梅理士小姐是在长老会本部派出单身妇女之前，蔑视遥远土地独自外出的首批传教妇女之一，她的费用由她的哥哥和姐夫承担。后来，她成为美部会（the American Board）[12]牧师、神学博士卢公明（Jutus Doolittle）的继室夫人。

狄考文牧师

狄邦就烈

倪维思牧师

郭显德牧师

---

12 即美国公理宗海外传道部（American Board of Commissioners for Foreign Mission）亦称美部会。

在同行这些人中，查尔斯·罗杰斯·梅理士是唯一得以在其选定的国家长期从事有益工作的人。塞缪尔·兰金·盖利 1828 年出生于美国，父母为爱尔兰人，1862 年患亚洲霍乱在登州去世。他品质优良，前途远大，他的去世，对同行的其他人特别是梅理士先生是一巨大打击，因为他是梅理士先生预备学校、高等学校和神学院上学期间最要好的朋友，他们的这种友谊在男人们中间极为罕见。梅理士先生以极大的勇气忍受伤恸，多年的忠诚勤苦劳作，表明他不仅是在努力做他所分担的工作，而且是在努力做他倒下去的同志的那份工作。盖利夫人再嫁了爱尔兰好莱山的安德鲁·布朗（Androw Brown）牧师，在爱尔兰和美国做了长期有益工作之后，于 1894 年 11 月 13 日在美国密执安州安阿伯市退休，那时她的孩子们正在这儿求学，她与前夫留下的唯一的孩子，现在是加利福尼亚大学的纯文学（Belles Lettres）教授。

查尔斯·罗杰斯·梅理士 1829 年 8 月 21 日出生于纽约州吉尔福德（Guilford，N. Y.）。为进高等学府学习，就读于特拉华州威尔明顿市（Wilmington, Delaware）私立中学，1853 年毕业于宾夕法尼亚州依斯顿拉法埃托学院（Lafayette College, Easton , Pennsylvania），1856 年 6 月 25 日，作为新泽西州普林斯顿神学院（Theological Seminary, Princeton, New Jersey）的一名优等生，被布法罗长老会（Presbytery of Buffalo）按立为牧师，同年 8 月 20 日，与纽约布法罗的罗斯·安娜·麦克马斯特（Rose Anna McMaster）结婚。麦克马斯特 1874 年 2 月 3 日在登州逝世，给他留下了 4 个年幼的孩子，其中一个是聋哑儿。关于这段生活，倪维思（H. S. C. Nevius）夫人用中文写了一部优美的短篇传记，该传记是为中华基督教会所写的第一批基督徒传记之一。

梅理士博士再婚继室夫人梅耐德（Annette E. Thompson），纽约鲍迪吉（Portage, N. Y.）人，纽约罗切斯特（Rochester）启喑学校的教师，梅理士博士再婚前曾将聋哑儿送该校接受训练。

他头 5 年传教生活是在上海度过的，但由于不适应那里的气候，便于 1862 年北上，同早一年到登州的盖利先生一起工作。档案记录表明，他从 1865 年起至 1895 年逝世，一直担任登州长老会牧师，并于 1872 年至 1877 年间代理宁家（Ning Jia）教会牧师之职。此外，他还负责大量分布道站和培训布道员及神学理论学生的乡村主日学校的工作。

布道之余，他还为英语读者编著文学著作，虽然部头不大，但却显示了这位男子汉的学者情趣。在上海期间，他从宁波赞美诗集（见《雷金作品》第五辑）中选取 54 首，译成上海方言，用罗马字印刷出版。他的另一部翻译作品是《少儿心灵启蒙》（*The Child's Book on the Soul*）。在生命的最后几年间，他根据克鲁登经文汇编（Cruden's Concordance）[13]的设计，花费巨大精力，忍受极大的痛苦，翻译官话圣经词语索引。由于缺乏经费，出版延期，等圣经重译本问世，这部索引相对说来也就没什么用了，终于未能付梓，仅以手稿形式保存下来。1883 年度假期间，母校授予他名誉神学博士学位。

梅理士博士于 1869、1882、1892 年三次休假期间，花费了大量时间在美国各教会中做了很多有利和有益的工作，使各教会对国外差会的崇高工作感兴趣。他在其一生中看到了中国发生的伟大变化。登州的小差会，已经发展为一个繁荣的教会，拥有一所男子高等学府[14]，一所男校和一所女校，一座医院，一个启喑学馆[15]。这个启喑学馆是他自己儿子痛苦的自然结果。

梅理士的人生记录很简单，那就是他终生热心、赤诚献身于一项庄严的工作。他特别忠诚地履行自己的职责，他的名字永远列在那些为中华归主而从事崇高、仁慈事业的人们中间。

甘甜芬芳与温柔娇美相伴，而艰难困苦与刻苦坚忍则是孪生子。为了他所热爱的人，为了他坚定信任的中国人，梅理士无私地奉献出了一切。虽然，这并未给他带来丰足的收获，但身材修长、诚挚、极富同情心的"梅理士牧师"，将为山东坚定的基督徒最忠实地长久牢记心中，今天像栾玉和（Lau Yu-huo）、丁立美（Ting L-mei）、孙鑫生（Sen Hsin-sheng）及其它中国牧师们身上，即显示出他的某些虔诚精神和圣经知识，这些人都是基督教会的领袖人物。

"山东学生布道团"（The Apostle of Shantung）的丁立美说："梅理士牧师的两大特点深深印在我的脑海里，其一是他祈祷的巨大能力，其二是他对圣经的令人惊服的了解。我真诚期望在这些方面仿效他的榜样。有好多次，当我们在山东山区和平原上作巡回布道时，他的忍耐力和毅力使我感到惊讶。当时我们只能骑牲口旅行，轮流乘坐，只有靠得足够近，才能进行交谈。每当我乘坐牲口的时候，他总是把手搭在牲口脖子上，一直边走边讲解圣经，以便使我

---

13 克鲁登经文汇编，应该是《克鲁登完全经文汇编》（*Cruden's Complete Concordance*）。该汇编按字母顺序列出经文中所有主要词语，每个词语下列出含有这个词语的所有经文，便于研究和查阅圣经。

14 即登州文会馆，1904 年迁潍县，民初成为著名教会大学齐鲁大学文理学院。

15 梅理士去世之后，继室夫人梅耐德为了更好发展，于 1898 年迁至烟台，是中国及朝鲜半岛第一所聋哑学校。

能听到他的声音。我清楚地知道，他每次祈祷 10 分钟、15 分钟甚至 20 分钟，都不觉得时间长。"

　　丁牧师的一些优秀品质和能力，正是在这种监护下孕育出来的，并且在山东产生了一定影响。

　　狄邦就烈（Julia B. Matter）听到梅理士去世的消息后惊呼："没有梅理士博士祈祷我们会怎么样？一直是他为我们祈祷度过了许多难关。"[16]

神学博士倪维思（John Livingstone Nevius）牧师

　　1829 年 3 月 4 日，倪维思出生于美国纽约州塞尼卡（Seneca）县，父亲是荷兰血统，母亲是英国人后裔。他 9 岁时入奥维德（Ovid）村私立学校读书，16 岁时准备到时副盛名的纳德（Eliphalet Nott）博士任校长的协和学院（Union College）读书。1848 年秋，倪维思协和学院毕业之后，意识到尚需继续学习，并觉得自己年轻、没经验，还不能选择职业，明智地决定要先花一两年时间教书。1849 年秋，他到了乔治亚州（Georgia），很幸运地在哥伦布（Columbus）市找到了一所很好的学校。

　　倪维思的父母忠实信神，但直至他到南方时，尽管一直接受严格的道德教育，但他却总是坚持自己的想法，没有相信宗教的要求。他告诉我一个奇怪的经历，说他在家里时的最后一年夏天，独自许多个晚上激烈地进行思想斗争。似乎有一个声音对他说："跪下祈祷"！但他回答说："我不能"。

　　我在他 1849 年 10 月的日记中读到了这样一段话："大约六个星期之前，我做了数年来第一次明智的祈祷，如果说以前曾经做过的话"。他在写给他兄弟的一封信中说："我的骄傲和妄自尊大一直使我远离上帝。……但上帝一直在教导我，指出我的弱点。总而言之，我改变了。至于我是如何改变的，我不知道。……这很神奇。"

　　1849 年底，倪维思第一次参加了圣餐式，那是在哥伦布长老会，第二年秋天，又入新泽西州普林斯顿"老派"神学院学习。在我们旧时的日记中或许记载着我们的每一项"变化"。倪维思在普林斯顿的日记是一份 24 项内容的分类记述，他说他除了与早起有关的事情外，一切都改变了。

　　1853 年春天，长老会国外布道会本部的一位秘书罗瑞尔（John C. Lowrie）

16　原书编者注：梅耐德（Annette T. Mills）供稿。译者按：梅耐德，梅理士继室夫人，中国第一所启音学校的主要创办者。

博士访问了普林斯顿，我们通过他对中国发生了兴趣。数年前，罗瑞尔的兄弟在中国被上海和宁波间的海盗杀害了。1853 年 4 月 25 日，倪维思在新泽西劳伦斯威尔（Lawrenceville）被按立为牧师。他在那之前不多日子才加入了长老会国外布道会，表示可以奉派到任何地方，如能奉派到宁波更好一些，我们的这一意愿立即就获得批准。9 月 19 日，我们乘坐一艘过去东印度公司的商船"孟买"号从波士顿出发了。

"孟买"号船既不舒适，也不适合航海。船很小，严重漏水，大部分时间都要用抽水机往外抽水。这里不准备叙述六个月的海上航行经历，尽管这一经历并非没有趣，也不是没有危险。最后，在蒙蒙细雨和浓雾中，我们发现我们在长江浑浊的水中停了下来。我们在那里等了三天，焦急地盼望着领港员前来。经过长时间的等待，来了一个人到船上通知我们，说长毛反正在与清军交战[17]，清军舰队就在我们上游几英里远的地方。这位领港员并不称职，他前后三次引船进港都搁浅了，最后一次，船陷在了泥沼中。恰在这时，一位年轻的英国船长驾着一艘小船过来，我们应邀乘他的船去上海。结果我们一到中国，碰巧就遇上了一件危险事。当我们乘坐的小船试图平静地穿过由帆船和舢板组成的帝国舰队时，他们向我们开了火，我们不得不抛锚。一艘小船满载着杀气腾腾的清兵向我们驶来，士兵们的刀矛在月光下闪着寒光。如果不是我们年轻的船长聪明地说他的女乘客是上海一家与他们关系很好的公司主管的姊妹，我们在中国的生涯也许一瞬间就结束了。因为他是用汉语说的，所以当时我们并不知道他说了些什么，于是在不得不回答他说的是否是对的时，为了救命而撒了一个谎。结果，"前来攻击的这伙人"很有礼貌地允许我们继续前行，天不明时我们即安全地抵达了英国领事馆。

我们在上海滞留了两个星期，然后乘船奔赴宁波，由于逆风并遇上了一场暴风雨，几乎花了一个星期时间才到达目的地。沿海海盗出没，这里来自他们的危险和在海上没什么两样。1854 年，宁波有一个比现在大的商业社区，那里的传教士也比现在的多。我们的首要工作当然是学习汉语。到第五个半月的时候，倪维思在他的日记中写道："我比我的助手提前去了小教堂，那里人很多，闹哄哄的，我摆了一张桌子，开始讲了起来，我讲的很流利，所有的人都说他们听懂了。"在不到六个月的时间里达到了这样的水平，当然应该说他学习汉语很成功。经过诚挚艰苦的努力，他已能够熟练地说和写汉语了。

---

17 长毛反，指太平军，因太平军留发，民间称"长毛"或"长毛反"。

在宁波周围地区多次旅行之后，我丈夫由于健康原因，被分派负责一所男寄宿学校的工作。就在这时，杭州开设了一个新布道站，我们即主动要求到那里去工作。杭州的生活经历，虽然充满危险和困苦，但也有不少令人愉快事情。在杭州工作期间，我们收到了国内差会本部要我们到日本去开辟新布道站的指令。在日本呆了将近 8 个月，1861 年 2 月 17 日，我们返回了中国。

尽管在我们决定北上的时候天津和烟台港开放为通商口岸没几个月，但那里已经有一些传教士了。我们订购了去烟台的船票，如期抵达烟台。不久，我们又离开那里去登州住了下来。我们住在登州一座观音堂里。这座观音堂归一个放荡不羁、吸食鸦片的和尚所有，他高兴地以适当的条件事实上无限期地把观音堂租赁给了我们。观音堂主屋有巨大的观音和她的一些侍从的神龛，剩给我们的空间很小。这迫使我们做了一件很轻率的事情，我们雇用石匠和一些苦力，拉到了这些偶像，把它们埋到了院子里，剩一些埋不掉的，就放在了在了餐厅的阁楼上。

到登州的第二年冬天，我办了一所寄宿女校，倪维思先生几乎每天都上一堂课，讲解圣经或神学。他继续为著书做准备，利用每天和夜晚的空余时间学习汉语。正是他的不屈不挠和坚持不懈，才使他对汉语有了如此深切的了解。他在乘车或巡回布道时，总是带一些纸条，上面写着从中国经典中摘抄的语录。他认为他的记性不好，只有这样才能比较可靠地记住。

回美国度了一次假，1869 年 4 月底我们又回到了登州。1869 和 1870 年的冬天，我丈夫是在杭州度过的，满指望我将会和他在一起，然而事实表明，我们俩不能都离开登州，我们不得不再次面临另一次选择，分居两地，或不能履行那些似乎是我们要履行的责任。

1870 年夏天，北方各省发生异常排外骚动。极具煽动性的揭帖和小册子到处流传，谣言满天飞，说外国人要被赶出这个国家。我们登州府城里面，关上城门，我们逃脱的机会很渺茫。在天津屠杀外国人之前，我们就听说那里要发生这一可怕事件。烟台没有美国炮船，但就在这时，英国舰队司令听说了我们的危险，他派来两艘炮船把我们接到了烟台。如果不是这次行动，我们或许会遭受天津天主教修女同样的灾难，一次同样的灾难，即闹"义和拳"那年的恐怖，也几乎不比这次大。

返回登州之前，我们参加了在上海举行的首届中国基督教大会，我丈夫在这次会议上担任会议主席。

1871 年秋，我们迁至烟台，我丈夫在这里艰难劳作，监督建造了一处适当的住宅。我们在山东生活期间，我丈夫许多年间都去农村长途布道旅行，每年两次，一次在春季，一次在秋季，每次离家六个星期或两个月，有时三个月或更长时间。有两三次他整个冬季都在农村，而这几次我却在美国。最初，只是做一些单调的开发性工作。三年间，只是一次又一次地广泛旅行，熟悉一下这个地方或那个地方，以非正式的方式一遍又一遍地讲述"耶稣基督和他的爱"。或者有时利用农村集市，聚集起数百农村人围着他，这些人对新宗教毫无所知，以前也从未见过外国人。或许有时会在长途跋涉的路上同一个农民交谈，经过数英里路的友好交谈，也许会幸运地受邀到这个农民的小村子去过夜。在那里，他可能像国王一样躺在谷物堆上，如果没有老鼠捣乱，如果不为交另一个朋友所困扰，也不去另一个布道中心地，那他会很快进入梦乡。就是以这种方式，他建立了一些他最好的布道站，发现了一些他那里最好的基督信徒。尽管倪维思博士在有些方面特别挑剔，绝不容忍肮脏和不整洁，但当他发现自己无力摆脱这些的时候，也能以极大的耐心忍受。他在写给母亲的一封信里说：

> 我想我已经适应这种工作了。我可以靠吃中国饭生活，而且很健康，这种粗放的生活对我特别合适。有些工作我越来越适应，其中有些我认为我可以做得更好。巡回布道，我可以一天步行 10 英里至 40 英里甚至更多的路。我能够在一间充满吸食烟草、厨房油烟味道的屋子里，很享受地吃下每一顿粗糙的晚餐，我能够在没有门窗十分嘈杂的棚子里，在一群中国男人不停的开门关门充满灰尘垃圾的屋子里，在 20 头驴子和骡子整夜不停地叫唤撕咬的情况下，睡得很香甜。结果，回家之后的安静环境对我来说反而如此奇怪，以至于我好多天以后才能够适应。

1877 年的大饥荒载入了史册，这或许是有史以来的最大一次灾荒。当时，倪维思博士正开始到农村旅行，打算到山东最南部的某个地方，但走着走着却走向了西部，他发现饥荒是如此严重，以致不得不放下所有工作全力以赴投入救命和赈灾事务。这时李提摩太（Timothy Richard）牧师已经开始向饥饿的人们发放食物。我丈夫和他一起制定了极大扩展他们工作的计划，向国外请求资金资助。倪维思博士最后在一个叫做高崖（Kaoyai）的村庄住了下来。数星期以后，死亡率急剧上升。倪维思博士在那时写给母亲的一封信中说：

我的神经和体力从未承受如此重的负担。我没有足够的帮助，我的助手都没有经过试用，我几乎不知道我可以相信谁。我必须把大笔的钱委托给一些人，由他们用手推车推着银子通过灾区到三、四十英里远的地方去换回铜钱。当这些铜钱换回来的时候，成堆地堆放在房间里，我就睡在钱堆上，可以确定，或许有人随时会对我实施抢劫。

但事实是他从未遭到抢劫，也几乎未遇到不诚实的人。

我丈夫在那一地区赈济了 32,539 人。除此之外，他还收容了 12 名受饥荒折磨生病发烧的孩子。他把这些孩子带回了家，其中有些成了我们有用的布道员或助手。

倪维思博士可能离开的时间终于到来了，他努力保守着秘密。但他所不知道的事情还是让他大吃一惊，那简直就是一个盛大的宗教节日！有什么能比这更不合时宜？他进行抗议，但徒劳无功。一个等待他的委员会请他进了一间屋子，里面悬挂着旗子，铺放了在中国人看来是奢侈的桌子，一帮当地人在悲凉地谈论着，同时还奏着十分不协调的乐曲。倪维思博士被请上一抬为他准备的轿子，人们抬着他走出了这个他居住了三个月的村庄，这三个月，他一直处境艰难，但却很愉快。当他秋天回到这一地区时，所到之处，人们都把他当作朋友和恩人接待，令他更为高兴的是以前讲道时受到的种种抵制和冷遇，现在变成了热情欢迎他来讲道。从这时候起，山东那一地区一直呈现一派最令人鼓舞的景象。我认为我丈夫在那次旅行中，为等待他来的一些请求施洗者施行了洗礼。他在 1880 年这样记述说：

> 我在农村的工作仍然在不断扩展，呈现许多有趣和鼓舞人心的特点，也有一些十分令人沮丧和充满困难的事情。在我上一次旅行中，为 49 名成年人施行了洗礼，还有比这多得多的人请求施洗。现在我有 18 个布道中心地，这些地方的基督徒和慕道友星期天聚会祈祷，这些布道中心分布在七个不同的行政区，每个行政区都比我们在美国的县要大。各小布道站所在地及其毗邻地区，总计约有 500 万人口。

1882 年的信和日记内容丰富而有趣。他为 208 名成年人和 20 多名孩子施行了洗礼。1884 年 4 月，他又写道："至于我的工作，在令人鼓舞地继续进行。在上一次旅行中，为 90 名成年人施行了洗礼，新建了 4 个布道站，现在布道站总计已达 60 个。"

朝鲜长老会的传教士曾再三派人来邀请倪维思博士到朝鲜访问，以便分享他的经验，在回美国途中，去那里访问就非常现实起来，一些朝鲜传教士那时一直极大方地感谢倪维思博士的帮助。

回想起来，1892 年夏天是一个令人高兴的夏天，那年夏天我们是在美国的朋友们中间度过的。这次度假可能使我们回想起我们 1853 年 9 月 19 日第一次从波士顿起航去中国的情形。这次我们 1892 年 9 月 18 日离开温哥华（Vancouver）。我们回到了我们在毓璜顶（Temple Hill）的家，阳光明媚，打开门窗，花园里一片菊花和玫瑰，这就是家，在这个家里我们开始了我们在地球上最后和最幸福的一年。或许是一年多以后重新工作的压力，使倪维思博士在美国时就有的心脏病复发。过了几个星期，他似乎好了一些，但他没有去他通常要做的农村秋季旅行。这一年，他做的大部分工作是校对官话新约全书。

本来安排 1893 年秋季孙斐德（F.W. Jackson）牧师陪同倪维思博士到各老布道站做一次长途巡回旅行，然后一起参加在潍县举行的差会会议，以及在青州府浸礼会宣教区举行的山东传教士大会。北中国的巡回布道者们非常清楚，准备这样一次旅行，要付出多少艰辛的劳动；其他人对这一点并不是那么清楚。

10 月 18 日，星期二，这一天倪维思博士比平时忙一些。午前，他参加了公共事务委员会（Settlement Committee）的一个会议，他是这个委员会的主席。午后，他又不得不去该委员会，而在家的时候，外国人和当地中国人也不断来访，商量安排处理他的旅行事宜。他精神很好，没有明显的令人担心的迹象。虽然他觉得特别疲乏，他说一年以前从未这么疲乏过。第二天早晨，尽管没病，他依然让人感到不安，早饭之后，他又躺倒了。他的脉搏非常虚弱，而且时常间断，我立即派人去请医生。在等医生期间，倪维思博士走进我们家的小教堂，象通常一样同全家人一起祈祷。当达乌斯维特（Douthwaite）医生到来的时候，我丈夫在大门口接他，两人一起进了书房。他们在书桌旁坐下来，书桌上放着他打开的圣经、批注和他在做翻译工作时一直使用的字典。他转向达乌斯维特医生，微笑着张口要说话。就在这时，他的头向前一倾，他走了。少顷我进去的时候，他仍然呼吸，但已没有知觉。他既不看我，也听不到我的声音了。1893年 10 月 20 日下午，我丈夫安葬了。人间是非常美丽的，天上的荣光透过敞开的大门撒向了尘世。我知道，对于已经离开我们的他来说，退出躯体荣归上帝，比留在尘世"好得多"。[18]

神学博士郭显德（Hunter Corbett）牧师

郭显德是芬妮·卡尔博笋·奥尔·科贝特（Fanny Culberson Orr Corbett）和罗斯·米歇尔（Ross Mitchell）的儿子，1835 年 10 月 8 日出生于宾夕法尼亚州莱泽乌德（Leatherwood, Pa.）。家中 5 个儿子，两个女儿，他最大。

郭显德的祖先是美国早期的英格兰移民。

奥尔家族是苏格兰·爱尔兰后裔（Scotch-Irish），大约 150 年前来到美国。

郭显德的外曾祖父罗伯特·奥尔（Robert Orr），是当地为防护不受怀有敌意的印第安人经常入侵而组织的志愿团的指挥官。有一次，大批印第安人涌入定居地，数量大大超过白人，当地许多白人被抓，只有少数几个人未被处死。罗伯特·奥尔即是少数几个未被处死的人之一，在被监禁的两年中，他以为是死定了，但最后却被赎了出来。当他回家以后才知道，原来在他被俘之后，他们家已经搬出来的白人定居地在夜里被包围了，而后整个定居地被付之一炬。那里的人，大部分是妇女和儿童，好不容易才逃离大火。

大约在 1800 年，郭显德的祖父和外祖父两家人，在现在宾夕法尼亚美丽的小镇克莱瑞恩（Clarion）附近一片荒野中定居下来，两家相距不远。

1834 年，郭显德的祖父和外祖父两家人开始一起生活，迁到了一个新定居地，这里还没有开垦的土地。郭显德很幸运有虔诚、明智、勤恳的双亲。他父母一生的箴言是："工作、勤奋、热情、事主"。郭显德在一个新农场经历了勤恳、艰辛的正确训练，从小就养成了不屈奋斗的精神和坚强的忍受力，对他的一生产生了很大影响。他的父母诚挚地期望在"主的教养和训诫"中训练他们的子女，使孩子们具有自立于社会的能力。他们每天早晚读经和祈祷，从不中断，视安息日为圣日，严格遵守。他们把定期去教堂和主日学校参加活动作为头等要事，在家里，每个主日都安排时间学习和阅读圣经，全家人包括来访的客人，都反复阅读。父母和孩子都得记住"威斯特敏特小教理问答"（Westminter Shorter Catechism），全家人一起背诵。郭显德坚信，能够说明信奉基督并希望成为基督徒的理由，对所有人特别是年轻人极有益处，他认为没有什么比小教理问答（Shorter Catechism）解说、陈述的理由更精确、清晰的

---

18 原编者注：这篇文章的作者是倪维斯夫人，她是在去世前一两天时间写好的。这一令人悲伤的事情发生在 1910 年 6 月 22 日。

了，小教理问答对信奉基督和希望成为基督徒的理由解释恰当、理解到位，因此他以同样的方式教导他的 9 个孩子，要他们学习令他终生受益的"威斯特敏特小教理问答"。

在中国度过了 12 个年头，郭显德回美国度假，旅程中的最后一个主日，大部分时间就是翻新记忆中的主日活动，以便能够习惯在家里提问和背诵教义问答集的情形。以这种方式遵守主日，没有人认为乏味，他们终生难忘，记忆中是很神圣的。

在完成了公立学校的学习任务后，通常冬季或夏季学期都有 4-5 个月的自由活动时间，郭显德这段时间去了著名的唐纳德森（Alexander Donaldson）监督的埃尔德斯瑞芝学校（Eldersridge Academy）。他是一个不知疲倦勤奋劳作的人，一切为了主的荣誉；他也是一个刻苦的学生。他学东西很快，不管学什么都能记住。他具有同情并帮助陷入各种困难的同学的天资。他的厚道、忠实和表率作用，使他赢得了每个人的心，结交了许多终身朋友。

离开埃尔德斯瑞芝学校之后，郭显德去了设在宾夕法尼亚华盛顿后来以华盛顿-杰弗逊协和学院著名于时的杰弗逊学院（Jefferson College）学习，1860 年毕业，然后又到设在宾夕法尼亚匹兹堡（Pittsburgh）的西方神学院（Western Theological Seminary）学习了两年。那时神学家霍奇（Charles Hodge）博士、优秀的《希伯来人书》学者格林（Green）博士，以及其他一些教师，都在各自领域有很深造诣。在杰弗逊学院和西方神学院学习期间，他通过在主日圣经班讲课、布道团主日学校帮工以及到学生家走访等，获得了有价值的经验。

内战期间，郭显德在基督教委员会（Christian Commission）服务了一段时间，使他对生命有了新的认识，这对他以后的差会工作有着难以估量的价值。1863 年 6 月 4 日，郭显德与莉齐·卡尔伯存（Lizzie Culbertson）小姐结为伉俪。卡尔伯存小姐原来一直在乔克托（Choctaw）印第安人中间传教，这一工作由于内战而终止。1863 年 7 月 3 日，他们同狄考文牧师一起乘坐圣保罗号（St. Paul）船，从纽约出发，绕过好望角奔赴上海。这次行程需时 6 个月，这期间，在经过赤道时船因海上无风停航 17 天，赤道热得可怕。

在 6 个月的行程中，船上没有新鲜食物。所有水手，除了一名例外，先后都得了坏血病，所以到了行程后期，遇上风暴时要乘客们帮忙。

狄考文夫妇和郭显德夫妇均奉命加强山东登州布道站的工作，那里的传教士因有人去世、有人休假，布道力量不足。

由于绅士们持敌对态度，没人敢租赁或出售房子给外国人。三个家庭一起住了八个月，挤在一座破旧的异教庙宇里[19]。最后，大家认为郭显德夫妇应该暂时迁至烟台以西约 4 英里的一个怀有敌意的村庄。他们在那里住进了一处中国人认为闹鬼的房子里，这所房子是泥土地面，纸糊的窗户。他们在那里住了一年多，后来搬到了烟台，郭显德的家后来就安在烟台。

1864 年 8 月，由于在登州没有地方住，郭显德夫妇不情愿地搬到了烟台以西 4 英里的珠玑村[20]。那时烟台布道站没有一个皈依信徒，努力传教开辟出一大片宣教区的前景似乎微乎其微。"主啊"，他说，"无论我们到其它地方去的计划多么令人失望，感谢上帝，虽然不允许我选择自己的宣教区，但这么多年过去了，我终于还是留在了烟台并以此为中心开展了工作"。

1865 年 4 月，他开始首次巡回布道旅行，并且在山东坚定、勤奋劳作了48 个年头，直到今天依然如故。第一次旅行中有个偶然事件或许值得一提："我第一次旅行的第一个主日是在莱阳县城度过的，似乎所有城里人都围过来看我这个外国人。由于语言能力的限制，我不能更清楚地表述基督教的主要真理。然而，那一天说出的上帝这个词却唤起了一位具有极强个性的学者心中学习更多东西的愿望，这位学者名叫王琗（Wang Tsei）。他在客栈里学了一整夜《马可福音》，从那时起，他开始皈依基督，后来成了一名忠实、成功的基督教教义宣传者，直至 1884 年去世。他的儿辈和孙辈都是坚定的基督徒。

1865 年 12 月，他回到烟台，试图开办一所男校，历经许多困难才招了 3 名学生，但由于邻居们的威胁又都跑掉了。尽管历经磨难，学校还是办起来了，并逐步发展起来，数年以后，烟台布道站已办起 50 所学校，有学生 600 多名。

1866 年 1 月，在烟台一条主要街道上设了一座小教堂，从那时起，这里每天都有人讲道。后来，这里附设了一个小型博物馆，遂成了越来越吸引人的地方。人们成群结队地到博物馆参观展品，在他们等待参观展品前和参观完后，布道员们就同他们聊天，向他们讲道。笔者知道内地有一位诚挚、坚定的基督徒就是在烟台听了讲道后皈依基督的。每年到博物馆参观的人达 80,000-95,000 名之多。基督教这种街头布道的直接结果，就是唤醒了烟台西南 140 英里的即墨（Chimei）县对基督教的兴趣。1873 年，100 人受洗加入了教会，其

19　即登州城里城北门附近的观音堂。

20　原编者注：注意下面的叙述，关于郭显德夫妇被迫离开登州，是指美国长老会差会本部要他们到北京去与丁韪良（Martin）博士一起开展教育工作，而选定直接到异教徒中间传教和在山东内地巡回布道，才更适合他们的意愿和爱好。

中 49 人为妇女。后虽遭受长期严重的迫害，但除极少数例外，这些人都非常坚定。

1866 年，狄考文先生和郭显德先生从烟台出发到济南作长途旅行，目的是要访问这两座城市间所有的城市和集市，旅程 350 英里。这次旅行耗时两个月，出售了六头骡子和驴驮的经书。这样的旅行每年春秋各一次。旅途中发现对基督教感兴趣的人，就邀请他们在冬季或夏季到烟台读经班听讲，冬季两个月，夏季一个月。

1870 年 6 月 21 日，天津发生了可怕的屠杀天主教传教士事件，全国躁动不安。就在这个时候，山东南部有个人决定到烟台尽量了解一下关于外国人的情况。他听说了许多关于外国人的美好的事情，引起了他极大的好奇心。

有一天，这个人在路经街区小教堂的时候，看到一名外国人在讲道，就进去听了。当他回到家里的时候，他的乡亲都一起来听他的冒险故事。其中有一个人是教书的，听完后非常感动，怀着极大的兴趣读了这个到烟台的人带回来的书和宗教小册子，过了一段时间，他来烟台了解更多情况，参加了一个慕道友班，随后即参加了教会。他返回村子一个月后，就说服了几个人不再崇拜偶像。这几个人中有一位中年学者，后来成了一名忠实的布道员，在他人生以后的 20 多年间一直坚持宣讲基督教。

那个县里有个称为"无名教"（Wu Ming Chiao）秘密教派。这个教派的人每天午夜聚会，相互告诫要忠诚地崇拜天地，忠心不二，严守秘密，策划努力过无过错的生活。赵姓两兄弟是这个秘密教派的头目。教派中有个成员不满，向知县指控这两兄弟图谋造反。两兄弟因此被捕，但他们不服罪，坚决拒绝说出他们追随者的名字。结果，哥哥被流放到遥远的内地，后来再也没听说他的下落。弟弟蹲了三年监狱后放了出来，回村后即受尊敬，因为他没有出卖无名教里任何人。就是这个人，在得到上面提到的那个教师的劝导后，成了一名真正诚挚的基督徒，常常陪伴这位教师旅行布道，虽然他不布道，但也从自身的经历中提炼出一些诚挚的词句帮助讲道。赵先生自己承担这些巡回布道的费用。1873 年夏天，郭显德先生收到了有 70 名追随者签名的请求信，请他来教他们。收到信后他随即动身，随行的有他的几个没有母亲的孩子[21]和中国保姆。

每到一个地方，都会有一圈人围过来，郭显德先生站在人群中间讲道，他

---

21 郭显德一生两度丧偶，具体时间待考，所谓"没有母亲的孩子"，应指他这时丧偶尚未续娶，独自带着孩子。

的孩子就站在他身边。就这样，他们花了几个月的时间，一个村庄一个村庄地讲解布道，奉劝人们信奉基督。后来，他们在一个中心地租了一所小房子住下来，做了一个冬季的布道工作。南北岭（Nanpeiling）村除了一个例外，全村人都信了教，加入了教会，这个人抵制了 20 年，最后也极为愉快地成了一名基督徒。完成这些工作并非是一帆风顺的。暴徒袭击、扔石块的事情时有发生，有几次遇到公开的抵制，在地方官发布告示说根据条约郭显德先生有权布道之后，才没有使事态进一步扩大。

　　1875 年，郭显德先生与家人返美度假，他已经连续不断地艰苦工作了 12 个年头。1877 年，他回到中国，发现山东正在闹饥荒，立即同其他传教士一起参加了赈灾工作。

　　1900 年义和拳暴动给在即墨县的郭显德先生带来了严重困难。在靠近即墨边界的大辛疃（village of Tashintou），一帮义和拳烧毁了教堂和学校，野蛮残酷地对待基督教徒，村里男女老幼无奈四处逃命。还有一伙狂徒自信刀枪不入，向一队派来保护铁路的德国士兵发起攻击，结果在进攻中被击中倒地。这伙狂徒中的一个头目被捕后移交给了当地知县，知县把他给斩首了。这样一来，那一地区才不再有公开迫害基督徒的事情了，大辛疃村民很快又回到了自己的家园。

　　自那以后，即墨县的工作稳定向前发展，几乎没有什么阻力。现在，即墨周围地区已经组建了 6 个教会，在青岛组建立一个教会，青岛教会现有 129 名成员，他们有自己的牧师。连青岛的教会算在内，即墨县区教会共有 808 名成员，每个教会都有用砖建得非常好的有屋顶的教堂。这些教堂大都是他们自己人建的，几乎没用外人帮忙。山东与长老会有联系的教会现在富余训练有素的牧师，准备分派给他们几个。

　　大辛疃的自立教会有一所男校和一所有八十名学生的女校。即墨县的基督徒最近专门为过去没有机会接受教育的已婚年轻妇女和未婚女青年开办了一所学校。这所学校由当地教会给予经费支持，最近的考试表明该校的工作做得很好。即墨县有 30 人获得了美国长老会学院即以前的登州文会馆、现在的广文学堂的毕业文凭，他们现在大部分人都做了牧师或山东省内高、中等学堂的教师。

　　艰苦劳作了 48 个年头后，郭显德写道：

　　"我同这里的人民有着亲切感情，即使我不再担任他们的牧师和正式指导人，他们也会感受到我的大部分心情，共享我的祈祷。

我特别荣幸地看到幸福的基督教家庭在几个中心地组建了自立教会，中国基督徒慷慨大方，自愿以各种实际方式施惠于人，我在他们中间找到了许多真正的朋友，他们使生活充满乐趣，使劳苦成为乐事。"

郭显德先生获得的荣誉

郭显德 1860 年毕业于华盛顿-杰弗逊学院，1886 年母校通知说授予他神学博士学位，1902 年再次授予他法学博士学位。对此，郭显德谦虚地说"我不知道这是什么原因"。

1906 年，美国（北）长老会大会（the General Assembly of the Presbyterian Church-North）在爱荷华州得梅因（Des Moines, Iowa）召开，召郭显德去担任会议主席。

"身体的苦恼"

郭显德先生 1863 年乘帆船到中国，在漫长的海上旅途中，患了慢性腹泻病，船到上海时，人已经快不行了。他遭受了 20 年疾病折磨，身体极端虚弱，每到夏季尤为严重。因此，许多医生强烈建议他放弃在中国的生活和工作，回美国去。然而，自 1885 年始，上帝保佑，经长期坚持小心注意，慢性腹泻病竟然好了。他现在每天仍然在圣经培训学校（the Bible Training School）工作，在烟台街区小教堂指导讲道。

神学博士明恩溥（Arthur H. Smith）牧师和医学博士、神学博士博恒理（Henry D. Porter）牧师[22]

在许多参与山东宣教区工作的人中，明恩溥博士和博恒理医学博士以及他们的妻子，为美部会（the American Board）开辟和发展庞庄（P'angchwuang）布道站工作了四分之一世纪或更长时间。

明恩溥博士 1845 年 7 月 18 日出生于康涅狄格州弗农（Vernon, Conn.）。1867 年毕业于威斯康星州贝劳埃特学院（Beloit College, Wis.），1870 年毕业于安德弗协和神学院（Union Theological Seminary, Andover）。1871 年 9 月 6 日与艾玛·迪肯森（Emma Dickenson）小姐结婚，翌年来到中国。

博恒理博士 1845 年 8 月 19 日出生于威斯康星州格林湾（Green Bay, Wis.）。1867 年毕业于贝劳埃特学院，1870 年毕业于安德弗协和神学院，他在

---

22 原编者注：本文供稿人——格特鲁德·威科夫（Gertrude Wyckoff）。

纽约和芝加哥学了两年医，1872年来到中国。1878年，他同伊丽莎白·柴宾（Elizabeth Chapin）结婚，婚后他返回中国，同明恩溥博士奉命一起到庞家庄，1882年他们在这里建了居所，直至1900年，这一年的骚乱使他们停止了这里的工作。

神学博士明恩溥牧师

神学博士、医学博士博恒理牧师

长期共同的生活经历和环境，把两个人紧密联系在一起。他们的经历很独特。少年时代、精力和体力充沛的青年时期、短期的为国效力以及大学和神学院学习，他们都在一起[23]。最后，在为天国进行的伟大战役中，他们肩并肩地工作，互相取长补短，尽善尽美地服务了多年。在这段时间里，他们都有妻子给予的全心全意的同情和支持，在他们妻子的帮助下，开办了生机勃勃的布道站。1887年，他们的妻子参加布道站工作，尽心尽力，成了他们忠实的顾问。"说说看"这句话，表明博恒理夫人对每个人的殷勤和厚道。明恩溥夫人为妇女们不知疲倦的努力劳作，将永为人们所铭记，许多人都念念不忘她对正确生活所给予的鼓励。

1905年，明恩溥博士在为美部会的一额外任务服务了几个月之后，差会要他放弃布道站的常规工作，从事影响范围更大的文学和其它方面的工作。因此，除了偶尔到庞庄访问以外，他一直住在通州（T'ungchou）。明恩溥夫人觉

---

23 从上文的叙述看，他们的出生地不同，为什么少年时代会在一起，文中没有交代。

得自己有责任做一些分外的工作，直至她一年前休假，她在临清（Lintsing）、张家口（Kalgan）以及其他一些地方召开专门会议，给予当地教会以很大帮助。博恒理的传教生涯，大部分是为布道站做福音布道工作，但也做一些医务工作，填补了这方面的空白。1900 年，他过度紧张，病倒了，此后十年间他和他的家人不得不一直呆在加利福尼亚。他是一个具有特别慈悲和同情心的人，他无比热爱中国人民。他是如此的无私，随时准备解决他身边那些被贫穷压迫的人们的纠纷和难题，简直要把生命献给他们。所有认识他的基督徒都为"博恒理牧师"祈祷，希望他回来，但没有用，上帝似乎不想答应他们。然而，他依然生活在他们中间，上帝给他们安排的这位牧师，在某一天的某个时候还会和他们在一起，永远不分离。

其他正在参加这些工作的人大家都很熟悉，他们正在收获以前种下种子的成果。"俗语说，那人撒种，这人收割，这话可见是真的，——撒种的和收割的一同快乐"[24]。

卫曙光（Gertrude Wyckoff）

神学博士、文学博士
李提摩太牧师

首位山东英国浸礼会牧师
古路吉

仲钧安牧师

---

24 原作者注：《圣经·约翰福音》第四章，第36-37 节。译者按：作者引用圣经没有按 36、37 节的顺序，而是先说了 37 节，后引用 36 节，但却一起加了引号。而且，引用时也省略了个别字词，与原文并不完全一致。

古路吉（H. J. Kloeckers）牧师

1860 年，浸礼会（the Baptist Missionary Society）开始在中国展开工作，第一批传教士是霍尔（Hall）与古路吉（Kloeckers）先生，那时他们是中国传道会（the China Evangelisation Society）驻上海的代表。

加入浸礼会后，霍尔先生离开上海到了烟台，然而，不到一年，便因霍乱去世。

古路吉先生是荷兰人，在霍尔先生之后也奔赴烟台。离开上海之前，他的妻子死于霍乱。他的女儿出生于上海，后来嫁给了刚果会（the Congo Mission）的本特利（Holman Bentley）牧师。

古路吉先生在中国工作了约五年时间，而后便由于健康原因回到了荷兰。尽管如此，他一直对他在中国的差会和在荷兰他任牧师的教会都极为关心，定期向浸礼会捐款，直至 1894 年去世。

古路吉先生在中国工作的结果，是为钟（Chung）先生施行了洗礼。钟先生后来成了当地教会的第一位牧师，衷心而卓有成效地为教会工作了 40 年，得到了中外人士的高度评价。

古路吉先生在山东内地开辟了一个布道站，那里有一座小教堂，该教堂后来转交美国南浸信会（the American Southern Baptist Mission）管理。

古路吉先生是在中国农村遵循当地风俗开展工作的首批新教传教士之一，现在浸礼会一些传教士仍坚持这一做法。

神学博士、文学博士李提摩太（Timothy Richard）牧师

李提摩太 1845 出生于卡马森郡法尔德普林（Ffaldybrenin, Carmarthenshire）村。他少时在父亲的农场里帮工，12 岁那年在一条河里施洗。15 岁时，提前离开本地学校，去拉内力（Llanelly）附近的克罗斯旅馆（Cross Inn）开设的古英语学校（British School）学习了一年，接着又到彭布罗克郡哈佛福德崴斯特学院（College at Haverfordwest in Pembrokeshire）学习。在这里学习期间，他和其他一些学生成功地改变了学院的专业课程，减少了一些死语言课，增加了现代语言课。历史课程范围更广泛了，除了希腊、罗马史外，还学习了巴比伦、埃及、印度和中国历史。

1869 年 11 月，24 岁的李提摩太以英国浸礼会（the English Baptist Missionary Society）传教士身份前来中国。1870 年 2 月，他乘上海该季度首发

轮船抵达烟台。他的唯一同事骆腓力（Laughton）先生已经在烟台工作了七个年头，在他到达烟台四个月后，死于斑疹伤寒，他只能单枪匹马在那里工作了。安葬劳顿先生的那天，传来了天津大屠杀的消息，21 名外国人死于这次屠杀。

1871 年，他与苏格兰圣经会（the Scotch Bible Society）的李磊（Lilley）先生到南满旅行。他们一度远行到了朝鲜境内，险些被土匪逮住。他们很可能是第一批从朝鲜活着回来的欧洲人。

李提摩太试图建立街区小教堂宣讲福音，巡回布道，但他发现这种方式在烟台毫无效果，因此决定遵循《马太福音》第十章的教导，试图赢得人民中那些热诚的领导人。在阅读了著名的爱德华·欧文（Edward Irving）写的布道书后，他更加坚定了这一信念。

欧文的布道书建议访问各宗教教派领导人，因此必须研究他们的著作。李提摩太分析了福音书和使徒书，找出上帝和他的使徒强调的主要原则，并据此用中文写出了教义问答集和圣歌集。最后，他决定离开烟台到内地定居，并于 1875 年 1 月选定青州府作为他的活动总部。最初，没有人敢租给他房子，在一家小旅店里住了六个月。他访问了青州府属所有县里的各教派领导人。1876 年，山东发生了饥荒。从 1876 年夏至 1877 年春，李提摩太先生在各口岸征集募捐，大部分时间投入了赈灾工作。不过，在物质赈灾过程中，他也随时布道。

他骑马走遍了青州府，访问了该府 11 座县城，到处在墙上亲手张贴布道传单。他这类工作的一个特点是要人们记诵教义问答集、圣歌集和圣经选集。他说在有一个地区慕道友的地位比异教徒高，这些人开始阅读各种布道书，其他人都尊敬这些有学问的人。慕道友们自学基督教义，基督徒教异教徒，于是就建了一所成人主日学校。李提摩太先生发现，一般的基督教见证不适合向伊斯兰教徒和饱读诗书的儒教徒宣传，主的方法是依靠理性和良心。通过上述方式宣讲天国道理，李提摩太先生在两年时间里吸收了 1000 多个信徒和慕道友。

1877 年大饥荒

就在从事这一极为有趣和成功的工作期间，李提摩太先生被上海一个赈灾委员会委派到山西省去赈灾，留下琼斯（Jones）先生和本地秦（Ching）牧师负责山东的工作，他去了山西省城太原府。隆冬季节，李提摩太先生乘坐骡车，花了 21 天时间到达了目的地。赈灾工作进行了两年，共花去 120,000 两银子，与他一起做这一工作的还有李修善（David Hill）、德治安（Joshua Turner）和其他几个人。山西人为了感谢他们的赈济要给他们做个牌位放到庙里祭拜，遭到了拒绝。李提摩太先生写了一篇关于"如何避免未来饥荒"的文章，并分别抄送给了山西巡抚和北京的总理衙门[25]。

1878 年，李提摩太先生在烟台与苏格兰联合长老会（the United Presbyterian Mission of Scotland）的玛丽·马丁（Mary Martin）小姐结婚，婚后即偕新婚妻子返回太原府。在太原，李提摩太先生连续三年时间，每个月都给那些候补官员们讲一次课，内容涉及历史、教育以及基督教国家的科学等。结果，50 名新教传教士在山西毫不受干扰地生活和工作，这种情况在中国其它省份开始传教时还从未听说过。一些官员确实感到这些课对他们不可或缺，高兴地把他们的孩子送到李提摩太先生这里来接受教育，毫不担心后果。

李提摩太先生在 1885-1886 年休假期间，访问了巴黎和柏林，研究了法国和德国流行的新的教育体制，为英国浸礼会制定了一份在山东和山西省城各建一所基督教学院的计划，根据这一计划，同样的投入，在中国的工作效率和经济收益可以增长 8 倍。这一计划未被批准，他于 1887 年退出了在山西的工作。1887-1890 年，他在北京和天津从事文学工作，并在山东再次赈灾。1890-1891 年，他担任天津一份中文日报的主笔。那时清帝国总共只有六份中文日报，其它五份日报都转载他的主要文章，因此，他得以把他的思想从北京传到广州，从上海传到四川。从此，开始了在中国人民中间大规模地每天系统出版宣传基督教国家主要观念报刊的时代。

1891 年，同文书会（the Society for the diffusion of Christian and General Knowledge amongst the Chinese）创办人韦廉臣（Williamson）博士去世以后，李提摩太先生应邀担任该会总干事[26]，现在他仍然担任这一职务。"通过这种方式"，李提摩太先生说，"上帝打开了比我计划在每个省城建一所学院广大得多的有效途径"。在林乐知（Young J. Allen）博士及其他一些人的帮助下，用中文写出了 250 余部关于各民族兴衰、基督教给各大洲带来的恩惠等方面的著述。这些著作都直接间接含有世上天国的内容，随着时间的推移，它们在清帝国十个主要省份印行流布，这些省份每三年有 7000 至 10000 人在京城参加会试。李提摩太翻译的马恳西的《泰西新史揽要》[27]一书，在官员和读书士子

---

25 原文为外交部——the Foreign Office，那时清政府尚未设立外交部，总理衙门负责相关外交事务，作者可能不很熟悉清政府的中央机构及其职能。

26 原编者注：该会此后更名为广学会——the Christian Literature Society for China.

27 马恳西的《新史揽要》（"Nineteenth Century"），英文全称应为 *The Nineteenth Century: A History.*

中间尤为流行，中国出版商盗版印行，估计销售量在百万册以上。

1895-1898年的中国改革

甲午战争暴露了中国的弱点，广学会发表了10,000名举人签名的给皇帝要求改革的上书[28]。主要官员们都赞同这份上书的改革要求，皇帝研究了这些改革要求和其他一些著述，随后迅速接连颁发了一系列非凡的改革诏令。三年时间里，整个帝国人心激昂，进行知识、物质、精神等所有方面的改革。各地读书士子和官员们对所有传教士都非常友好。即使像湖南那样中国最排外的省份，对传教事业也友好起来，要求广学会为他们提供教师。

中国政府要求李提摩太到北京去帮助推行这些改革。但就在到北京后第一次晋见皇帝并被任命为皇帝顾问的时候。慈禧太后剥夺了皇帝的权力，以处死了几个主要的改革者为开端，随即开始了为期两年的激烈的反动时期，最终酿成了1900年义和拳叛乱的巨大悲剧，这些都作为最重要的事件列入了欧洲编年史。

1900年，在纽约召开的普世布道大会（the Ecumenical Missionary Conference）上，布朗大学（the Brown University）授予李提摩太先生荣誉文学博士学位。他写了一封信给大会执委会，警告说在中国的所有传教士都处在极端危险的状态，请求大会要求美国政府采取某些措施，以避免危险的灾难。然而，大会执委会拒绝了这一请求，因为他们认为不应该干预政治。非传教人士更多是考虑到了他们同胞的福祉，李提摩太先生应邀参加了波士顿关于这一问题的"21世纪俱乐部"。该俱乐部说他应该立即到华盛顿去找政府、总统，米德（Edwin Mead）先生给他写了打开从总统到其下属各个部门大门的信件。汕头美国浸礼会（the American Baptist Foreign Missionary Society of Swatow）的耶士谟（William Ashmore）博士和李提摩太博士一起在华盛顿向政府提出申请，但结果障碍重重，难以逾越。确实，纽约商会主席（the Chairman of the New York Chamber of Commerce）杰苏普（Morris K. Jessup）告诉李提摩太博士说他不认为政府会采取任何行动，"除非发生可怕的大屠杀"，不到两周时间，大屠杀发生了，它证明这一判断完全正确。

创建山西大学

中国政府对其令人震惊的恶劣行为表示悔恨之后，议和全权大臣庆亲王

---

28 应为"公车上书"，一般认为公车上书有1300名举人参加。

和李鸿章请李提摩太先生帮助解决山西教难，山西教难约 200 名天主教和新教传教士被杀，当地教徒死难数千人。他立即接受了这一使命，各差会不打算用它们传教士的生命换取金钱补偿。但是，他说，因为山西犯下了最令人吃惊的大罪，它至少应拿出 50 万两银子在太原府开办一所现代化的大学，以消除造成这场大屠杀的原因，那就是人民的愚昧和迷信。他的建议得到了认可，并受命担任该大学校监[29]，负责该大学的资金、教授聘用以及课程安排等前后达十年之久。山西大学建立后不到三个月，皇帝即发布诏令要各省都建一所同样的大学。于是，现代教育在世界四分之一的人口中取代了旧式教育。

中国授予李提摩太博士的荣誉

1901 年，在令中国政府满意地解决了山西教难问题之后，皇帝发布诏令，命外务部与樊国梁（Favier）主教和李提摩太博士磋商，以增进中国政府与天主教及基督新教之间的更好谅解。中国政府分别授予二人红底头品顶戴，但樊国梁主教未能完成这项使命便去世了。李提摩太博士经过与一些主要传道同事及中国当局反复商讨，最后起草了七条规章，对此大部分在中国的新教差会表示满意，罗马天主教威斯敏斯特大主教（the Roman Catholic Archbishop of Westminster）由衷认可，并自愿提交罗马教廷，强烈建议采纳这些规章。这些规章呈交了中国政府，希望建立永久和平的稳固基础。

1904 年，李提摩太博士出任上海国际红十字会干事，该会筹集资金 300,000 两，用于赈济满洲战争[30]的受害者。因这一工作，他在战争结束后被授予红十字勋章。

1907 年，中国政府授予他二等二级双龙宝星。

在奠定各差会联合开展工作的基础方面，李提摩太博士做了大量有益工作，新教差会联合开展工作的特色，现在在中国各省区都十分明显。他还在社会上层广泛活动，友好交往，这已为大家所熟知，人们高度赞赏这一做法所取得的成功。

给中国政府的建议

1904 年，历经 45 年多灾多难的传教生涯，李提摩太博士提醒中国政府注意他在不同时期提出的各种建议，这些建议有：

---

29 实为山西大学堂西斋总理。
30 即 1904-1905 年在中国东北进行的日俄战争。

30 年前，他曾指出终结灾荒和每年数百万人挨饿问题的"唯一办法"，是修铁路、开矿产、引进机器制造业。

大约 20 年前，他向中国政府指出了成功地同外国竞争的"唯一道路"，那就是兴办现代教育，通过教育可以获得满足人类需要的一切知识。

10 年前，他强调救中国的"唯一办法"是引进外国专家做政府的顾问。

但是，这些建议无一被充分重视，因此保中国的"唯一办法"就是以上帝王国为基础建立联盟。

李提摩太博士把上述问题向中国外务部的官员分别每人讲过五次，集体讲过六次。不久，他有机会向一位日本主要政治家提出过上述最后一条建议，这位日本政治家说他的政府一定非常高兴在互惠主义这一黄金原则基础上建立联盟。

著述

广学会历经李提摩太博士和他的同事们 20 年艰苦劳作，已经出版了大批质量最高、影响最深远的著述，其中有些书籍一直坚持宣传李提摩太的上述思想主张及他的其它一些思想。上帝庇佑，他们的勤勉劳作和著述，引起了清帝国最高层官员和数十万学生们的注意，形成了促使中国觉醒的最伟大力量之一。

李提摩太博士现仍生活在我们中间，才智超群，正值盛期，笔者及其他许多人都坚信，李提摩太博士适合留在北京，中国政府可能依然会找他共商国事。

仲钧安（A. G. Jones）牧师[31]

仲钧安先生是山东新教先驱传教士之一。他 1876 年来到中国，在烟台开始学习汉语。1877 年，他与李提摩太先生一起赴青州府赈灾。当李提摩太先生奉召到山西赈济更为可怕的灾荒时，他留下来负责英国浸礼会山东差会工作，山西大灾荒饿死数百万人。

仲均安先生曾是英格兰一名成功的商人，为了献身在中国的传教工作放弃了在世俗眼光看来辉煌的前途，以自己特殊的才能投身于繁重的苦差使。他负责与赈灾有关的账目和先前建立的孤儿院。数年间，他独自住在离青州府城

---

31 原编者注：英国浸礼会山东差会供稿。

数十英里的大尹（Taiyin）村。在那里，他遭到了当地人的暴力威胁，但依靠忍耐、坚定和机智，在各方反对的声浪中生存下来。他勤勉地继续李提摩太先生开创的工作，逐渐地吸收数百人加入了教会。他以最忠实的方式教育、训练、照料皈依者，取得了辉煌的成功。他把自己的进取精神灌输给了这些皈依者，他们把福音带到了许多地方，而这些地方对于像他这样的外国人是不便贸然进入的。

当仲钧安1882年首次回国度假时，他已经为浸礼会发展了800名教徒，在青州府周围25英里范围内建立了60处布道分站。他还培养了一些布道员在青州地区以外工作，建了一个小型印刷所，在江苏省北苏州府[32]设了一个布道站，这个布道站现在还有，只是由另一个差会负责管理了。他自己编写或改编祈祷文和其它一些布道书，散发给中国人，在培育和发展本地教会方面产生了广泛影响。1881年，他结婚了，仲钧安夫妇一家的好客远近闻名，凡是到他们家做客的人都体验了他们家庭的温馨、和蔼可亲和慷慨大方。他回英格兰时，为母会制定了一份庞大的山东差会扩展计划，呼吁增加16名人员，母会批准了他的请求，及时补充了人员。

返回中国之后，他从事了数年普通差会工作，全方位展示了他热心、稳健的工作作风。

1889年，邹平开辟为工作地之后，仲钧安夫妇迁到了邹平，在那里住了7年。在这期间，他不知疲倦、勤勉努力、机智而充满活力的工作，为邹平布道站开辟出了一片新天地，布道区扩大了一倍，教会成员翻了一番还多。1896年，仲钧安先生一家回到了青州府。仲钧安先生积极帮助美国北长老会和英国浸礼会在教育工作方面联合行动，作为广文学堂（the Union College）的理事，他是该学堂的主要倡办者。在后来一些年间，他花费大量精力写了一部系统的神学著作，这部著作在他去世后由广学会出版发行，得到了很高评价。

他的去世是个突发的悲剧。本来，他去山东省城南两天旅程的泰山度夏，在那里做一些文字工作。到泰山后，他住在一座小庙里，周围是小山坡。1905年7月17日、星期一晚上，泰山上急风暴雨，一阵狂风骤雨撕裂了庙基，小庙坍塌把仲钧安先生埋到了里面。正值盛年的他就这样去了，他的去世，对他身后的同事尤其是对仲钧安夫人和他的两个女儿、一个儿子是极为沉重的打

---

32 北苏州府（Peisuchoufu），这里地名拼写恐有误，历史上有记载说仲钧安曾到过地处苏鲁交界的江苏坯州传教。

击。遗体运回了青州，按差会仪式举行了葬礼，殡葬那天，一大群本地人和外国传教士冒酷暑为他送行。仲钧安先生是一个具有热切同情心、待人极为亲切的人，总是以一个基督教绅士的所有美德和天资宽宏真挚地对待同事，中国人崇敬他，他的同事尊敬、爱戴他。对局外人，他保持自己的尊严，从而赢得了他们的尊敬。英国公使馆有人留下了如下一段评价他的文字：

"我很幸运在仲钧安先生尚工作期间见到他。他是一个令人着迷的人，一个在中国内地看到的令你骄傲的那种英国人，不可能有人像他那样更能证明英国人的正直。你将失去作为朋友和同事的他，中国人将失去一个很难替代的朋友。他的去世，是仲钧安夫人及她的家庭的极大不幸，对此我感同身受。与此同时，在这样一个时刻，人们又不禁要祝贺他们，如同祝贺差会一样，他们已经共同生活过这么美好的一段时光。"

神学博士、中华圣公会华北教区主教史嘉乐（Charles Perry Scott）

史嘉乐主教是赫尔[33]圣玛丽教堂牧师和三一学院牧师（Vicar of St. Mary's and Lecturer of Holy Trinity, Kingston upon Hull）、文学硕士约翰·斯科特（John Scott）的第五子，主持宗教仪式的非教中人汤马斯·斯科特（Thomas Scott）的曾孙。他1847年6月27日出生于赫尔，在伦敦卡尔特修道院学校（Charterhouse School）读书。在卡尔特修道院学校以及大学里，他在体育特别是板球运动方面非常优秀，他在卡尔特修道院学校和上大学后的剑桥耶稣学院（Jesus College）都担任板球队队长。1869年6月，他在剑桥通过了普通神学一班第五次考试，《希伯来人书》成绩非常突出。大学毕业后开始谋取圣职，1870年圣诞日被派立为会吏（deacon），翌年，在圣保罗大教堂由伦敦主教授予教士之职。

随后，史嘉乐先生被派立为伦敦伊顿区圣保罗大教堂（St. Peter's, Eaton Square, London）副牧师，该教堂当时由乔治·韦尔金森（George Wilkinson）牧师主持，他坚强的品格很快就在这位新任的副牧师身上打下了烙印。威尔金森先生是最热诚的国外差会工作的拥护者，1872年，在代祈祷日（the Day of Intercession）上，就经文"我可以差遣谁呢？谁可以为我们去呢？"[34]，作了一次令人印象最为深刻的演讲。史嘉乐先生觉得这是上帝向他本人发出的召

33 英格兰东部港市。
34 原作者注：《以赛亚书》第六章第8节。

唤，他紧张地答道："我在这里，请差遣我"。他又做了一年半多的副牧师，然后要走的路似乎明朗了，他提出了要为圣公会华北教区（the S. P. G. Mission）工作的要求获得了批准，与他的同事、文学硕士林披基（Miles Greenwood）牧师一起乘船奔赴中国，1874 年 10 月 3 日抵达烟台。这两位新来的传教士受到美国北长老会倪维思夫妇最亲切慷慨的接待，在倪维思夫妇的照料下，他们开始学习汉语。同时，他们一到烟台，就开始在英国人住宅区做牧师工作，这自始就被视为圣公会工作的一部分。1875 年，他们为布道在烟台中国人街区租赁了房子，由此开始了他们的传教士工作。

在掌握了一定程度的汉语之后，他们即在倪维斯博士的指导和陪同下，开始在山东内地进行广泛的旅游布道活动。

1877 年，陆赐（Russell）主教授予史嘉乐先生上海大教堂教士会荣誉成员职位，布彻（Butcher）副主教不在上海期间，史嘉乐先生在那里做了数周工作。同年，史嘉乐先生和林披基先生首次独自旅行布道。

1878 年，他们进行了为期两个月的广泛布道旅行，新访问的地方有泰安府，他们决定把这里作为圣公会一个布道站，那时还没有其它差会在这里设立布道站。

史嘉乐牧师　　　宣教主教史嘉乐主教　　　林披基牧师

1879 年，史嘉乐先生奉召赴山西帮助赈灾，英国的朋友和上海赈灾委员会交托他大笔赈灾款项。这一工作要陆路旅行 1000 英里，他离开烟台八个月之久。

一位匿名朋友提供一万英镑资助建立华北主教管区，坎特伯雷大主教决定由史嘉乐先生担任教区主教，1880 年 10 月 28 日，史嘉乐先生在伦敦圣彼得大教堂被授予圣职。1881 年，史嘉乐主教返回中国，定居北京，此后这里即为他在中国工作的总部，因为主教辖区除山东以外，还有直隶、山西、陕西、甘肃和河南。自 1880 年起，他经常到山东圣公会各布道站访问，但 1904 年山东从华北主教区分离出来，艾立法（G. D. Iliff）牧师担任山东教区主教，史嘉乐主教从此与山东断了联系。

中华圣公会华北教区林披基（Miles Greenwood）牧师

几乎无人了解林披基先生早年的情况，或许那时没有大家认为有趣的事情要记述。然而，也许应该提及他在少年时就有的一种倾向，这就是他想做一名基督教传教士，以便能自由、全心全意地献身于上帝的事业。为了做传教士，他拒绝了美好的商业前途，后来为了献身于国外传布福音事业，又拒绝了在家乡教会的常务工作。

林披基先生担任了三年帕迪安（Padiham）首席副主教，帕迪安是兰开夏郡一个人口众多的大教区。他在这里艰辛努力工作，始终保持旺盛的干劲和愉快的态度，赢得了该教区人民的喜爱。他以下面一段话结束了他的告别演说："工作中，让我们祈求上帝与我们同在；我们要把这当成我们能够做的最美好的事情，那就是我们不仅要在话语和形式上奉献自己，而且要在我们工作的所有方面，寻求上帝的旨意，怀着诚挚、唯一的心为实现上帝的旨意而奋斗"。

1874 年 9 月，林披基先生与史嘉乐先生、现在的史嘉乐主教一起到达中国。赴宁波拜访了陆赐（Russell）主教之后，林披基先生和史嘉乐先生即乘船北上，1874 年 10 月 3 日抵达烟台。他们在烟台学习汉语期间，得到了美国北长老会的倪维思博士十分宝贵的帮助。林披基先生发现，由于他到中国来时已经 37 岁了，因此学习汉语对他来说非常艰难。正如他所说的，他觉得烟台"讲英语的人太多了"，因此他就在离烟台数英里远的一个小客栈住了下来，在那里呆了两个冬季，除了星期天回烟台外，绝大部分时间都在小客栈里。1878 年，史嘉乐先生和林披基先生访问了泰安府，后来林披基先生在 1879-1882 年间经常到那里去，也到邻近的平阴城里访问。有时他与史嘉乐先生、凯贝尔（Capel）先生一起旅行，凯贝尔先生 1879 年加入了圣公会；有时只有当地基督徒陪同，通常只是回烟台度夏，其它时间都在到处旅行布道。1881 年，他在烟台西海滩（the West Beach）一座小教堂里为他第一个信徒施行了浸礼。1882 年，林披基先生回英格兰度假，翌年返回中国，并带来了斯普林特（Sprent）先生。

1883-1886 年间，他大部分时间都在泰安和平阴。1886 年，他最后一次走访了他曾长期忠诚且常常是独自工作过的地方。1886-1890 年间他是在北京度过的，偶尔到永清（Yungching）旅行布道，但在 1890 年这年又愉快地回到了烟台，他晚年大部分时间都是在烟台度过的。他把自己所有的资产和精力都献给了差会事业，不领圣公会的薪水。1891 年，他在烟台购买了一片中国人的房屋，用来为中国人建医院和学堂。1893 年，他又回了一次英格兰，由于想念他曾艰辛工作过的地方，翌年返回了烟台。他参加了烟台圣安德鲁教堂（St. Andrew's Church）开堂仪式，教堂的讲道坛留在了他的记忆中。他于 1899 年去世，葬在烟台外国人公墓中。愿灵安息。

宁海州中国内地会祝德夫妇（MR. And Mrs. Judd）事工简况

宁海州（Ninghaichou）城大约在 1887 年 5 月辟为本会布道站[35]。卡梅伦（Cameron）医生在那里为我们买了一所中国房屋，特瑞（Terry）先生在我们没去之前，在那里住了很短一段时间。葛罗弗兹（Groves）小姐自愿为我们看护两个孩子，两年后，她与达伍斯维特（Douthwaite）先生结婚，成为达伍斯维特夫人。

我们在宁海州城只住了几个星期，就因为通常那些说我们吃婴儿、挖死人的眼睛制药等等的谣言引发了骚乱。后来人们的激动情绪平息了，一伙暴徒闯进了我们住的房子，把我们赶了出来，我们到离这里约 20 英里的烟台避难。祝德夫人差点丢了性命，乘坐一顶小轿逃了出来。地方当局惩罚了两个人（这不是我们所希望的），但却没有惩罚那伙暴徒的头子。我们恳切祈求上帝让那些公开做坏事的人弃恶从善，以见证福音确实存在，改变他们的生活。

起初，只有一两名非常贫穷的妇女皈依，随后是我们的教师和他的一个远房亲戚，这位远房亲戚多年来过着赌徒生活，房无一间地无一垄。1887 年 9 月，我们为最早的两名皈依者施行了浸礼。我们在那里工作了几个月后，一个在我们住处对面开鸦片店的小吏，皈依了圣教，他关了鸦片店，本人也很快戒了烟。现在我们知道了，他就是几个月前狂暴地把我们赶出来的那伙暴徒的头子，很多人都怕他，不过现在他已经变成实在的谦卑之人，狮子变成了羔羊。我们听说他后来在乡村传布福音。

过了一段时间，达伍斯维特医生每周到这里开设的一个分诊所来，治疗了

---

35 宁海州，原牟平县、现在的烟台市牟平区。

许多病人。然而，数月之后，发现这里很多人患贫血病，他说："祝德弟兄，这些人需要的是食品，不是医药，我给他们治疗胃病使他们有了胃口，但他们却没什么可吃"。由此我们坚信要执行救主"你们给他们吃吧"的命令，每天分一些每个约值一法新[36]的饼给一定数量的穷人。有些贫穷的寡妇成了快乐幸福的基督徒。我走访了一位穷苦妇女，因为与救主耶稣一起去了，有一天发现她在吃玉米皮做的饼，里面只有一点点玉米面。"你就吃这些"？我问道。"我没有别的吃"，她说，"除了有时候有棵葱以外"。"那玉米面你做什么了"？我问。"做成我卖给你的饼了，如果我吃了玉米面，就不能养活孩子了"。她有好几个未成年孩子，一个除了一顿打之外几乎什么都不能给她的丈夫。但是，在她信奉基督之后，到我们离开宁海共计 6 年时间里，我从未记得她向我们要求过金钱资助。她总是到处宣讲基督，常给祈祷者许多精妙的答复。

正是这种贫穷的情形导致祝德夫人开了一家小工厂。以前马茂兰（MacMullan）夫妇同我们一起做过很短一段时间，现在他们在烟台开展大量工艺会工作，上帝极为庇佑。我们做的工艺品是花边、抽绣，也有丝织品。宁海工作 7 年间，上帝给予了最仁慈的庇佑。有 100 多人受洗，其中有些人去世了，两三名脱离了教会，大部分都分散在乡村。现在我们通过来信了解还有少数人留在宁海。当我们工作了 7 年离开宁海城的时候，许多人都哭了，其中很可能就有一开始赶我们走的暴徒。最初有两个跟他们的妈妈一起讨饭来的孩子，一无所有，现在已经很好了，已能在精神和财政上给其他基督徒以真正的帮助了。

还可以例举几个皈依者的有趣事例，但篇幅不允许了。宁海周围乡村和市镇，经常能见到传布福音的情形。

祝德夫妇

烟台中国启喑学校梅理士（继室）夫人

---

36 法新（farthing），英国旧铜币，等于四分之一便士。

1859-1897 年在中国的天津英国
圣道公会牧师英约翰

神学博士、法学博士韦廉臣牧师

法学博士、广学会创始人韦廉臣（Alexander Williamson）牧师

韦廉臣是把家里三个孩子献给伦敦会中国宣教区的敬神父母的长子。他
1829 年 10 月 5 日出生于法尔科克（Falkirk），在林利斯戈（Linlithgow）加入
教会，有过一段简短的经商经历，这对他将来的所有事业都具极大价值。尔后，
他决定要做一名基督教传教士。因此，他赴格拉斯哥大学（Glasgow University）
学习，在逻辑和道德哲学学习方面极为出众，成绩优异。格拉斯哥大学毕业后，
他在同一座城市的公理会神学厅（the Congregational Theological Hall）决定要
到国外传教，1855 年 4 月，在西乔治街教堂（West George Street Church）被
授予赴中国传教士之职。

韦廉臣兄弟三人都加入了伦敦会（the London Missionary Society）。亨利
（Henry）在渡过好望角短暂但光荣的旅程后，于牙买加（Jamaica）逝世。詹
姆斯（James）随韦廉臣到了中国，1869 年乘一艘小船在运河旅行时，夜间遭
暴力袭击身亡。

1855 年，韦廉臣在年轻的妻子道格尔（née Isabella Dougall）的陪同下启
程奔赴中国，是年 9 月到达上海。在同一条船上有另一名著名的先驱者、同船
人都叫他"小约翰"的杨格菲（Griffith John,），与高大的韦廉臣形成了鲜明的
对照。这位年轻人讲了一个关于他们临行前在差会总部举行的告别餐会上的
有趣故事。高大威严的韦廉臣先步入大厅，他的后面紧跟着一个小孩样子的朋

友，守门的人把这个小孩子样的人挡住了不让进去，韦廉臣没有看到。到里面后，韦廉臣没见着这位朋友，于是又返回来找，他大声抗议说："你怎么能扣留约翰先生？我们不是要一起去中国吗？"不知所措的守门人立即让他进来了，但嘴里却嘟囔说，"就派这么个孩子去改变中国人的信仰！"

韦廉臣与杨格非在许多方面都有着明显的不同，但是两个人在对事业赤诚热心方面却又是相同的，他们各自都在中国留下了深刻的印记。

最初，韦廉臣似乎确实短时期未能做传教工作，因为他学习汉语过于努力而累垮了自己，大约有两年时间在家养病，伦敦会的医疗顾问曾宣布他的身体不适合再在国外呆下去了。

1863 年初，他应邀至约克郡（Yorkshire）一家公理会教会（Congregational Church）拜访，在那里他愉快地接受了苏格兰圣经会（the National Bible Society of Scotland）主任们的邀请，作为该会的首位代表返回中国。就这样，他于同年 7 月 22 日与妻子和他们唯一的孩子[37]再次启程奔赴上海，"感谢上帝允许我们继续我们钟爱的救助这里人民的工作，而且比以前处于更有希望、影响更大的位置上"。翌年，他迁至烟台，苏格兰圣经会会刊中有一篇记述他首次登陆山东的最有趣的文章，他在一个独一无二、料想不到的地方登陆山东，他们乘坐的船在山东东北海岬失事，由此开始了他在中国北方的生活。

烟台成了他开展活动的总部，直至他 1890 年 8 月 28 日去世。到山东后，他立即为圣经会在华北地区进行了系列旅行。在这些旅行中，他获得了大量有价值的情报，这些见闻于 1879 年以两卷本著作形式出版公之于世，他为此获得了母校授予他的法学博士学位。

韦廉臣博士大量时间用于著述，《格物探原》（"Natural Theology"）和《古教汇参》（"Life of Christ"）是他出版的两部价值最大的中文著作，至今在这一领域无出其右者。

1877 年，中国传教士大会组建学校教科书委员会（the School and Text-book Committee）[38]，韦廉臣被任命为总干事，出版发行了大量有价值的教科书。1890 年，学教教科书委员会改为中华教育会（the Education Association of China），傅兰雅（John Fryer）博士担任总干事。

1884 年，韦廉臣博士在格拉斯哥创建中文书册会（the Chinese Book and

---

37 原编者注：后来与在中国海关服务的庆丕（Paul H. King）先生结婚。
38 又称"益智书会"。

Tract Society）[39]，以便帮助在中国人中散发基督教书籍。1877 年，他又在上海设立同文书会（the Society for the Diffusion of Christian and GeneralKnowledge among the Chinese）。他促成了与美国监理会（Methodist Episcopal Mission，South）林乐知（Young Allen）博士的合作，花之安（Faber）博士也在这里工作了一两年时间。在此期间，他在其他一些传教士的帮助下出版书籍，"帮助理解圣经"。

青岛同善会神学博士花之安牧师

青岛花之安博士墓

他连续三年担任同文书会总干事，直至 1890 年去世，之后，总干事一职由李提摩太牧师充任。

由上可见，中国与差会有联系的两个最大的出版机构——中华教育会和广学会[40]，都是韦廉臣博士创建的。

神学博士花之安牧师（Ernst Faber）生平

花之安博士 1839 年 4 月 25 日出生于德国科堡（Coburg），先后在巴门（Barmen）、巴塞尔（Basel）、柏林（Berlin）、杜宾根（Tubingen）和哥达（Gotha）等地求学。1864 年，他以为礼贤会（the Rhenish Missionary Society）工作的身份乘船到中国，经过漫长多有风暴的 225 天航程，于 1865 年 4 月 25 日抵达

---

39 该组织中文亦称为"同文书会"。
40 原编者注：现改名为广学会（the Christian Literature Society for China）。

香港，在广东省内地工作了许多年。

1880 年，他辞去礼贤会的工作，在香港独立工作了一段时间。在礼贤会宣教区工作了 15 年之后，他把自己的时间和精力投入了与传教工作有关的著述方面。

他这样做部分是由于他的嗓子有病，不便当众讲道，部分是因为他坚信这是一种接近杰出中国文人的非常有希望的方式。然而，那时德国尚无人认可这种差会工作方式，尽管花之安博士已经为自己赢得了汉学家的名头，他失去了德国的支持。后来，同善会（the Weimar Mission）觉得有义务帮助这位杰出学者的高尚工作。

加入同善会后，他移居上海，除了继续著述工作以外，还在那里组建了个教会，为那里的德国新教徒社区讲道。

1893 年，花之安博士应邀出席了在美国芝加哥召开的宗教大会，在会上宣读了一篇关于儒学的论文。

当德国把胶州辟为殖民地以后，花之安博士来到这里建立新布道站。他在胶州生活了一段时间，但很不幸 1899 年因患痢疾去世。他葬在青岛，墓前有他的一些朋友为表敬意树的一块纪念碑，上书德文："基督信仰与基督文明的先驱，一位在外国土地上的德国学者"。

花之安博士《中国历史编年手册》（*Chronological Handbook of the History of China*）的编辑克兰兹（Kranz）牧师对他的著作做了如下评价：

> 他关于孔子（Confucius）、孟子（Mencius）、墨子（Micius）、老子（licius）学说的著作，关于史前中国、中国著名男女人士、差会工作的领路人使徒保罗、中国实际基督教问题以及各种其他著述，特别是他关于中国文明、马克和路加福音的伟大著述，他关于《旧约全书》的著述，已经使他扬名全世界，把他推上了一切时代最成功的护教学专家之一的地位。他最后一部中文著作是六卷本的对中国经典的评析，其中第一和第二卷是对经文和经典学说的辨析。他打算第三卷对所有中国文献进行评析，第四卷论述中国历史与基督教国家历史发展的异同，第五卷阐明中国现在的需要。他突然生病、过早地在青岛病故，未及完成他的这部著作，这是中国和基督教差会的一个巨大损失。

在他死后发现的他留下的文字中，有一页纸上写着如下一段话：

　　因我不知上主何时召我去天国，我愿愉悦信奉天下救主耶稣基督，我离开现世的世界是救主耶稣基督施予的仁慈和圣灵对我的安排。在天国荣光里是我的希望。

除了一些在期刊上的文章和中文布道短文外，花之安博士有以下著作问世：

1. 中文著作

《西方学校论》（On Western School），一卷，1873 年。

《教化论》（On Education），一卷，1875 年。

《〈马可福音〉评注》（Commentary on Mark），五卷，1874-76 年。

《人心论》（On the Human Heart），一卷，1879 年。

《自西徂东》，又名《基督教的收获》（Civilization from West to East or the Fruits of Christianity），一卷，1884 年。

《〈旧约全书〉冥想录》（Meditations on the Old Testament），三卷，1892 年。

《中国人性理论》（Chinese Theories of Human Nature），一卷，1893 年。

《〈路加福音〉评注》（Commentary on Luke），六卷，1894 年。

《儒家经典要旨》（Review of the Confucian Classics），四卷，1896-7 年。

上述著作作者去世后增订再版。

20 篇布道短论。

2. 德文

《儒学汇纂》（Lehrbegrriff des Kongfucius），1872 年。

《孔子与儒学试解》（Quellen zu Kongfucius und de Kongfucianismus），1873 年。

《孟子的思想——基于道德哲学的政治经济学说》（Eine Staatslehre auf ethischer Grundlage oder der Lehrebegriff des Chinesischen Philosophen Mencius），1877 年。

《中国古代自然主义思想——哲学家老子的学说》（Der Naturalismus bei den alten Chinesen Socialismus oder die Lehre des Philosophen Licius），1877 年。

《古代中国社会主义的重要思想——哲学家孟子的学说》，（Die Grudgedanken des alten Chinesisischen Socialismus oder die Lehre des Phlosophen Menxius），1877 年。

《基督徒在异教地的礼仪风范》（Sittenund Gebrauche der Christen unter den

Heiden （A. M. Z.）），1884 年。

《历史地看待中国》（China in historicher Beleuchtung），1895 年。

《一位新教传教士在中国的理论与实践》（Theorie und Paraxis eines Protestanrischen Missionars in China），1899 年。

3. 英文（由德文译成）

《儒学汇纂》（A Systematical Digest of the Doctrines of Confucius），1875 年。

《中国宗教科学导论》（Introduction to the Science of Chinese Religious），1879 年。

《1881 年〈孟子〉断想》（第二版）（The Mind of Mencius 1881. Second edition），1897 年。

《古代中国社会主义的重要思想——哲学家孟子的学说》（The Principle thoughts of the Ancient Chinese Socialism or the Doctrines of the Philosopher Micius），1897 年。

《历史地看待中国》（China in the Light of History），1897 年。

《中国的实践基督教问题》（Problems of Practical Christianity in China），1897 年。

《史前中国》，皇家亚洲文会中国分会会刊，第二十四卷（Prehistoric China, Journal of China Branch of the Royal Asiatic Society, Vol. xxiv.），1890 年。

《使徒保罗在欧洲——我们在亚洲差会工作的向导》（Paul the Apostle in Europe; a guide to our mission work in Asia），1891 年。

《著名中国男子》（1889 年）、《著名中国女子》（1890 年）、《中国的妇女地位》（1889 年），第二版（The Famous Men of China; The Famous Women of China; The Status of Women in China, 1889, 1890, 1889; second edition），1897 年。

布莱特史奈德博士编：《中国植物学研究集粹》第二部：《中国植物学经典》（Dr. Bretschneider's Botanicon Sinicum. Part 2. The Botany of the Chinese Classics, with Annotations, Appendix and Index, by E. Faber），1892 年。

《道教的历史特征》，《中国评论》，第 13 辑（The Historical Characteristics of Taoism, China Review, Bd. 13）。

英约翰牧师（John Innocent）与上帝在乐陵的事工

皇家地理学会会员 约翰·赫德利（John Hedley, F. R. G. S）牧师

英约翰牧师与山东的联系始于 1866 年秋天他首次访问乐陵县朱家寨子（Chu Chia Tsai Tzu）这个小有名气的村庄。然而，他的朋友和同事郝韪廉（W. Nelthorpe Hall）牧师却是在山东内地开始工作的早期传教士的第一位。与圣道公会（the United Methodist Mission，又作 the Methodist New Connexion）有关的这一工作创始阶段的情况，所有中国差会的朋友都耳熟能详，因此这里无庸赘述，只要说说这似乎是一个偶然的事件引发的就足够了，而信奉全能上帝的人是这样说的：1866 年初夏的一天，一位朱姓老人闲逛到了天津圣道公会一个小布道堂。布道人与这位老人交谈起来，据老人说，他是被一个梦引到这里来的，这个梦一连做了两次，梦里有人指引他到天津，说在天津会遇到能给他指明正道的人，并为他准备他梦里的宽敞明亮的宅第。后来的事情表明那位老人是个文盲，愚昧无知，好空想，有理由相信他的梦并不完全是瞎编乱造的。或许是由于这件事情，英约翰和郝韪廉先生派了一个值得信任的贩售经书的小贩去了这个令人奇怪的村子。一两个月后，据资深布道员胡恩弟（Hu En-ti）先生的报告说，1866 年 9 月，先是郝韪廉先生，接着是英约翰先生先后去了朱家。在那里，他们发现了一种令人吃惊的对新真理的兴趣，最终在那个 2000 人的小村庄设立了北中国第一个内地基督教会。

英约翰先生 1859 年来中国，1869-1871 年在英国休假，郝韪廉先生在 1868 年加入圣道公会的华（W. B. Hodge）牧师的协助下负责这个山东平原地区新设立的教会。1871 年英约翰先生休假回来后，虽然仍住在天津，但却亲自负责山东的差会工作。直到 1877 年，朱家才建起了第一所传教士住宅，罗宾逊（John Robinson）牧师到这里主持工作，他在这里忠诚努力地服务了 28 个年头，1905 年荣归天国。在此期间，这里的工作散播到了附近的几个村庄，最重要的一处布道分站或许可以说是阳信（Yanghsin），这里近些年来很有成效，1902 年形成了新的布道中心，总部设在府城武定府（Wutingfu）。

1878 年，郝韪廉先生去世。1891 年以前，英约翰先生一直主要居住天津，山东的工作由前述罗宾逊牧师、甘霖（G. T. Candlin，又作坎德林）牧师、邢滋（John Hinds）牧师以及老先驱者的儿子（G. M. H .Innocent）英诺森牧师负责。1891 年，英约翰自己来到乐陵，就在他期待他从英国前来的儿子乔治（George）和其新婚妻子期间，传来了不幸的消息，他的儿子乔治·英诺森（George Innocent）

1902 年 5 月在快到香港的海上旅程中去世。此后不久，英约翰先生又回到了天津，1897 年 4 月第三次回国度假，满怀期待再返回中国安度晚年。但是，上帝做了另一种安排，英约翰先生被任命为 1897 年圣公堂百周年庆典主席，后又被选为圣公堂监护代表（Guardian Representatives），这是教会授予的最高荣誉。他在全国各地演说，沉稳、令人心悦诚服的演说博得了人们对中国差会工作的支持，1899 年又奉命重返中国，然而由于健康原因，他不能够再返回中国了。也许这是他一生中的最大憾事，因为他热爱中国人民，渴望中国人民得救，70 岁老兵与 30 岁新兵一样强烈渴望中国人民得救。不过，他还继续利用一切机会竭力为差会做有益的工作，直至 1904 年 12 月 29 日去世。他在中国服务了 37 年，奠定了直隶东北从长城到山东黄河广大地区的工作基础，仅就山东宣教区而言，就帮助组织了现在覆盖 5000 平方英里地区的工作，这一地区现有 60 余名中国助手在 150 个小教堂和布道点开展工作，约 3000 名信徒，按照上帝的旨意，向居住在星罗棋布的村庄、城镇的广大民众传布和平得救基督福音。

这里也应说一下乐陵医药差会（the Laoling Medical Mission），该差会由斯坦霍斯（Stenhouse）医生 1876 年设立于朱家，此后先后由舒伯绍尔（Shrubshall）医生、马绍尔（Marshall）医生、杨格（Young）医生、琼斯（Jones）医生、巴克斯特（Baxter）医生负责开展工作。差会医院一直是个长年救助中心，每年平均治疗病人 12,000 人。医药差会工作顺利，很大程度上是依靠英约翰先生最初的影响，医院的运营费用主要依靠天津的外国商人和其他外国人的捐助。

简言之，这里微不足道的工作由英约翰和郝罡廉先生（意外地）开辟于 1866 年，"这是上帝安排的！"